中国产业转移的区域福利效应研究

The Research on Welfare Effect of Regional Industrial Transfer in China

孙浩进 著

经济管理出版社
ECONOMY & MANAGEMENT PUBLISHING HOUSE

图书在版编目（CIP）数据

中国产业转移的区域福利效应研究/孙浩进著. —北京：经济管理出版社，2013.6
ISBN 978-7-5096-2521-7

Ⅰ. ①中…　Ⅱ. ①孙…　Ⅲ. ①产业转移—研究—中国　Ⅳ. ①F127

中国版本图书馆 CIP 数据核字（2013）第 137176 号

组稿编辑：宋　娜
责任编辑：宋　娜　刘广钦
责任印制：黄　铄
责任校对：超　凡

出版发行：经济管理出版社
（北京市海淀区北蜂窝 8 号中雅大厦 A 座 11 层　100038）
网　　址：www. E-mp. com. cn
电　　话：(010) 51915602
印　　刷：北京银祥印刷厂
经　　销：新华书店
开　　本：720mm×1000mm/16
印　　张：16
字　　数：262 千字
版　　次：2013 年 7 月第 1 版　　2013 年 7 月第 1 次印刷
书　　号：ISBN 978-7-5096-2521-7
定　　价：72.00 元

编委会及编辑部成员名单

2009年度国家社科基金重大项目“引导产业有序转移与促进区域协调发展研究”（09&ZD028）阶段性成果。2013年度国家社科基金一般项目“我国产业转移对区域收入差距的影响研究”（13BJL084）阶段性成果。

序　一

博士后制度是19世纪下半叶首先在若干发达国家逐渐形成的一种培养高级优秀专业人才的制度，至今已有一百多年历史。

20世纪80年代初，由著名物理学家李政道先生积极倡导，在邓小平同志大力支持下，中国开始酝酿实施博士后制度。1985年，首批博士后研究人员进站。

中国的博士后制度最初仅覆盖了自然科学诸领域。经过若干年实践，为了适应国家加快改革开放和建设社会主义市场经济制度的需要，全国博士后管理委员会决定，将设站领域拓展至社会科学。1992年，首批社会科学博士后人员进站，至今已整整20年。

20世纪90年代初期，正是中国经济社会发展和改革开放突飞猛进之时。理论突破和实践跨越的双重需求，使中国的社会科学工作者们获得了前所未有的发展空间。毋庸讳言，与发达国家相比，中国的社会科学在理论体系、研究方法乃至研究手段上均存在较大的差距。正是这种差距，激励中国的社会科学界正视国外，大量引进，兼收并蓄，同时，不忘植根本土，深究国情，开拓创新，从而开创了中国社会科学发展历史上最为繁荣的时期。在短短20余年内，随着学术交流渠道的拓宽、交流方式的创新和交流频率的提高，中国的社会科学不仅基本完成了理论上从传统体制向社会主义市场经济体制的转换，而且在中国丰富实践的基础上展开了自己的伟大创造。中国的社会科学和社会科学工作者们在改革开放和现代化建设事业中发挥了不可替代的重要作用。在这个波澜壮阔的历史进程中，中国社会科学博士后制度功不可没。

值此中国实施社会科学博士后制度20周年之际，为了充分展示中国社会科学博士后的研究成果，推动中国社会科学博士后制度进一步发展，全国博士后管理委员会和中国社会科学院经反复磋商，并征求了多家设站单位的意见，决定推出《中国社会科学博士后文库》(以下简称《文库》)。作为一个集中、系统、全面展示社会科学领域博士后优秀成果的学术平台，《文库》将成为展示中国社会科学博士后学术风采、扩大博士后群体的学术影响力和社会影响力的园地，成为调动广大博士后科研人员的积极性和创造力的加速器，成为培养中国社会科学领域各学科领军人才的孵化器。

创新、影响和规范，是《文库》的基本追求。

我们提倡创新，首先就是要求，入选的著作应能提供经过严密论证的新结论，或者提供有助于对所述论题进一步深入研究的新材料、新方法和新思路。与当前社会上一些机构对学术成果的要求不同，我们不提倡在一部著作中提出多少观点，一般地，我们甚至也不追求观点之“新”。我们需要的是有翔实的资料支撑，经过科学论证，而且能够被证实或证伪的论点。对于那些缺少严格的前提设定，没有充分的资料支撑，缺乏合乎逻辑的推理过程，仅仅凭借少数来路模糊的资料和数据，便一下子导出几个很“强”的结论的论著，我们概不收录。因为，在我们看来，提出一种观点和论证一种观点相比较，后者可能更为重要：观点未经论证，至多只是天才的猜测；经过论证的观点，才能成为科学。

我们提倡创新，还表现在研究方法之新上。这里所说的方法，显然不是指那种在时下的课题论证书中常见的老调重弹，诸如“历史与逻辑并重”、“演绎与归纳统一”之类；也不是我们在很多论文中见到的那种敷衍塞责的表述，诸如“理论研究与实证分析的统一”等等。我们所说的方法，就理论研究而论，指的是在某一研究领域中确定或建立基本事实以及这些事实之间关系的假设、模型、推论及其检验；就应用研究而言，则指的是根据某一理论假设，为了完成一个既定目标，所使用的具体模型、技术、工具或程序。众所周知，在方法上求新如同在理论上创新一样，殊非易事。因此，我们亦不强求提出全新的理论方法，我们的最低要求，是要按照现代社会科学的研究规范来展开研究并构造论著。

我们支持那些有影响力的著述入选。这里说的影响力，既包括学术影响力，也包括社会影响力和国际影响力。就学术影响力而言，入选的成果应达到公认的学科高水平，要在本学科领域得到学术界的普遍认可，还要经得起历史和时间的检验，若干年后仍然能够为学者引用或参考。就社会影响力而言，入选的成果应能向正在进行着的社会经济进程转化。哲学社会科学与自然科学一样，也有一个转化问题。其研究成果要向现实生产力转化，要向现实政策转化，要向和谐社会建设转化，要向文化产业转化，要向人才培养转化。就国际影响力而言，中国哲学社会科学要想发挥巨大影响，就要瞄准国际一流水平，站在学术高峰，为世界文明的发展作出贡献。

我们尊奉严谨治学、实事求是的学风。我们强调恪守学术规范，尊重知识产权，坚决抵制各种学术不端之风，自觉维护哲学社会科学工作者的良好形象。当此学术界世风日下之时，我们希望本《文库》能通过自己良好的学术形象，为整肃不良学风贡献力量。

李扬

中国社会科学院副院长

中国社会科学院博士后管理委员会主任

2012年9月

序　二

在21世纪的全球化时代，人才已成为国家的核心竞争力之一。从人才培养和学科发展的历史来看，哲学社会科学的发展水平体现着一个国家或民族的思维能力、精神状况和文明素质。

培养优秀的哲学社会科学人才，是我国可持续发展战略的重要内容之一。哲学社会科学的人才队伍、科研能力和研究成果作为国家的"软实力"，在综合国力体系中占据越来越重要的地位。在全面建设小康社会、加快推进社会主义现代化、实现中华民族伟大复兴的历史进程中，哲学社会科学具有不可替代的重大作用。胡锦涛同志强调，一定要从党和国家事业发展全局的战略高度，把繁荣发展哲学社会科学作为一项重大而紧迫的战略任务切实抓紧抓好，推动我国哲学社会科学新的更大的发展，为中国特色社会主义事业提供强有力的思想保证、精神动力和智力支持。因此，国家与社会要实现可持续健康发展，必须切实重视哲学社会科学，"努力建设具有中国特色、中国风格、中国气派的哲学社会科学"，充分展示当代中国哲学社会科学的本土情怀与世界眼光，力争在当代世界思想与学术的舞台上赢得应有的尊严与地位。

在培养和造就哲学社会科学人才的战略与实践上，博士后制度发挥了重要作用。我国的博士后制度是在世界著名物理学家、诺贝尔奖获得者李政道先生的建议下，由邓小平同志亲自决策，经国务院批准于1985年开始实施的。这也是我国有计划、有目的地培养高层次青年人才的一项重要制度。二十多年来，在党中央、国务院的领导下，经过各方共同努力，我国已建立了科学、完备的博士后制度体系，同时，形成了培养和使用相结合，产学研相结合，政府调控和社会参与相结合，服务物质文明与精神文明建设的鲜明特色。通过实施博士后制度，我国培养了一支优秀的高素质哲学社会科学人才队伍。他们在科研机构或高等院校依托自身优势和兴趣，自主从事开拓性、创新性研究工作，从而具有宽广的学术视野、突出的研究能力和强烈的探索精神。其中，一些出站博士后已成为哲学社会科学领域的科研骨干和学术带头人，在"长江学者"、"新世纪百千万人才工程"等国家重大科研人才梯队中占据越来越大的比重。可以说，博士后制度已成为国家培养哲学社会科学拔尖人才的重要途径，而且为哲学社会科学的发展造就了一支新的生力军。

哲学社会科学领域部分博士后的优秀研究成果不仅具有重要的学术价值，而且具有解决当前社会问题的现实意义，但往往因为一些客观因素，这些成果不能尽快问世，不能发挥其应有的现实作用，着实令人痛惜。

可喜的是，今天我们在支持哲学社会科学领域博士后研究成果出版方面迈出了坚实的一步。全国博士后管理委员会与中国社会科学院共同设立了《中国社会科学博士后文库》，每年在全国范围内择优出版哲学社会科学博士后的科研成果，并为其提供出版资助。这一举措不仅在建立以质量为导向的人才培养机制上具有积极的示范作用，而且有益于提升博士后青年科研人才的学术地位，扩大其学术影响力和社会影响力，更有益于人才强国战略的实施。

今天，借《中国社会科学博士后文库》出版之际，我衷心地希望更多的人、更多的部门与机构能够了解和关心哲学社会科学领域博士后及其研究成果，积极支持博士后工作。可以预见，我国的博士后事业也将取得新的更大的发展。让我们携起手来，共同努力，推动实现社会主义现代化事业的可持续发展与中华民族的伟大复兴。

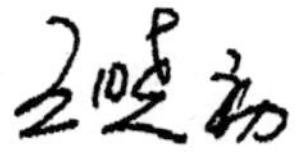

人力资源和社会保障部副部长
全国博士后管理委员会主任
2012 年 9 月

摘 要

产业转移是一个动态演化的过程。基于新古典分析范式的传统经济学主要从产业集聚、比较优势、劳动力流动三个角度对产业动态转移进行诠释，但忽略了产业自身与其生存环境的互动演化。在演化经济学的新视阈内，可以将产业转移类比于生物种群在自然选择作用下的迁移，即产业转移是在市场选择机制下企业群对于其生存环境适应度变化的自适性反应，若产业所在区域的要素市场环境或产品市场环境发生变化，使得产业成本上升或利润降低，产业对市场环境的适应度不断降低，只能像生物种群一般迁徙到另一个区域中可适应的市场环境寻求生存和发展。只有被迫迁徙到另一个市场环境，产业自身才能在经济的"自然选择"中保留下来，反之则会被淘汰。演化经济学对于产业转移的阐释突出了产业自身与其生存环境的互动演化，可以解释目前产业转移的新趋势与新特征。

区域福利效应可以归结为一定时期内某种因素变化所形成的区域福利变化趋势。产业对于生存区域的重新选择会产生新的区域福利效应，其主要影响因子是生产要素需求、生产要素布局和生产要素利润，三者对产业转入区、转出区在短期和长期中会形成不同区域福利效应。在经济学意义上，这种产业转移形成的区域福利效应不是一种"帕累托改进"，而是"卡尔多改进"。

国际产业的梯度转移形成了显著的区域福利效应。从发达国家来看，20 世纪 50 年代，日本、西德因承接美国的传统产业，加快了工业化的步伐，经济获得了空前发展，国民福利走出了"二战"以来的低水平，实现了向高水平的跨越。从发展中国家来看，20 世纪 60 年代，"亚洲四小龙"承接了美国、日本的纺织、服装等劳动密集型工业转移，迅速完成了工业化进程，经济高速增长，居民收入水平、社会保障等基本达到发达国家的福利水平。

近年来，中国东部沿海地区已进入工业化中后期，土地、劳动力等要素成本迅速上升，资源环境约束矛盾日益突出。中西部地区经过进一步改革发展，基础设施条件得到完善，东部地区的部分产业开始集群式向中西部地区转移。东部地区受到产业转出的影响，部分区域福利水平指标增速放缓甚至下降，但总体上并未出现明显的区域福利负效应；产业转移促使中西部地区居民福利、企业福利、政府福利水平显著上升，区域福利正效应显著。但是，当前中国中西部与东部在区域福利方面存在较大差距：①在居民福利方面，中西部地区人均收入与东部相比差距不断扩大；②在政府福利方面，从中西部财政实力来看，差距仍然有扩大趋势，西部一些省份的地方财政收入仅为东部一些省份的 1/10；③在企业福利方面，东、中、西部的上市公司在分布数量、市盈率、企业绩效上存在不小的差距，东西部的年平均净利润相差近 17 倍。因此，如何引导产业有序转移、调节区域之间的福利差距，需要提出进一步的发展思路和政策建议。

在发展思路创新上，东部地区应遵循“消除樊篱、优化结构、注重分配、治理环境”的理念，依托外引力、内联力、创新力来实现“流动替代式路径”，通过主导产业更替机制、结构升级促进机制、福利效应发挥机制来构建转型升级的结构高度化模式，以在主导产业转出后保持区域福利水平不下滑；中西部地区应遵循“积极承接、有序引导、立足民生、趋利避害”的理念，增强吸引力、黏合力、扩展力来实现嵌入契合式路径，通过梯度转移机制、静态极化机制和动态扩散机制来构建梯度承接的点域扩展型模式，在产业转移过程中实现和放大区域福利的正效应。

在国家政策支持上，政府要深入贯彻落实科学发展观和“十二五”规划，统筹全局、突出重点，抓住国际国内产业分工调整的重大机遇，以结构调整为主线，以体制机制创新为动力，着力改善投资环境，促进产业集中布局，提升配套服务水平；努力提高自主创新能力，促进产业优化升级；着力加强环境保护，节约集约利用资源，促进环境福利改善；着力提高产业转移吸纳带动就业能力，引导劳动力就地就近转移就业，促进产业和人口集聚，加快城镇化步伐；着力深化区域合作，促进要素自由流动，实现东部地区与中西部地区良性互动，增强区域福利资源发挥效应的基础，为产业转移促进区域福利改善提供良好的政策环境。

关键词： 产业转移　区域福利效应　市场环境　收入差距　居民就业　外部性

Abstract

Industrial transfer is a dynamic evolutionary process. The classic economics based on neo-classic analytical paradigm mainly explains industrial dynamic transfer from three perspectives of industrial agglomeration, comparative advantage and labor flow but neglects the interactive evolution between the industry itself and its survival environment. However, from the new insight of evolutionary economics, the industrial transfer can be compared to the biological population's transfer under the natural selection force or in other words, the industrial transfer is a self-adjustment reflection in which the firm clusters are made to fit into their external environment under the market selection mechanism. If the regional factors market environment or the product market environment in which the industry locates changes, the industrial cost will rise while the profit will be reduced and then the fitness of the industry towards the market environment will continuously decrease. Thus, it has to migrate like a biological species to another region to seek survival and development in an adaptable market environment. If being enforced only to migrate to another market environment, the industry itself can be sustained in the natural selection of the economy and vice versa. The explanation of evolutionary economics in the industrial transfer emphasizes on the interactive evolution between industry and its survival environment and thus can explain the new trend and new features of the current industrial transfer.

Regional welfare effect can be summarized as a regional welfare changing trend formed by certain factors that changes in a specific period of time. The afresh choice for survival region by the industry will generate new regional welfare effect with production factor demand, production factor layout and production factor profit as its main influential factors. The three factors will cause different regional welfare effect for industrial input area and industrial output area in the short and long run. From an economics perspective the regional welfare effect caused by this industrial transfer is not a Kaldor improvement but a Pareto improvement.

The gradient transfers of the international industries brought out significant regional welfare effect. From the evidences of the developed countries in 1950s, Japan and Western Germany took over the traditional industries from the U.S. and accelerated the speed of industrialization that attained an unprecedented economic development. The national welfare was beyond the low level after World War II and realized a leap towards a high level. From the evidences of the developing countries in 1960s, the Asian tigers took over the labor-intensive industry transfers such as the textile and clothing industries from America and Japan that rapidly completed the industrialization process. Economy enjoyed a high speed of increase and the residents' income level and social security level almost caught up with the welfare level in the developed countries.

In recent years, the Chinese Eastern coastal regions have entered into mid-and post-industrialization in which the land cost and labor cost rapidly increase and the contradiction between resource and environment constraint are more and more obvious. However, the Middle and Western regions enjoys the increasingly improved infrastructure after the further reform and development and after part of the industries in the Eastern regions began to transfer to Middle and Western regions as clusters. The Eastern regions were impacted by the industrial output and welfare level index in part of the regions were rapidly slowed down and even reduced but have not occurred an obvious regional welfare negative effect from an overall view. Meanwhile, the industrial transfer has fostered the residents' welfare, firm welfare and government welfare level in the Middle and Western regions to increase rapidly creating a significant positive regional welfare effect. However, there are relatively large gap on the regional welfare between the Middle, Western and Eastern regions of China: ①on the residents' welfare perspective, the income per capita difference is being enlarged between the two regions; ②On the government welfare perspective, to judge from the financial strength of the Middle and Western regions, the gap still tends to be at large since some provinces in the Western regions only occupy one tenth of the fiscal revenues of some Eastern provinces; ③On the firm welfare perspective, great gaps exist on the distribution quantity, P/E ratio, firm performance of the public companies in the Eastern, Middle and Western regions and the yearly average net profit in the Eastern is 17 times of that in the Western regions. So, the questions on how to guide the industrial orderly transfer and how to adjust the regional welfare differences still needs further development thoughts and policy suggestions.

On the innovation of the development path, the Eastern regions should follow the idea of "eliminate barriers, optimize structure, emphasize distribution, govern environment" and realize the path of replacing in flow by utilizing the external pull power, internal push power, innovation strength and through the dominant industrial replacement mechanism, structure upgrading fostering mechanism, welfare effect and leveraging mechanism. The Eastern regions should build a highly structured mode in the transition and upgrading process aiming to sustain a stable regional welfare level after the dominant industries transfers. The Middle and Western regions should stick to the idea of positively take-over, orderly guidance, livelihood-oriented and seeking benefits while avoiding disadvantages, increase attractiveness, cohesiveness expansion force to realize the embeddedness and fitness path. And through the gradient transfer mechanism, static polarization mechanism and dynamic diffusion mechanism, the Middle and Western regions should build a spot-and-region expansion mode with gradient transfer characteristics, so as to realize and enlarge the regional positive welfare effect in the industrial transfer process.

On spect of the national policy, the government should deeply implement the Scientific Outlook on Development and 12th Five Year Plan, plan an overall institution, emphasize the focus, grasp the great opportunities created by the industrial division adjustment home and abroad. Taking the structure adjustment as the main clue, taking the institution and mechanism innovation as the dynamics that is striving to improve the investment environment, fostering the industrial agglomeration layout, promoting the supporting service level, striving to improve the independent innovation capability, fostering the industrial optimization and upgrading; striving to enhance the environmental protection, saving and economizing the resource utilization, fostering the environmental welfare improvement; striving to improve the capability that the industrial transfers absorbs and promotes employment, guide the labor force transfer employment locally, fostering industrial and population agglomeration, accelerating urbanization; striving to deepen the regional cooperation, fostering the factor flow freely, realizing the benign interaction between Eastern and Middle and Western regions, enhancing the foundations for regional welfare resource leveraging, and thus providing a perfect policy environment for industry transfer fostering regional welfare improvement.

Key Words: Industrial Transfer; Regional Welfare Effect; Market Environment; Income Gap; Resident Employment; Externality

目　录

Contents

导 言

一、研究背景及意义

随着中国经济持续增长和产业结构调整，东部沿海地区已进入工业化中后期，土地、劳动力等要素成本迅速上升，资源环境约束矛盾日益突出。中西部地区经过进一步改革发展，基础设施条件得到完善，东部地区的部分产业开始集群式向中西部地区转移。当前，我国产业转移已经处于一个重要的阶段，东部产业结构调整等推力和中西部欠发达区域新区位优势所形成的拉力，促进了产业区域转移。产业转移对于东部地区和中西部地区而言，有着双重的区域福利效应。东部地区受到产业转出影响，部分区域福利水平指标增速放缓甚至下降，但总体上并未出现明显的区域福利负效应；产业转移促进了中西部地区居民福利、企业福利、政府福利水平显著上升，区域福利正效应显著。但是，当前中国中西部与东部在区域福利方面存在较大差距：①在居民福利方面，中西部地区人均收入与东部相比差距不断扩大；②在政府福利方面，从中西部财政实力来看，差距仍然有扩大趋势，西部一些省份的地方财政收入仅为东部一些省份的 1/10；③在企业福利方面，东、中、西部的上市公司在分布数量、市盈率、企业绩效上存在不小的差距，东西部的年平均净利润相差近 17 倍。研究现实中这种区域福利效应的变化，对于“十二五”时期缩小区域之间福利水平差距、促进各地区协调发展有着重要意义。因此，如何引导产业有序转移、调解区域之间的福利差距、促进各地区协调发展，需要提出进一步的发展思路和政策建议。

2010 年 9 月，国务院常务会议审议通过了《关于中西部地区承接产业转移的指导意见》，指出中西部地区承接产业转移，要深入贯彻落实科学发展观，着力加强环境保护，节约集约利用资源，促进可持续发展；着力引导劳动力就地就近转移就业。2010 年 10 月，中央公布了《中共中央关于制定国民经济和社会发展第十二个五年规划的建议》，其中提出：加强和完善跨区域合作机制，消除市场壁垒，促进要素流动，引导产业有序转移。以上说明，中西部地区承接东部产业转移已经成为国家层面关注的重点，并已上升为国家战略，因此解决好这一问题的现实意义十分重大。

本书对于产业转移与区域福利效应的研究也具有重要的理论意义，主要体现在以下方面：①已有产业转移的研究成果中多数都面向产业转移与经济增长、产业转移与政府支持、产业转移的具体方式、组织协调和路径选择等方面，缺乏对于产业转移中不同区域内经济主体福利变化趋势的理论分析和系统研究，本书则致力于构建一个产业转移与区域经济主体福利变化的理论分析模型和框架，并绘制出变化趋势的数理曲线图，在理论研究上具有一定的开创性。②从演化经济学角度认为产业转移是在市场选择机制下企业群对于其生存环境适应度变化的自适性反应，提出一种与传统经济学不同的对产业转移的新理论阐释。③通过对区域内不同经济主体在“福利”这一范畴上的认定，提出“区域福利效应”的新理论概念。

二、国内外研究综述

1. 国外研究综述

国外学者着重从产业转移带来的就业增长和工资提高方面来论述产业转移与福利变化问题。关于产业转移与福利变化的关系，国外学者主要得出三种结论：一是产业转移不会对福利水平产生影响；二是产业转移与福利变化之间的关系并不确定，要根据不同的条件和方式而定；三是产业转移会对福利水平提高产生明显的正向作用。

少数学者认为，产业转移不会对福利水平产生影响。例如，Brainard 和 Riken（1997）认为，虽然产业在转入地和转出地之间的替代弹性很高，但是就业替代弹性却很低，不会对转移地的就业、福利水平有影响。Hatzius 和 Dohrn（1997）通过实证分析，对瑞典产业转移和瑞典国内工资变动进行了研究，认为产业转移不会给瑞典国内的福利水平产生影响。

部分学者认为，产业转移与福利变化之间的关系并不确定，要根据不同的条件和方式而定。例如，Fei 和 Ranis（1961）认为，在劳动力转移过程中，边际生产力不同的劳动力转移会带来不同的工农产品比例，并导致工农业之间贸易条件的变化，由此形成不同的农业劳动力和工业劳动力的工资收入水平。劳动力收入增加与否，要看工农业之间的贸易条件有利于农业还是工业。Kiyoshi Kohima（1973）认为，对外直接投资可以分为顺贸易导向型和逆贸易导向型。顺贸易导向型对外直接投资，是指投资国把相对比较劣势的产业转移到被投资国，成为具有相对比较优势的产业，这可以带来被投资国贸易量的扩大和经济福利的增加。逆贸易导向型对外直接投资，是指投资国把比较优势的产业投向被投资国看来是比较劣势的产业，从而导致被投资国贸易量减少和经济福利的损失。产业转移带来的是福利增加还是损失，要视投资方式是顺贸易导向型还是逆贸易导向型而定。Tain Chen（2003）通过对中国台湾地区制造业产业的数据进行分析后发现：产业转移对于转移地就业具有“替代效应”和“产出效应”。一方面，产业转移对转入地产业具有替代效应，会相应减少转入地该产业的劳动力雇用，对就业率和福利水平起到降低的作用；另一方面，异地生产增加了转入地的产出，进而增加了对转入地的劳动力雇用量，促进了就业率和福利水平的提高。综合考虑应该从替代效应和产出效应相抵消后的净效应来考察福利水平的变化。

多数学者认为，产业转移会对福利水平提高产生明显的正向作用。例如，Lewis（1954）认为，在不发达国家，农业向工业转移过程中，农业剩余劳动力的竞争会导致现代产业部门工人工资较低。但是，劳动密集型产业则会因劳动力工资成本降低而迅速扩展。由此，越来越多的剩余劳动力得以就业，经济增长进入良性循环，居民收入得到显著提高。Rasiah（1988）用实证分析法证实了产业转移对转入地就业率具有增加效应，并认为从20世纪60年代开始，世界各国政府就把吸引国外产业转移作为减少本国失业率、提高福利水平的重要政策。Krugman（1991）将地理因素纳入经济学分析中，假设经济中仅存在两个部门，即报酬不变的农业部门和报酬递增的制造业部门。农业劳动力在区域中均匀分布，工资相同；制造业工资的名义值和实际值则存在地区差异，因而制造业的劳动力视实际工资高低从低工资区域向高工资区域流动，从而促进其福利水平的改善。Blomstrom（1994）认为，跨国公司的海外转移会减少国内相应的就业机会，但是转出以后会促使公司进一步扩大规模，从而雇用更多的劳动力，推动转入地社会福利水平改进。Feenstra（1996）分析了美国向墨西哥的产业转移对美国劳动力市场的影响，认为美国向墨西哥的产业转移使得美国国内对于熟练劳动力的需求上升，其工资也随之上升，福利水平得以提高。Mckean（2005）认为，产业转移是增加转入地劳动力就业的重要途径，就长期而言，不仅可以增加劳动力就业机会，而且可以大大提高劳动力素质，提升其改善自身福利水平的能力。

2. 国内研究综述

国内学者主要从产业转移对地区就业率、居民收入、基础设施环境等方面产生的影响来研究产业转移与福利变化的关系，主要得出两个方面的结论：一是通过产业转移可以提高居民福利水平；二是产业转移在某些方面可以降低居民福利水平。

部分学者探讨和研究了产业转移造成福利水平降低的可能性和现实情况。例如，李洪江（2001）考察了产业转移对于转入地的就业效应，认为产业转移可以产生就业直接创造效应和就业挤出效应。尽管就业直接创造效应会提高居民福利水平，但是就业挤出效应也会相应降低居民福利水平。陈耀（2009）认为，东部地区的企业外迁、对外投资将会导致东部地区大量建设资金外流、税源流失、财政收入减少，可能会出现外移后的产业"空心化"问题，短期内会影响东部地区的就业水平，造成福利损失。金碚、吕铁、李晓华（2010）认为，在产业转移过程中，资本有机构成高的产业转移到中西部地区，使得就业吸纳能力明显下降。资本深化带动的产业转移将会影响转入地当地居民的福利水平。

多数学者从产业转移带动地区就业增长，促使基础设施环境改善的角度，来论述产业转移促进居民福利水平的提高。例如，何钟秀（1983）认为，我国经济发展不平衡形成了一种技术梯度，让一些有条件的地区首先掌握世界先进技术，然后逐步向"中间技术"地带、"传统技术"地带转移，通过技术梯度转移带动落后地区发展，将会逐步缩小地区之间的经济发展、社会福利和居民生活水平的差距。王先庆（1996）认为，产业转移是经济发展过程中区域间比较优势转化的必然结果，是发达地区向落后地区不断转移已经丧失优势的产业过程，会带来居民收入等福利向落后地区的流入。张可云（2002）认为，中西部地区承接产业转移能够统筹解决我国区域经济发展中的东部膨胀问题和中西部落后问题。魏后凯（2003）认为，一旦外部环境发生变化，劳动密集型中小企业基于趋利的考虑很快会转移到环境更有利的区域。一个地区如果这种游移性产业占较大比重，地区社会福利水平将会产生波动。吕政、杨丹辉（2006）认为，在国际产业转移过程中，发展中国家主要以劳动要素参与国际分工，可以提高劳动力的就业率，促进社会福利水平提高。赵放（2007）认为，国内在产业转移时，由于强力的极化效应，落后地区并没有劳动力成本和市场优势，使得国内的产业很难转向国外市场，扩散效应呈弱化的态势；因此在市场失灵的情况下，政府应该建立一些增长中心承接既有增长极的产业转移，实现产业转移的顺利进行。陈蕊（2008）认为，市场机制下产业梯度转移不可避免地伴随环境污染、过度竞争等问题。产业转移可能造成转出区的产业"空心化"问题，进而引发一系列社会问题。陈栋生（2008）认为，中西部地区承接东部产业转移，可以加快中西部地区发展，缩小地区之间福利水平差距，促进区域协调发展。王岳平（2008）认为，促进东部地区部分产业向中西部转移，能够加快中西部地区经济发展、区域关系协调，可以减轻中西部地区就业压力，增加居民福利，促进中西部地区社会的和谐稳定。李晓西（2009）认为，中西部地区得到西部大开发和承接产业转移等国家政策的支持，取得快速发展，基础设施、城乡建设等方面不断增强，在很大程度上改善了当地居民的生活环境，提高了当地居民的满足感和幸福度。梁琦（2010）认为，产业集聚到一定程度后产生的集聚区内非贸易品价格居高不下、地租上升、环境污染等拥挤成本，造成了产业扩散的离心力及企业福利水平和居民福利水平的下降。

三、主要研究内容和研究方法

1. 研究内容

产业转移已成为学术界研究的热点问题之一，成果已有很多，但对于产业转移影响区域福利水平的专门、系统的研究成果则很少。本书致力于对产业转移影响区域福利问题进行专门分析和系统研究，主要从以下五方面展开：①从产业集聚、比较优势、劳动力流动三个角度，对传统经济学中的产业转移理论进行梳理，分析其不足之处；并从演化经济学的新角度，将产业转移类比于生物种群在自然选择作用下的迁移，认为产业转移是在市场选择机制下企业群对于其生存环境适应度变化的自适性反应。笔者提出"区域福利效应"新概念，认为产业对于生存区域的重新选择会产生新的区域福利效应。②归纳出产业转移影响区域福利的主要因子，即生产要素需求、生产要素布局和生产要素利润，并分析其对产业转入区和产业转出区在短期和长期中形成的不同区域福利效应。③通过比较研究总结出亚洲“四小龙”和我国东南沿海地区通过承接国际产业转移促进经济增长和区域福利水平提高的经验，以供参考和借鉴。④通过实证研究分析当前我国中西部地区承接东部产业转移的现状和已形成的区域福利正负效应，以及尚存的区域福利差距。⑤基于对现状的分析和实证的研究，总结出东部地区和中西部地区通过产业转移改善区域福利状况的不同理念生成、路径选择、模式构建，并提出有针对性、系统性的政策建议。

2. 研究方法

本书主要运用以下研究方法：一是规范分析与实证分析相结合。在项目研究中，既有关注居民福利提高、缩小区域差距的价值判断、理念生成、逻辑分析和文字论述，又有运用多元线性回归模型、时间序列模型等实证分析方法的定量研究。二是历史分析与现状析相结合。对国际产业转移、我国国内产业转移的历史进行梳理和经验总结，并对当前产业转移与区域福利变化的现实问题进行全面论述。三是静态分析与动态分析相结合。在对区域福利的分析方面，既对区域福利在静态时点上的数量进行分析，又对区域福利效应伴随产业转移过程的动态演化进行跟踪分析。

四、拟解决的问题和创新之处

1. 拟解决的问题

本书的研究拟解决的问题主要有：一是在理论分析上，构建较为系统、全面的产业转移与福利变化研究框架，对产业转移从演化经济学的新视角进行阐释，并综合归纳出“区域福利效应”，系统分析产业转移的区域福利效应影响因子作用机制。二是在实证分析上，研究当前我国中西部地区承接东部产业转移的现状和已形成的区域福利正负效应，以及尚存的区域福利水平差距。三是在政策建议上，借鉴国际经验，对于国家和地方在“十二五”时期通过产业合理有序转移来缩小区域间福利水平差距、促进各地区协调发展提出针对性、操作性强的政策建议。

2. 创新之处

本书研究可能的主要创新之处有：一是从演化经济学的新角度，将产业转移类比于生物种群在自然选择作用下的迁移，认为产业转移是在市场选择机制下企业群对于其生存环境适应度变化的一种自适性反应，与传统经济学理论的解释相比具有创新性。二是提出了“区域福利效应”的新概念，将企业效益、企业成本、居民收入、消费者价格福利、政府财政收入、公共产品服务、社会保障、环境污染指数等不同经济主体的福利指标整合成居民福利、企业福利和政府福利三个方面，并综合为一个整体性概念——“区域福利”，分为正负两方面的效应，来评价特定区域空间内的总体福利水平；认为区域福利效应不是一种经济学上的“帕累托改进”，而是“卡尔多改进”。

第一章　产业转移理论

关于产业转移问题有着深厚的理论研究基础。主流经济学中的产业转移理论主要基于新古典经济学研究范式，可以归纳为：韦伯、克鲁格曼的基于集聚的产业转移理论，赤松要、小岛清、弗农等基于比较优势的产业转移理论，以及刘易斯、费景汉和拉尼斯等的基于劳动力流动的产业转移理论，这些理论构成了经典的产业转移分析范式。国内学者对于产业转移的研究主要从理论层面和政策层面展开，为政府决策和产业发展提供了重要的参考。在国家层面，中央政府在国家战略层面也提出了明确的理念和思路。本章就从文献梳理的角度，对经典产业转移理论和国内学者的代表性观点及国家层面对于产业转移的战略思路进行分析，为本书提供了理论保证和文献基础。

第一节　国外主要产业转移理论

一、基于集聚的产业转移理论

国外产业转移理论主要基于新古典经济学研究范式。在国外产业转移理论中，基于集聚的产业转移理论主要包括古典区位理论和新经济地理理论。德国经济学家韦伯在古典区位理论中，认为集聚因子是使得工业部门改变由运费和劳动力费用指向所确定基本工业区位格局、发生偏移和集聚的关键因素。克鲁格曼则在新经济地理理论中将报酬递增与路径依赖界定为促进产业空间集聚的决定性因素。

韦伯从工业区位偏移的角度对于产业转移进行了系统的研究，提出了决定工业区位的最小成本理论。他的重要贡献是提出了“区位因子”这一概念。韦伯的工业区位论所研究的是各种区位因子对工业分布的吸引作用。韦伯认为，区位因子决定生产区域，区位因子即决定工业空间分布于特定区域的因素，通过区位因子分析找出的成本最低点才是工业企业生产的理想区域。区位因子分为一般因子和特殊因子。一般因子与所有工业有关，如运费、劳动力、地租等；而特殊因子与特定工业有关。韦伯将影响工业区位的因子抽象为运费、劳动力成本和集聚效益，把工业寻求最优区位的过程分为三个阶段：

第一阶段：不考虑运费以外的一般区位因子，运费主要决定于重量和运距，确定出运费最小的区位。由运费指向形成地理空间中的基本工业区位格局。

第二阶段：将劳动费用作为考察对象，认为工业区位由运费指向转向劳动费用指向仅限于节约的劳动费用大于增加的运费。劳动费用指向可以使在运费指向所决定的基本工业区位格局发生第一次偏移。

第三阶段：将集聚与分散因子作为考察对象，集聚因子就是一定量的生产集中在特定区域所带来的生产或销售成本降低。与之相反，分散因子则是集聚的反作用力，是随着消除这种集中而带来的生产成本降低。集聚因子分为两种形态：一是生产规模扩大而产生的集聚获益，二是企业间协作、分工所产生的集聚获益。韦伯认为，集聚所节约的费用比运费或劳动费用指向带来的费用节约额大时，便产生集聚。集聚指向可以使运费指向和劳动费用指向所决定的基本工业区位格局再次偏移。①

1977 年，迪克斯特和斯蒂格利茨的《垄断竞争与最优产品多样化》一文的发表，标志着新经济地理理论的诞生。与新古典经济学不同，新经济地理理论从运输成本的降低及由此引起的集聚经济、递增收益、规模经济效应、经济发展的外部性效应等方面探讨了企业区位选择及区域经济增长方式。

1991 年，保罗·克鲁格曼在《报酬递增与经济地理》一文中，以规模报酬递增和不完全竞争的市场结构为假设，在迪克斯特—斯蒂格利茨垄断竞争模型的基础上，认为产业集聚是企业的规模报酬递增、运输成本和生

① 阿尔弗雷德·韦伯：《工业区位论》，商务印书馆 1997 年版。

产要素移动通过市场传导的相互作用而产生的。

新经济地理理论中的报酬递增是指经济上互相联系的产业，因为在空间位置上的相互接近性而带来的成本的节约，或由于规模经济带来的成本节约。空间集聚与报酬递增密切相关，主要是指产业由于集聚所带来的成本节约而使产业在某一区域上进一步集中的现象。要素报酬递增只在集聚发生的有限空间发生，报酬递增是有界的。新经济地理理论认为，经济活动的空间聚集核心内容主要集中于三个方面：报酬递增、空间聚集和路径依赖。①

克鲁格曼将地理因素纳入经济学分析中，提出“核心—周边”模型。该模型展示外部条件原本相同的两个区域是如何在报酬递增、人口流动与运输成本交互作用的情况下导致两个原本完全相同的地区演变成一个核心与外围的产业集聚模式，其中的关键是保持对劳动力流动的高度弹性。模型假设世界经济中仅存在两个区域和两个部门——报酬不变的农业部门和报酬递增的制造业部门。农业劳动力在这两个区域均匀分布，农业工资处处相同；制造业工资的名义值和实际值则存在地区差异，因而制造业的劳动力视实际工资的高低从低工资区域向高工资区域流动。它通过将报酬递增条件下的制造业份额与流动劳动力的份额加以内生，得出区域生产结构随运输成本变化而呈现出非线性关系的规律。

克鲁格曼将最初的产业集聚归于一种历史的偶然，初始的优势因路径依赖而被放大，从而产生锁定效应，因此不存在空间上各要素报酬趋于相等的自动均衡。产业集聚一旦建立起来，就倾向于自我延续下去，具有“历史依赖性”。内部和外部的规模经济，给集群内企业带来的集群外企业无法获取的收益诱使集群外企业带着资本、技术、劳动力等要素向集群靠拢，产生出更多的外部性，使得路径依赖更为强烈。

二、基于比较优势的产业转移理论

基于比较优势、比较著名的产业转移理论主要包括雁行形态理论、边际产业扩张理论、产品生命周期理论、国际生产折中理论等。赤松要的雁行形态理论用雁阵曲线来描述国际产业动态转移所带动的本国产品比较优

① 保罗·克鲁格曼：《发展、地理学与经济理论》，北京大学出版社 2000 年版。

势的形成和产业结构升级。小岛清的边际产业扩张理论认为本国的边际产业只有转移出去才能重新获得比较优势。弗农的产品生命周期理论从产品的三个不同生命周期来阐释产业转移过程中形成比较优势的阶段。邓宁的国际生产折中理论用企业产权优势、交易成本最小化优势、政府规制的保护因素等来分析产业转移过程中的比较优势形成。

雁行形态理论由日本经济学家赤松要最先提出。他最初研究日本的棉纺工业史时，发现随着国内对纺织品的需求增加，棉线和棉织品的进口也随之扩大。不久，国内纺织品产量猛增，逐步取代进口产品，然后开始出口。纺织品的变化过程是：国外进口→国内生产→向外出口（见图 1–1）。把进口、生产、出口这个三阶段用曲线绘成图形，像三只大雁结成雁群在空中飞翔，呈“V”字形，故将这一过程称为雁行形态。其中，第一只雁是国外产品大量进口引起的进口浪潮，第二只雁是进口刺激国内市场所引发的国内生产浪潮，第三只雁是国内生产发展所促进的出口浪潮。由此，后起的工业化国家可以通过四个阶段来加速本国工业化进程（见图 1–2）。

第一阶段，从研究开发新产品到国内市场形成。

第二阶段，从国内市场饱和到产品出口、开拓国际市场。

第三阶段，从国外市场形成到输出技术设备、就地生产和销售。

第四阶段，国外生产能力形成，产品以更低价格返销国内，迫使本国该产品减少生产，并促使新产品的开发。[①]

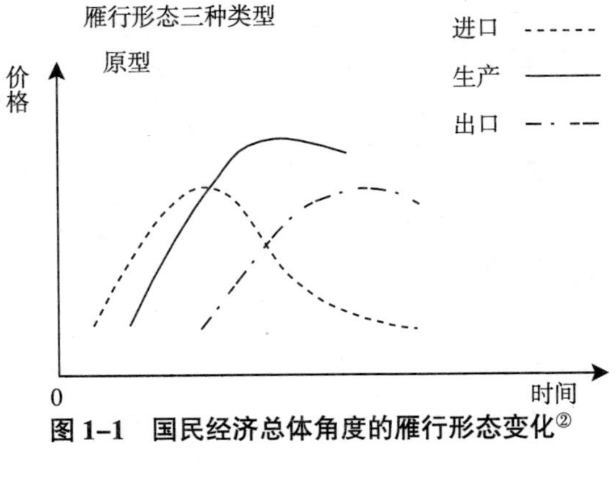

图 1–1　国民经济总体角度的雁行形态变化[②]

① 赤松要：《我国产业发展的雁行形态——以机械仪表工业为例》，《一桥论丛》1956 年第 36 期。
② 小岛清：《雁行型经济发展论——赤松原型》，《世界经济评论》2000 年第 3 期。

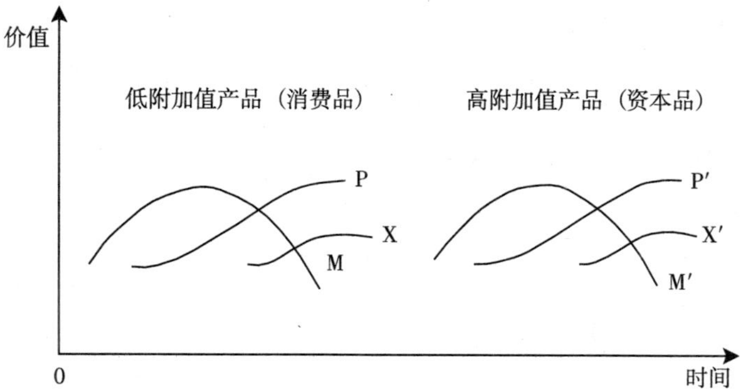

图 1-2　行业部门角度的雁行形态变化[①]

在一国总体行业增长和发展的范围内，雁行产业发展形态先是在低附加值的产业中出现，然后在生产资料产业中出现，继而在整个制造业的结构调整中都会出现雁形变化格局，反映了整个经济体系中产业的建立和升级。

雁行形态理论主张在投资国与被投资国之间实施动态的产业转移。所谓"动态产业转移"，是指投资国将本国产业按生产成本排序，将已处于比较劣势的边际产业依次进行转移。由于各国之间在产业层次上的水平差异，以及技术转移的可能性，因而为欠发达国家产业结构的梯度提升提供了可能。投资国转移的产业有两种情况：一是处于比较劣势的产业；二是被投资国具有潜在优势的产业。例如，日本的纺织、服装等劳动密集型产业同东亚其他国家相比已处于劣势，但对于被投资方而言却是具有潜在比较优势的产业。这样，通过转移一方面使低梯次的后发国（地区）获得了经济发展所急需的资金和技术，另一方面也为投资国（地区）内的结构调整让渡了空间。通过这种结构重组，各国（地区）产业结构得到优化的同时，生产规模、生产能力也得到扩大，相互间的贸易流量也得以增大。[②]

雁行形态理论认为，本国产业发展与国际市场密切相关。产业在不同发展层次的国家之间存在一种动态的梯度转移和传递过程，一国产业结构如果国际化，则产业结构的调整可以通过国际产业间的梯度转移来实现。

20 世纪 70 年代，日本一桥大学教授小岛清深入分析了战后日本企业

① 小岛清：《雁行型经济发展论——赤松原型》，《世界经济评论》2000 年第 3 期。
② 赤松要：《世界经济论》，国元书房 1965 年版。

对外直接投资和美国跨国公司对外直接投资的不同特点，将赤松要的“雁行模式”理论与弗农的产品生命周期理论综合起来，提出了适合日本国情的对外直接投资理论——边际产业扩张理论，从而将雁行模式理论推向了一个新的理论高度。“边际产业扩张理论”认为，对外直接投资不仅是货币资本的流动，更是资本、技术、经营管理知识的综合体由投资国的特定产业部门的特定企业向被投资国的同一产业部门的特定企业（子公司、合办企业）的转移，是投资国先进生产函数向被投资国的转移和普及。

小岛清认为，对外直接投资应该从投资国已经处于比较劣势的产业向边际产业依次转移。所谓“边际产业”，是指在投资国国内已经或即将丧失比较优势，而在被投资国具有显在或潜在比较优势的产业或领域（由于同大企业相比，中小企业更易趋于比较劣势，成为“边际性企业”，因此中小企业更要进行对外直接投资）。他引进了“产业移植的比较优势”这一重要概念，建议在投资国与被投资国之间从“技术差距最小的产业依次进行移植”，同时“由技术差距较小的投资国的中小企业做这种移植的担当者”。[①]

小岛清认为，对外直接投资可以分为顺贸易导向型和逆贸易导向型。顺贸易导向型对外直接投资，是指投资国把相对比较劣势的产业转移到被投资国相对比较优势的产业，这可以使被投资国因缺少资本、技术、经营管理技能等而没有显现出的潜在比较优势得以发挥，从而带来贸易量的扩大和经济福利的增加。逆贸易导向型对外直接投资，是指投资国把比较优势的产业投向被投资国看来是比较劣势的产业，从而导致贸易量减少和经济福利的损失。因此，根据边际产业扩张理论，投资国应生产并出口具有比较优势的产品，并从比较劣势的产业开始进行对外直接投资，而被投资国则通过引进先进的生产函数发挥或增强其比较优势。[②]

产品生命周期理论是美国哈佛大学教授弗农于 1966 年在《产品周期中的国际投资与国际贸易》一文中首次提出的。弗农认为，产品生命是指市场上的营销生命，产品和人的生命一样，要经历形成、成长、成熟、衰退的周期。这样的周期在不同技术水平的国家里，发生的时间和过程是不一

① 小岛清：《对外贸易论》，南开大学出版社 1991 年版。

② Kojima Kiyoshi，“Hitotsubashi”，*Journal of Economics*，No. 2，1993，p.13.

样的。弗农还把产品生命周期具体分为三个阶段：新产品阶段、成熟产品阶段、标准化产品阶段。他认为一种新开发的产品将经历以上这三个发展过程，产品及其生产技术的生命周期变动导致产品生产地点的变动，从而决定了该产品出口国和进口国位置的变化，也决定了生产产品的厂商利润和劳动力收入的变化。

弗农认为，在新产品阶段，创新国利用其拥有的垄断技术优势，开发新产品，由于新产品尚未完全成型，技术不完善，竞争者少，替代产品少，国内市场就能满足其获取高额利润的要求，因此产品绝少出口，大部分都在国内销售。

在成熟产品阶段，由于创新国技术垄断和市场寡占地位被打破，竞争者增多，替代产品增多，企业越来越追求较低的成本；为了降低成本，提高利润率，企业纷纷到发展中国家投资建厂，逐步放弃国内生产。

在标准化产品阶段，产品的生产规模、技术已经完全成熟，最先的垄断技术优势已经消失，成本、价格成为竞争的决定性因素；这时发展中国家已经具备明显的低成本优势，发达国家为进一步降低成本开始大量地在发展中国家投资建厂，再将产品销往世界市场。①

由以上分析，弗农认为，美国之所以向国外转移产业，是由于企业为了顺应产品周期的变化，以规避某些产品生产上的比较劣势。

英国经济学家邓宁在《国际生产和国际企业》一书中提出了具有广泛影响的“国际生产折中”理论，主要涉及国际直接投资和跨国公司。按照邓宁的解释，跨国公司对外直接投资的具体形态和发展程度取决于三方面优势的整合结果。①企业所有权优势。A 国企业想要在 B 国进行生产，与 B 国企业竞争，必须拥有所有权优势，主要包括企业优势、垄断优势、竞争优势等。这些优势要足以补偿国外生产经营的成本。②内部化优势。企业对其优势进行跨国转移时，必须考虑到内部组织和外部市场两种转移途径，只有当前者所带来的利润大于后者时，对外直接投资才有可能发生。企业能将独占的无形资产或其他中间产品在内部交易并运用，克服外部市场失灵的障碍，使交易成本趋于最小，并获得内部化的其他利益。企业通过内部控制的程序或渠道来分配其资源而替代市场机制的作用，使其生产

---

① R.Vernon，“International Investment and International Trade in the Product Cycle”，*Quarterly Journal of Economics*，Vol. 80，No. 2，1966，pp.190–207.

经营活动保持稳定并从中获取收益。③区位优势。企业把在本国生产的中间产品从空间上转移到别国，并同该国的其他中间产品结合以后，能够获得最大利润的话，才会在国外进行投资和生产。邓宁引入的区位因素包括三个方面：一是有些资源只能被选址于特定位置的企业所使用，具有一定的排他性；二是从生产国到销售国所耗运输成本；三是无法避免或是不可转移的成本，如税收、政府对股利汇出的限制等。区位因素不仅制约着跨国公司对外直接的选址及其国际生产布局，而且影响企业所有权优势。①

除以上理论外，威尔斯的小规模技术理论、拉奥的技术地方化理论、坎特韦尔和托兰惕诺的技术创新产业升级理论，着重从局部创新的角度来解释国际产业转移问题。这些理论对于解释当前一些发展中国家逐步走上国际化道路，通过对外直接投资进行国内产业的国际再转移问题有一定的解释力。

三、基于劳动力流动的产业转移理论

基于劳动力流动的产业转移理论中，比较经典的当属刘易斯、费景汉、拉尼斯的劳动力转移模型。刘易斯模型深入探讨了发展中国家主要产业部门运动的规律，认为劳动力转移引发的现代部门的扩张可以使传统部门受益。费景汉—拉尼斯劳动力转型模型认为农业对工业的贡献不仅在于向工业部门转移其所需的劳动力，而且还向工业部门转移农业剩余。②

1954 年，刘易斯在《劳动力无限供给条件下的经济发展》一文中，提出了他的劳动力部门转移理论。刘易斯放弃了新古典宏观经济学通常采用的劳动力供给固定不变的假设，假定劳动力供给有无限弹性，这样如果资本主义部门生产率在提高，就可以得到不断上升的利润份额。但是，刘易斯并不认为劳动力无限供给的假设是普遍适用的。

刘易斯认为，在欠发达国家的工业化早期，存在着两个互相独立又彼此联系的经济部门，一个是市场导向和技术先进的城市现代产业部门，另

① Dunning John, *International Production and the Multination -alEnterprise*. London: George Allen & Unwin, 1981.

② 马春文、张东辉：《发展经济学》，高等教育出版社 2005 年版。

一个是以庞大落后和自给自足的农业部门为代表的传统经济部门。传统经济部门的劳动力大量过剩，在理论上接近于无限供给，一般以隐藏性失业的形式存在，可以为现代产业部门的扩张提供源源不断的劳动力供应。由于面临传统部门溢出的劳动力的有利竞争，现代工业部门的每个劳动者都得把自己的工资报酬控制到最低限度。现代产业部门工人的实际工资只得长期保持一种低水平。这样，节约资本的劳动密集型产业就会因成本低而有利可图，从而得以迅速扩展。随着劳动密集型产业扩大，越来越多的剩余劳动力资源得到充分利用，经济增长进入良性循环，居民收入得到显著提高。①

刘易斯认为，现代产业部门的扩张可以通过四种方式使传统部门受益：一是现代部门雇用从传统部门转移出来的劳动力；二是分享物质基础设施；三是现代产业部门的发展促进传统部门的观念和制度的现代化；四是现代产业部门发展对于传统经济部门贸易的促进和产品的转移。

费景汉和拉尼斯认为，刘易斯没有足够重视农业在促进工业增长中的作用，也没有注意到农业由于生产率提高而出现剩余产品是劳动力持续流入工业部门的先决条件。他们将劳动力的部门转移与经济发展结合分析，共分为三个阶段：

第一阶段，经济中存在着隐蔽性失业，相当一部分劳动力边际生产力接近零或为零，劳动力是无限供给的。当隐蔽性失业的劳动力向工业部门转移时，农业的总产量不受任何影响。这样就会出现农业剩余，正可以满足转移到工业部门的劳动力对粮食的需求。因此，农业部门的人均收入没有改变，工业部门的工资也保持不变。当这部分劳动力转移完毕，经济发展就进入了第二阶段。

第二阶段，工业部门所吸收的劳动力是一些劳动力的边际生产力低于农业部门平均产量的剩余劳动力。由于这部分劳动力的边际生产力大于零，转移出去后使得农业产量下降，而剩下的农业劳动力仍和以前同样消费，所以提供给工业部门的农产品就不足以按平均消费水平来供应工业部门的劳动力。经济中开始出现农产品的短缺，工农业之间的贸易条件变得有利于农业部门，工业部门的工资水平开始上升。

第三阶段，当农业中的全部剩余劳动力都被吸收到工业部门就业后，

① 阿瑟·刘易斯：《二元经济论》，北京经济学院出版社 1989 年版。

经济进入商业化过程，农业已开始资本主义化，农业和工业中的工资水平都由其劳动力的边际生产力来决定。①

托达罗针对发展中国家存在大量劳动力流入城市、城市中又存在大量失业的现实状态，认为城乡收入差距是农业劳动力向城市转移的主要原因，并指出城乡收入差距越大，劳动力转移的数量也就越大。托达罗认为，转移劳动力能够就业的机会大小取决于两个因素：城市现代工业部门新创造的就业机会与城市失业人数，其与前一个因素成正比，与后一个因素成反比。虽然创造新工作数量的提高有利于就业总量的增加，但由于它同样增加了农业劳动力进入城市并就业的概率，因而刺激了农业劳动力的转移。由于农业劳动力的就业替代效应或者挤出效应，最终反而使失业总量上升。这一问题对于实施非均衡增长战略的发展中国家来说，由于其发展重点主要集中于具有自然地理优势的经济发达地区或城市，再加上农村剩余劳动力的逐渐显性化及流动趋势的加强，最终导致这种高水平的失业均衡陷阱持续存在，与此相伴生的还有城市现代部门创造的工作岗位越多，城市失业率越上升的反常现象。

四、国外主要产业转移理论评析

韦伯主要考察了集聚因子对于工业区位转移的重要影响，认为集聚因子是使得工业部门改变由过去确立的基本工业区位格局、进行转移和集聚的关键因素。在韦伯的理论中，体现出隐含的新古典经济学的理性经济人假设。他认为成本最小化、收益最大化是决定产业转移的关键因素。成本减少的空间决定了产业转移的空间，产业的各种要素都流向区域中的成本最低点。但是，韦伯的理论是以假定技术、制度等变量不变为前提的，忽略了技术、管理、产权结构等因素。在另一种假设条件下，即企业在原有的区位通过技术创新、制度变迁、科学管理等实现成本的降低，则无须进行区位转移。因此，韦伯的工业区位论是有局限性的。

克鲁格曼也非常重视成本在产业转移中的作用，但他未向其他经济学家那样将成本节约界定为比较优势，而是将成本节约界定为报酬递增。克

① John C. H. Fei，*Gustav Ranis Development of the Labor Surplus Economy*：*Theory and Policy*. R. D. Irwin，1964.

鲁格曼用动态的视角来看待成本节约，他系统地分析了成本节约，即报酬递增的过程如何影响产业转移和集聚的过程，而不像其他经济学家那样静态、单一地看待产业转移过程中的成本节约。克鲁格曼对于产业转移的分析中注重产业集聚与成本节约的互动关系，空间集聚带来了规模经济和成本节约，而成本节约则使产业进一步集聚，这也超越了其他经济学家对于产业转移与成本节约之间单向关系的研究。精于计量分析的克鲁格曼却认为产业转移具有自我延续的“历史依赖性”，存在路径依赖的不断强化的过程，这也是其他经济学家所未曾得出的结论。克鲁格曼的理论为区位论的一般均衡分析奠定了微观经济学基础，也为产业政策扶持提供了极其重要的理论依据；以规模经济、报酬递增、不完全竞争为假设条件来研究区域经济问题，比新古典经济学更接近于现实。克鲁格曼本人也凭借这一理论而获得 2008 年诺贝尔经济学奖。

赤松要的雁行形态理论强调在某种产品由大量进口转为大量出口后，产业向国外转移过程中寻求建立成本和价格的比较优势。他的理论特点不仅在于提出了“雁行形态”的雁阵曲线图，而且还在于注重产业向国外转移过程中本国产业结构的演进与升级，认为雁行形态将依次出现在低附加值产业——生产资料产业——整个制造业行业，以此实现整个经济体系产业结构的动态演进。这一点具有重要的理论价值和现实意义，为后进的工业国或欠发达国家加速工业化进程提供了可能。雁行形态理论强调的是一种动态的产业梯度转移和传递过程，不足之处在于否定了欠发达地区跨越式发展的可能性，忽视了地区差距以及比较优势的发挥，但也反映了产业转移对发展中国家产业结构升级、经济发展、居民收入提高的巨大推动作用。可以说，赤松要的雁行形态理论是对战后日本崛起初期成功经验的总结。

弗农的产品生命周期理论是基于国际投资和国际贸易的。在产品的不同生命周期阶段，企业的市场地位和生产经营成本也不同，这就形成了不同的比较优势。在新产品阶段，企业利用本国的市场地位和生产条件就可以获得国际贸易中的比较优势，而在成熟产品和标准化产品这两个生命周期，企业只有将产业转移到别国进行投资生产才会获得国际贸易中的比较优势。在弗农的理论中，技术是一个关键的因素。正是技术的传播改变了垄断竞争格局，降低了生产成本，从而促使厂商为追求比较优势而将产业转移到别国。弗农的产品生命周期理论解释了国际产业转移的原因和区域等问题，对产业转移理论做出了重要贡献。

小岛清的边际产业扩张理论综合了赤松要雁行形态理论和弗农的产品生命周期理论的特点，也是基于比较优势的产业转移理论。这一点在他的“产业移植的比较优势”的概念中得以充分体现。小岛清的理论特点在于系统研究了投资国与被投资国之间比较劣势与比较优势的置换，投资国处于比较劣势的边际产业部门转移到被投资国，则可以成为一定资源环境条件下具有比较优势的产业。小岛清认为产业转移不仅是货币资本流动，更是资本、技术、管理、知识的综合体，更加重视技术在产业转移次序中的决定作用，这是比雁行形态理论更为完善之处。随着经济理论的发展和国际经济的实证检验，“边际产业扩张理论”的缺陷和对现实经济现象的无力解释使之未能取得进一步的发展。发达国家不断将传统、落后甚至过时的技术、产业转移到发展中国家，而本国则保留技术最先进的高级产业，这显然有悖于发展中国家力图通过产业结构升级追赶发达国家的初衷。

邓宁的产业转移理论在继承了以往产业转移理论注重成本比较优势的同时，将制度因素和制度分析引入产业转移分析之中。在邓宁的分析中，有效率的企业产权结构、最小化的交易成本都会形成企业的制度优势，进而形成企业在国际投资和国际贸易中的比较优势。邓宁的理论秉承了新制度经济学分析范式，认为内部化优势来自企业内部交易和市场交易之间的合理替代和均衡。邓宁考虑的区位因素中引入了资源产权的排他性、政府的有效管制等制度因素，并充分考虑了垄断和竞争格局对于产业转移的影响，因此注重制度分析是邓宁理论的特点，他改变了以往将制度作为产业转移外生变量的范式，转而将制度作为内生变量来考察。这也是对新古典经济学范式下产业转移理论的一种修正，推动了产业转移理论的发展。邓宁的国际生产折中理论也解释了跨国公司在产业转移过程中采用的方式和路径问题，既可用于发达国家，也可用于发展中国家和地区，满足了多方面的需要，从而博得“通论”的雅称，有着非常重要的学术价值和地位。

刘易斯的理论从不发达国家的简单命题中引出了典型不发达国家的产业部门运动规律，意义重大，但关于农业劳动力的边际生产力为零的观点则在国际学术界存在争议。在刘易斯的理论中，注重分析劳动力的无限供给和分布不平衡所形成的劳动力在部门之间自由转移。这种产业转移的主体不是企业本身，而是劳动力要素，这与其他产业转移理论分析有所不同。刘易斯的部门劳动力转移理论不仅立足于经济增长，而且涉及了产业转移过程中的福利变化问题，即农业剩余劳动力的竞争会导致现代产业部门工人工资水平低。这对于研究产业转移过程中的劳动者福利变化有重要意义。

费景汉和拉尼斯的劳动力转移理论是对刘易斯劳动力转移模型的改进，也是将劳动力作为最重要的内生变量加以分析，研究其带来的产量、收入的变化。费景汉和拉尼斯认为，农业对工业的贡献不仅仅在于向工业部门转移其所需的劳动力，而且还向工业部门转移农业剩余劳动力。费景汉和拉尼斯区分了边际生产力为零和边际生产力大于零这两种劳动力的转移对于传统农业部门和现代工业部门带来的不同影响，这些方面有别于刘易斯。作为对刘易斯劳动力转移模型的发展，费景汉和拉尼斯的劳动力转移模型也对产业转移过程中的收入变化进行了分析，认为边际生产力不同的劳动力转移会带来不同的工农产品比例，并导致工农业之间贸易条件的变化，形成了不同的农业劳动力收入和工业劳动力的工资水平。但是，费景汉和拉尼斯的劳动力转移模型未能对雇佣劳动和家庭劳动做出区分，贸易条件变化的作用未能说明，货币与价格的作用也被忽略。

第二节 国内主要产业转移研究综述

一、国内产业转移的理论研究

在承接国际产业转移理论的基础上，部分学者将研究重点放在承接发达国家产业、参与国际分工、产业结构调整方面。卢根鑫（1997）认为，产业转移对发达国家和发展中国家都有重要影响：对于发达国家来说，产业转移提供更多资本和劳动力，但也可能增加国内就业压力，影响本国企业技术竞争力，造成产业“空心化”等；对于发展中国家来说，产业转移会伴随资本、高级技术和管理经验的转移，实现产业升级，促进经济增长，另外也会促进发达国家与发展中国家之间产业级差与技术级差的长期存在，造成发达国家与发展中国家之间收入分配的不平等，导致污染产业与有害产业的扩散等。但事实上，发达国家新兴产业的发展会替代转移出去的产业，提供新的就业机会，避免产业“空心化”；输出的技术也很少是核心技术、尖端技术，总的来看也不会影响输出国的技术竞争力。发展中国家想要缩小与发达国家的产业级差和收入不平等，则必须通过引进发达国家的技术、管理经验等来实现，哪怕引进的并非最核心尖端的技术，也可以先构建本国的产业基础，然后才能实现创新与飞跃。因此，总体来看产业转移的正效应明显大于负效应。显然，这一结论适用于发达国家与发展中国家之间，也适用于一国内部发达地区与不发达地区之间。但该研究主要从理论角度进行阐释，没有实证的模型和数据分析，也没有涉及国内区域间的产业转移问题。汪斌（1999）认为，赤松要提出的“雁行模式”的本质特征就是东亚区域先进国家向后进国家梯次转移和传递产业，以促进各国产业结构依次调整和向更高层次转换的动态过程，即结构的“动态连锁型转换”；表现为发达国家向发展中国家转让相对落后的产业或某些工序，而次发达国家或新兴工业国家在其中充当“二传手”的作用，并利用产业转移实现了自身的产业结构升级。中国与发达国家在产业发展和技术水平上也存在着梯度差，应从国际产业转移、技术转换的视角来研究解决国内地区间的差距和产业结构的不合理。

随着我国东部沿海地区实现对发达国家产业的承接实现经济高速增长，东中西部之间收入差距不断扩大，有更多学者开始从缩小地区差距角度关注区域的产业转移。张可云（2001）认为，国际产业转移是区际商品和要素流动之外的另一种区域经济联系的重要方式。从某种程度上来说，区际产业转移既是对区际商品贸易与要素流动的一种替代，又会促进劳动力、资本与技术等要素在区域间的流动，区际产业转移属于区域扩散效应的一种，是区际关系的协调与区域经济布局优化的需要：对于高梯度地区来说，如果已过成熟期的产业不适时转移出去，就会出现衰退产业与创新产业在用地、用电、用水等经济要素的冲突，导致该地区的产业拥挤和经济衰退。通过区域产业梯度转移则既可以消除高梯度地区的结构臃肿，又可为落后地区经济起飞奠定基础。然而，对于落后地区来说，一方面由于劳动力素质低、经济体制落后、产业基础差等因素可能缺乏接受转移产业的条件，另一方面也可能由于不切实际地盲目引进顶尖技术而与产业梯度转移产生冲突。同时，一些落后地区只一味地接受传统产业的转移而无创新也是现实区际关系中的一个顽症。因此，区域产业梯度转移并不必然会带来区际关系的和谐，只有在具备一定的客观条件与思想基础的条件下，区域产业的适时、合理转移才会优化区域经济格局，只依靠市场调节不一定能完成产业转移，政府的干预和协调对于区际产业转移是不可或缺的。

关于产业转移的客观条件和现实基础方面，陈计旺（1999）比较分析了产业转移和要素流动对发达地区和落后地区的收入水平、经济发展所产生的不同影响，得出发达地区把已经丧失比较优势和竞争优势的产业不断向落后地区转移有助于缩小区域差距，而劳动力流动趋向于扩大区际发展差距。罗浩（2003）从二元经济模型中无限供给的假设出发，探讨了我国农村剩余劳动力的无限供给导致沿海发达地区外来劳动力实际工资增长缓慢，从而导致当地劳动密集型产业转移的迟滞，即导致产业区域黏性。敖荣军（2005）认为，东部沿海地区制造业的集聚效应构成了对中部地区劳动力跨省迁移的巨大拉力，反过来，中部地区劳动力的迁入又进一步增强了东部沿海地区的集聚效应，在这种动态的累积循环中，中部地区边缘化的地位日益明显。因此，中部地区的边缘化是我国区域经济发展的内生性结果。刘艳（2005）从产业转移的角度探析了“民工荒”现象，认为外商投资主要集中在沿海地区，劳动力需求在特定区域集中，同时产业集群导致沿海地区劳动力密集型产业转移滞后引起区域性“民工荒”。“民工荒”的出现将使沿海地区产业升级和产业转移的压力增大，促进东部地区产业向中西部地区转移。邱振国、郭雅江（2006）分析了劳动力流动对广东省产业转移的影响，指出广东省劳动力丰富，但省域内劳动力市场一体化程度高，劳动力流动性大，使得珠三角城市的劳动力处于无限供给状态，抵消了山区的劳动力成本优势，从而限制了产业的转移。姚林如、李莉（2006）针对伴随着每年大规模的农村劳动力跨地区转移，沿海地区和内陆地区的差距不但没有缩小，反而不断扩大的趋势，在探讨产业集聚机理的基础上，应用了一个一般均衡模型来分析劳动力跨地区转移所带来的效应。模型的仿真结果表明，若考虑劳动力跨地区转移的摩擦时，随着劳动力跨地区转移率的提高，产业集聚效应和地区差距均可能会出现增大的趋势。李钧（2007）以珠三角“民工荒”问题为切入点，从实证方面分析了珠三角、泛珠三角的人口流动概况、城乡收入差距、劳动工资差别，以及人口流动与城乡收入差距，劳动工资差别之间的相关性，从制造业行业工资差别、制造业行业总资产贡献率入手探讨了珠三角产业进行梯度转移的具体路径与行业类别，从而对泛珠三角在劳务与产业方面的合作提出相关的思路和政策建议。

关于产业转移的概念界定，目前国内学者们还没有形成一致的表述，大家主要是在最一般意义上认同产业转移是产业的空间移动或空间迁移现象。综合来看，国内研究者关于“产业转移是什么”这一问题大致可归纳为以下观点：

（1）产品市场扩张论。该理论将某一产业的产品市场扩张也视为产业转移。典型的如陈建军（2002）、胡俊文（2004）的观点。陈建军认为，产业转移是由于资源供给或产品需求条件发生变化后，某些产业从某一地区或国家转移到另一地区或国家的过程。产业转移常常以相关国家或地区间的投资、贸易以及技术转移活动等形式表现出来（陈建军，2002）。

（2）生产要素扩张论。该理论下的产业转移指产业生产要素的空间扩张或迁移，又可以分成两类：

第一类的产业转移概念既涵盖了成长产业的空间转移，又包括了衰退产业的空间转移，并不对两者作明确区分。绝大多数学者持此观点。有些学者对成长产业和衰退产业的空间转移作了明确区分。例如，根据产业转移主体的性质和动机的差别，产业转移可分为扩张型转移和撤退型转移，前者是成长型产业出于占领外部市场、扩大产业规模的动机而主动实施的；后者是衰退型产业迫于结构调整的压力和出于构建新比较优势的目的而被迫实施的（陈刚、刘珊珊，2006）。

第二类产业转移仅指产业衰退中的空间转移和迁移。比较典型的，如产业转移是衰退产业实现退出的重要方式之一（王先庆，1997）；产业转移是经济发展过程中区域间比较优势转化的必然结果，是发达地区向落后地区不断转移已经丧失优势的产业（陈计旺，1999）；产业转移是发达区域的部分企业顺应区域比较优势的变化，通过跨区域的直接投资，把部分产业的生产转移到发展中区域进行，从而在空间分布上表现出该产业由发达区域向发展中区域转移的现象（陆立军、郑燕伟，2000）。

除了以上两类观点之外，有的学者还在区域生命周期理论和产品生命周期理论的基础上提出了梯度转移理论。该理论认为，区域经济的增长主要取决于区域产业结构的优势，后者又取决于区域主导部门在生命周期中所处的阶段。如果主导部门处于创新和发展阶段前期，则该区域为高梯度地区。高梯度地区是产业创新活动集中的区域，而随着时间的流逝和主导部门生命周期阶段的不变，区域主导部门趋于衰退并逐步由高梯度地区向低梯度地区转移（何钟秀，1983）。

在欠发达区域产业转移方面，有的学者还提出了“逆梯度转移论”（郭凡生，1985；谭介辉，1998）。其核心观点是，现代科学技术发展带有跳跃性，因此欠发达区域可以利用资源丰富的后发优势，实行赶超战略，通过对新科学技术的直接引进、消化、吸收和创新，来提升产业层次，实现产业的跨越式发展，从而可以反过来向发达区域转移。①

魏后凯（2003）认为，区际产业转移是企业与转入区和转出区政府之间的动态博弈过程，也是各地方政府之间的环境竞争过程。产业转移的实质是企业空间扩张过程，也是企业的再区位和区位调整的过程。投资量不大的劳动力密集型中小企业，往往看重地方政府的优惠政策，一旦外部环境发生变化或者优惠政策取消，他们很快会考虑换到环境更有利的区域。一个地区如果这种游移性产业占较大比重，地区经济将缺乏持续发展的基础，产业核心竞争力也无从谈起。②

石奇（2004）认为，可以用集成经济的原理解释产业转移的微观机理。集成经济是指企业通过市场重组和集成的方式对产业链中不同价值环节的最优利用而实现的经济。产业转移是企业实现市场集成的手段，是企业在技术手段之外通过对市场的重组和集成实现经济性的结果。③

陈耀（2008）认为，产业出现空间结构调整经常会引起产业区际或国际转移。产业转移是经济发展的必然规律。在经济全球化和区域一体化背景下，如何积极主动地承接产业转移，已成为后发展地区发挥后发优势，实施赶超战略、实现跨越式发展的重要战略选择。承接产业转移必须具备一定的内部和外部条件，内部条件主要体现在承接方的软、硬件环境上，外部条件则表现为作为转移方的发达地区企业对目的地的意愿和要求等方面。④

---

① 陈刚、刘珊珊：《产业转移理论研究：现状与展望》，《当代财经》2006 年第 10 期。
② 魏后凯：《产业转移的发展趋势及其对竞争力的影响》，《福建论坛》（经济社会版）2003 年第 4 期。
③ 石奇：《集成经济原理与产业转移》，《中国工业经济》2004 年第 10 期。
④ 陈耀：《我国沿海产业集群迁移与中西部承接策略》，《西部金融》2008 年第 11 期。

王珺（2010）认为，劳动力流动差异是导致不同国家之间与国内不同区域之间形成产业转移不同激励的基本因素。在不同国家之间，劳动力流动有限，因此工资差距会长期存在，在各国资本市场不断开放的条件下，这样的工资差距会推动国际上的跨国产业转移。在国内不同区域之间，劳动力的流动会缩小地区之间的工资差距，但是会推高地区之间的地价差距。因此，对于国内产业转移而言，工资差距的作用会减弱，地价差距的作用逐渐增强。地价的差距通常从高地价的核心区率先启动产业转移，然后向周边地区逐渐扩散。①

二、国内产业转移的政策研究

自从20世纪末国家实施西部大开发战略以来，来自不同领域的专家学者都开始围绕着“中西部承接产业转移时机是否成熟、条件是否具备”、“中西部地区承接什么样的产业过来？向谁承接”、“中西部地区承接产业模式和政策措施如何设计”等相关问题展开研讨，并形成诸多的研究成果，部分结论也已经被中央或地方政府决策采纳。

何钟秀（1983）根据“国内技术转移的梯度推移规律”认为，我国经济发展不平衡的特点，已经在国内形成了一种技术梯度，自觉地利用技术梯度，国家政策支持的重点应是让一些有条件的地区首先掌握世界先进技术，然后逐步向“中间技术”地带、“传统技术”地带转移，将逐步缩小地区间的差距。②

李晓西（2009）指出，中西部地区得到西部大开发和中部崛起的地区和地方政策的支持，取得快速发展，基础设施、产业基础等方面不断增强；并且东部地区受到国家宏观调控的影响，水、电、地、劳务等要素成本逐渐提高。由此，他认为中西部地区承接东部和国际产业转移的时机已经到来，持类似观点的还有陈耀（2008）和魏后凯（2009）等。

关于中西部地区承接产业转移具备的有利条件，王岳平（2008）认为，一方面，就中西部地区自身而言，具有劳动力资源丰富、市场容量日益增大、部分地区有市场基础等优势；同时，该地区是我国重要能源、原

---

① 王珺：《是什么因素直接推动了国内地区间的产业转移》，《学术研究》2010年第11期。
② 何钟秀：《论国内技术的梯度转移》，《人民日报》1983年2月6日第3版。

材料供应基地，发展重化工业具有先天的物质基础。另一方面，国内外环境变化为中西部地区承接中国东部及国际产业转移提供了绝好的机遇。国际金融危机和东部沿海企业生产成本持续上升，迫使东部地区传统制造业不得不考虑到中西部地区设厂生产，同时扩大中西部地区的内需市场。此外，国家对中西部地区实施倾斜的区域政策也将吸引国外企业来中西部投资建厂（陈耀，2008、2009）。

关于中西部地区承接产业转移对于国家的战略意义，综合学者们的观点，主要有以下几个方面：第一，加快中西部地区发展，缩小地区差距，促进区域协调发展（陈栋生，2004、2008）。第二，统筹解决中国区域经济问题，如东部膨胀病和中西部落后病（张可云，2005）。第三，东部产业向区外转移既能缓解中西部地区的“三农”问题，又能培育中西部地区的增长极（杨国才，2009）。也有学者从主体功能区视角进行阐述，如王岳平（2008）认为，目前促进东部发达地区部分产业向中西部转移，主要的作用在于：①是加快中西部地区经济发展、协调区域关系的重要举措；②是减轻中西部地区就业压力、促进社会和谐发展的有力保证；③是提高中西部地区资源转换能力、发挥比较优势的必然要求；④是优化东部地区产业结构、加快东部产业结构升级进程的大趋势；⑤是缓解东部地区资源和环境压力的根本选择。

关于政府及其政策在产业转移过程中主要发挥什么作用，张平（2007）认为，在国内产业转移的主体上，企业尤其是民营企业应扮演重要角色，从目前态势看，民营企业投资已经从初级形式转移（如对外购并、投资建立加工基地）转向更广领域的投资，包括向垄断行业的上下游领域投资。刘蕲冈、卢才瑜（2008）指出，企业应该成为产业转移的主体，承接活动要按照市场规律进行，政府起着政策引导、环境营造、平台搭建、信息服务等作用。李晓西（2009）认为，产业转移中政府的作用体现在两个方面，即中央政府要积极推动产业转移和搭建制度平台促进东中西部互动。

关于政策主导下产业转移的基本模式，学者们经过经验观察后进行了总结。王岳平（2008）将产业转移形式分为市场拓展型、资源开发型、优势延伸型、资本运作与要素嫁接型。市场拓展型是指东部企业为了开辟中西部地区市场而在此设立制造基地；资源开发型是指企业为了获得发展先机提前进入本地开发资源；优势延伸型是指东部地区一些企业在技术、管理等方面拥有一定优势，通过优势在全国范围内延伸；资本运作与要素嫁接型是指把发达地区的资本、设备等优势要素嫁接到中西部地区，从而提高中西部地区的产业竞争力，优化产业结构。

曹荣庆（2001）认为，区域产业转移和结构优化有六种模式：一是整体迁移，指企业随着行业生产中心的迁移而异地新生；二是商品输出，指对邻近市场乃至国际市场的商品输出；三是市场拓展，指通过有形或无形市场的拓展，进而使企业具有更大的市场空间；四是资本输出，指企业通过资本输出而实现的多元化经营；五是产业关联，指一个企业通过产业间的渗透或跨越而实现产业转移和结构优化；六是人才联合，指通过人力资本的累积而达到产业结构优化和升级。①

陈耀（2008、2009）认为，国家应在宏观层面上制定政策鼓励和促进产业转移从零散化转向集群化，他采用“产业关联度”和“外向度”两类指标，把产业集群划分为三类，即高关联度高外向度集群、低关联度高外向度集群、低关联度低外向度集群；不同类型的产业集群具有不同的迁移倾向，第一类迁移的可能性小，后两类迁移的可能性大，应列为中西部地区承接的重点产业类型。②

蒲勇健（2010）则认为，在政策支持的阶段方面，目前国内尚没有出现很大规模的产业转移。产业转移从明显趋势到真正实现转移，并不如承接地政府预计的那样迅速，应该根据本阶段的特征制定适宜的政策。沈明高（2010）认为，从东部“龙头企业西进”的现实来看，国内东部产业已经部分转移，但不会出现向中西部地区的转移潮，沿海地区的高劳动生产率和较长产业链会抵消不断上涨的工资压力。刘开明（2010）认为，不少珠三角地区的港资企业向中西部转移或者扩张的方式，只是订单转移，而不是工厂转移，更未达到升级的层次，对珠三角而言只是换汤不换药，政策支持的重点应该是促进转出区的工业转型升级。

三、国家层面的产业转移战略思路

在我国改革开放和现代化建设全面展开以后，邓小平同志提出了“要

① 曹荣庆：《浅谈区域产业转移和结构优化的模式》，《中州学刊》2001 年第 6 期。
② 陈耀：《产业资本转移新趋势与中部地区承接策略》，《中国发展观察》2009 年第 6 期。

顾全两个大局”的地区发展战略构想。一个大局是沿海地区加快对外开放较快地先发展起来，内地要顾全这个大局。另一个大局是，当发展到一定时期，全国要拿出更多力量帮助中西部发展，东部沿海地区也要服从这个大局。在“两个大局”思想指导下，我国在国家层面推动区域产业实施了“梯度推移”战略，改革开放 30 多年来东南沿海地区的产业发展推动了我国经济的高速增长。

我国政府在“九五”计划的报告中曾经明确指出，“调整加工业的布局，引导资源加工型和劳动密集型产业向中西部地区转移”。可见，中西部地区承接产业转移的提法早在十几年前就已开始列入国家决策部门的议事日程。

在这一时期，朱镕基同志在 1999 年 7 月 15 日的省部长经济工作座谈会上曾经指出，在区域和产业的发展中，应该增加投资注意向东北老工业基地和中西部地区倾斜，实现产业投资向中西部地区的逐渐转移。这是国家领导人首次就促进产业有序转移作出重要指示。

2008 年 4 月 26 日，国务院副总理王岐山在武汉举行的第三届中国中部投资贸易博览会的“2008 万商西进高峰论坛”上提到，中部六省要发挥各自优势，突出发展重点，要发挥承东启西、连通南北的区位优势，承接好国内外产业转移，积极引进外来资金；应综合目前东部地区与中部地区在要素成本、优惠政策、市场饱和程度等方面的差异，顺应区位比较优势的变化，东部沿海地区将部分产业的生产转移到中部地区进行生产，切实促进“万商西进”的产业转移进程。

2009 年，温家宝同志在中央经济工作会议上曾指出，在宏观经济调控中，要发挥各地区比较优势，鼓励东部地区向中西部地区进行产业转移，在更大范围内实现资源优化配置，应该形成互惠互利格局，促进东、中、西地区良性互动。

2010 年 9 月，国务院常务会议审议通过了《关于中西部地区承接产业转移的指导意见》（以下简称《指导意见》），该《指导意见》指出，中西部地区承接产业转移，要深入贯彻落实科学发展观，紧紧抓住国际国内产业分工调整的重大机遇，以市场为导向，以自愿合作为前提，以结构调整为主线，以体制机制创新为动力，着力改善投资环境，促进产业集中布局，提升配套服务水平；着力在承接中发展，提高自主创新能力，促进产业优化升级；着力加强环境保护，节约集约利用资源，促进可持续发展；着力引导劳动力就地就近转移就业，促进产业和人口集聚，加快城镇化步伐；着力深化区域合作，促进要素自由流动，实现东中西部地区良性互动，逐步形成分工合理、特色鲜明、优势互补的现代产业体系，不断增强中西部地区自我发展能力。国务院出台的这一《指导意见》是加快经济结构调整和发展方式转变的重要途径，是深入实施西部大开发和大力促进中部地区崛起战略的重大任务。

2010 年 10 月，中央公布了《中共中央关于制定国民经济和社会发展第十二个五年规划的建议》，其中提出：全面振兴东北地区等老工业基地，发挥产业和科技基础较强的优势，完善现代产业体系，促进资源枯竭地区转型发展。大力促进中部地区崛起，发挥承东启西的区位优势，改善投资环境，壮大优势产业，发展现代产业体系，强化交通运输枢纽地位。积极支持东部地区率先发展，发挥对全国经济发展的支撑作用，在更高层次参与国际经济合作和竞争，在转变经济发展方式、调整经济结构和自主创新中走在全国前列。要加强和完善跨区域合作机制，消除市场壁垒，促进要素流动，引导产业有序转移。

国家层面的产业转移战略思路与国内外产业转移理论研究与实践发展是一个紧密联系、相互联动的过程。随着国际分工格局的调整和国际产业转移的深化，以及国内区域经济发展的新变化，我国关于产业转移的战略思路和宏观政策将会进一步调整和优化，在实现科学发展、构建和谐社会的理念下，关注民生、福利、生态等包容性增长范畴的政策举措将成为重要方面。

第二章　产业转移与区域福利效应

研究产业转移与区域福利效应，要明确“什么引发了产业转移”和“什么引发了区域福利效应”，这两个问题是研究脉络的前提。基于新古典范式的主流经济学对于产业转移动因进行了系统的考察，其理论体系已经趋于成熟，但对于现实问题的解释缺乏更符合当代国际转移的规律性。演化经济学是经济学理论范式的一场革命，代表了经济学理论研究的前沿。从演化经济学的角度，可以认为经济体系中的“自然选择”环境意味着市场环境，包括产品市场和要素市场，成功存活下来的企业是通过满足这些市场的选择环境而被保留下来的。无论是扩张型还是撤退型的产业转移，都是某产业对特定市场环境不同适应度的反应。若产业对市场环境的适应度越来越低，与其他地区同类产业竞争中处于明显不利地位，若不想衰亡，只能选择向外迁移。区域福利及其效应可以从经济主体的逻辑脉络来进行界定，而产业转移引致区域福利效应可以从生产要素的角度归结出三个影响因子及其作用机制。本章对上述理论问题进行界定和厘清，在理论上对产业转移予以新的解释，对区域福利效应进行新的界定，并对二者之间的关系进行系统分析。

第一节 产业转移与区域福利：理论视角下的阐释

一、产业转移：基于演化经济学视阈的新解释

传统经济学对于产业转移动因进行了系统的考察。西方主流经济理论中的产业转移理论主要可以归纳为：韦伯、克鲁格曼的基于集聚的产业转移理论，赤松要、小岛清、弗农等基于比较优势的产业转移理论，以及刘易斯、费景汉和拉尼斯等的基于劳动力流动的产业转移理论。韦伯认为，寻求工业区位中的最小成本点是产业转移的动因。韦伯将影响产业转移的因子分为运费、劳动费用和集聚效应。这三种因子分别决定了产业的初始区位和后续转移。工业区位的每一次转移前提是某种因子解决的费用大于另一种因子增加的费用。克鲁格曼认为，产业的集聚性转移的动因是追求地理接近性或规模经济而带来的成本节约。这种成本的节约反过来又进一步促进产业在区域集中的转移。这种成本的节约只在有限的空间发生，因而是有界的。产业的集聚产生于历史的偶然，倾向于自我延续，具有路径依赖性。赤松要认为，产业转移的动因是本国产业寻求一种国际贸易竞争的比较优势，表现为某种产品经历了国外大量进口——国内生产发展——国外大量出口的雁行曲线，即著名的雁行形态理论。这种产业在不同发展层次国家的动态转移和梯度延伸，可以促进贸易国之间的产业结构国际化。小岛清认为，产业转移是一个已处于劣势的“边际产业”转移到本国以外，从而转变为优势产业的过程。投资国把相对比较劣势的产业转移到被投资国，而这些产业在被投资国却成为具有比较优势的产业，使得被投资国拥有了资本、技术、管理等要素而得以快速发展。弗农认为，产业转移的动因是产业为了寻求较低的生产成本和规避国内日益激烈的市场竞争而将生产力转移到他国。产品的生命周期可以分为新产品阶段、成熟产品阶段、标准化产品阶段，随着各阶段在时间维度上的演进，产品的生产技术不断完善和普及，竞争者日趋增多，国内市场竞争越发激烈，利润率不

断下降，产业为寻求新的产品市场和要素市场空间而只能向国外转移。邓宁认为，产业转移之所以发生，一个重要原因是产业群体中的个体——企业，对外部市场的投资回报要高于对企业内部组织的投资回报，即产业转移带来的利润要高于产业不转移而只进行内部创新的利润。这是一种产业内外部演化不均衡的结果。

国内学者对于产业转移动因的研究也有独到见解。魏后凯（2009）指出，中西部地区得到西部大开发和中部崛起的区域政策的支持，取得快速发展，基础设施、产业基础等方面不断增强；并且东部地区受到国家宏观调控的影响，水、电、地、劳务等要素成本逐渐提高，这些因素决定了中西部地区承接东部和国际产业转移时机的到来。陈耀（2008、2009）认为，国内外环境变化是中西部地区承接产业转移的重要原因。国际金融危机和东部沿海企业生产成本持续上升迫使东部地区传统制造业不得不考虑到中西部地区设厂生产，同时扩大中西部地区的内需市场。此外，国家对中西部地区实施倾斜的区域政策也将吸引来自东部和海外企业布局中西部。高关联度高外向度集群迁移倾向和可能性小，低关联度高外向度集群、低关联度低外向度集群这两类迁移倾向和可能性大。张平（2007）认为，民营企业投资偏好变化是产业转移的动因。民营企业投资已经从初级形式转移（如对外购并、投资建立加工基地）转向更广领域的投资，包括向垄断行业的上下游领域投资。刘蕲冈、卢才瑜（2008）指出，市场的规律性促进了产业的转移。企业应该成为产业转移的主体，承接活动要按照市场规律进行，政府起着政策引导、环境营造、平台搭建、信息服务等作用。李晓西（2009）认为，政府的产业政策和宏观调控作用是产业转移的重要动因，中央政府要积极推动产业转移和搭建制度平台促进东中西部互动。王岳平（2008）将产业转移的目的细分为追求市场拓展、追求资源开发、追求优势延伸、追求资本运作与要素嫁接四个方面。追求市场拓展指的是东部企业为了开辟中西部地区市场而在此设立制造基地；追求资源开发是指企业为了获得发展先机提前进入本地开发资源；追求优势延伸就是指东部地区一些企业在技术、管理等方面拥有一定优势，通过优势在全国范围延伸；追求资本运作与要素嫁接则是把发达地区的资本、设备等优势要素嫁接到中西部地区，从而提高产业竞争力，优化产业结构。

以上对产业转移的解释和分析各有不同，但都是从传统经济学分析范式下进行的，能否从一个新的角度寻求一种与传统经济学分析不同的新研究范式，对研究产业转移具有重要的理论价值。目前，演化经济学以其不同于主流经济学的研究内涵而日益成为经济学研究的前沿问题，下面就从演化经济学的研究范式对产业转移进行一个新角度的解释。

在谈这个问题之前，我们有必要简要回顾一下生物进化论的基本理论。在达尔文的生物进化论中，进化机制可以概括为三个核心概念：变异、遗传和自然选择。变异是指同种生物世代之间或同代不同个体之间在结构和机能上的差异。若没有变异，进化将无从谈起。遗传是指生物身体机能与结构在后代复制和重显，是生物进化的起点。自然选择是指自然界里适合于环境条件（包括食物、生存空间、风土、气候等）的生物被保留下来，不适合的被淘汰。自然界并不存在有意识的选择，自然只是起着选择的作用而已。自然选择对变异和遗传发生作用，导致新物种的形成与旧物种的灭绝。[①]

演化经济学通过对大量生物学范畴的隐喻，将个体基因、变异、选择、复制等概念引入经济学分析范式之中，主张从动态演化的视角理解社会经济过程和揭示经济发展的动力，用心智本体论和共同演化的理念否定了新古典经济学的静态偏好假设和均衡分析方法。在演化经济学中，个体往往被定义为非同质的企业，种群则被视为产业等经济整体组织形式；基因被隐喻为企业的惯例，或是社会制度和整个经济系统；变异被隐喻为经济体系中的创新，是经济演化的原动力，或是对原有惯例的破坏和新惯例的搜寻。演化经济学将市场竞争视为经济体系中的自然选择机制；选择机制来忽视主体的能动性因素，考虑到了主体满意、对利润的选择和惯例刚性等在选择中的作用；经济体系中的“自然选择”环境即市场环境，包括产品市场和要素市场，适应了市场的这种选择环境的企业才得以成功存活。

以上种种概念构成了从演化经济学中的经济“自然选择”角度阐释产业转移的理论基础。从演化经济学的个体群思维来考量，产业可以看成是一群同属性个体企业组成的群体，类似于生物种群。在本书所探讨的范式中，“适应”是一个核心的概念。生物学中的适应是指种群个体的形态结构和机能与所生存的环境相适应，具有普遍性。在经济系统中，产业只有适应市场环境，才能在经济选择中被保留下来并继续发展；若产业不适应市场环境，就会在经济选择中被淘汰，这与生物界的优胜劣汰的自然选择

① 达尔文：《物种起源》，周建人等译，商务印书馆 2009 年版。

是同一道理。自然选择通过种群间、种群内部生存斗争实现，保留对种群有利的变异，淘汰不利的变异，形成了一种逐渐的、累积的适应趋势，并将种群的进化纳入非随机的、定向的轨道。经济选择通过产业之间、企业之间的市场竞争实现，有利于产业盈利的创新被保留，不利于盈利的创新则被淘汰；适应市场环境的产业得以生存和发展，不适应市场环境的则逐渐消亡。经济选择中存活下来的产业和企业逐渐对产品市场、要素市场形成一种逐渐的、累积的适应趋势，并进入定向的路径依赖。

从动机来看，产业转移可以分为扩张型产业转移和撤退型产业转移。扩张型产业转移是指产业在成长期为扩张市场、扩大规模而进行的空间转移；撤退型产业转移是指产业在衰退期迫于生存压力而进行的空间转移。[①]无论是扩张型还是撤退型的产业转移，都是某产业对特定市场环境不同适应度的反应。产品市场供求状况决定利润，要素市场供求状况决定成本。产业对不同的市场环境的不同适应度形成了不同的产业转移动机和方式，具体表现在如下方面。

1. 撤退型产业转移

假定整体区域中的要素分布是不均匀的，初始状态市场是均衡的，企业个体是有限理性的，产业分布区的要素市场的均衡被打破，要素的供给减少，而产业的发展使需求增加，市场的非均衡推动要素价格上涨，产业要素成本上升，或是获取要素的难度加大，也即市场环境发生变化，变得更加不利于企业生存和发展。若产业缺乏创新（熊彼特的新技术、新原料来源和新产品市场），则其盈利水平将越来越低。产业对市场环境的适应度不断降低，其自身竞争能力也越来越差，若市场环境不能改善，产业要么逐渐消亡，要么则只能像生物种群一样迁徙到整体区域中另一个新区域的要素条件可以适应的市场环境，实现其要素成本的降低和要素市场新的均衡状态。

同理，若产业分布区及附近的产品市场处于需求不断减少，供给和需求进入非均衡状态，产业的市场份额不断下降，且缺乏熊彼特意义上的创新，盈利水平越来越低，产业对市场环境的适应度也越来越低。在与其他地区同类产业竞争中处于明显不利地位，这种状态下市场环境若不发生重大变化，产业又不想衰亡，则只能选择向外迁移，迁移至整体区域中另一

① 格罗斯曼：《全球经济中的创新与增长》，何帆等译，中国人民大学出版社 2003 年版。

个产品市场条件能够适应的区域市场环境，实现其产品需求和利润水平的提升、产品市场的均衡。只有被迫迁徙到另一个市场环境，才能在经济的“自然选择”中得以生存，反之则会被淘汰。这就是撤退型产业转移。无论是要素市场变化还是产品市场变化，引起的产业转移过程均可视为由旧的均衡状态向新的均衡状态的过渡过程。

2. 扩张型产业转移

产业扩张的动因在于产业化能够很好地适应本区域市场环境，适应度很高。这种有利于企业种群成长的市场环境是要素供大于求、要素价格较低的要素市场，或是产品供不应求、利润率较高的产品市场。正如生物与自然环境的适应一样，产业作为一个企业群与所处的市场环境适应度高，市场环境有利于企业个体的成长，产业内的企业个体数量就会不断增加，区域内企业的密度就会不断增加。但是，特定市场环境的区域是有界的，企业数量扩张的空间也是有界的，因此不断新增的企业就会逐渐向邻近或其他适应度高的区域迁移，以寻求新的生存和发展空间，避免同属性企业种群内部围绕资源而展开的生存斗争。

正如生物迁移适应新的自然环境会导致物种的逐渐分化，产业转移到新的区域对新的市场环境的适应也会促进产业的升级。不同的区域要素禀赋条件造成的要素供给差异，不同区域由收入、风俗、文化不同所造成的需求差异，使产业转移到新的要素市场和产品市场，新区域的市场环境下要素市场供给的优化、产品市场需求结构的调整都会促进产业的升级，有些能更好地适应新市场环境的产业得以进一步发展壮大为区域的主导产业。

3. 产业转移中遗传、变异与创新

正如生物在自然选择中为适应新环境生存下来而进行变异，作为企业群的产业，为适应不同区域不同市场环境的变化，也会发生个体基因变异，这就是企业“惯例”的变化。纳尔逊和温特认为，“惯例”是有规律的、可预测的企业行为模式，是一种光滑序列的协调一致的行为能力。具体而言，包括诸如生产中的技术惯例、雇用劳动力的程序、投资及研发战略、管理规章、治理结构等。“惯例”决定企业可能的行为，可以解释企业的稳定性。在演化经济学中，惯例的作用与生物进化中基因的作用相似，是经济中“自然选择”的稳定物质基础。企业群转移到新的区域、新的市场环境，要素供给结构的优化会升级企业个体的生产经营模式，即改变了企业的“基因”——惯例，使企业个体发生变异，甚至会逐渐扩展到整个企业；新区域的人文、风俗等软环境的变化也会使企业文化模式发生变化，同样改变了企业的惯例，使产业转移后的企业个体发生了“变异”。

产业转移并逐渐适应新市场环境的过程中，不仅仅发生了企业个体的“变异”，也存在着“遗传”。演化经济学中的“遗传”是指一种复制机制将企业个体的形式和行为随着时间上的进展而保持连续性。[①] 产业转移前的企业个体的惯例并不都是不能适应新的市场环境，那些使企业的行为模式仍然能很好地适应新环境的惯例将被复制到转移后的企业个体中，形成一种遗传效应。

熊彼特将生产一种新产品、开拓新的市场和发现新的原料产地都纳入“创新”的范畴，[②] 而产业转移恰恰满足了以上内容，因而产业转移也可视为一种熊彼特意义上的“创新”。演化经济学认为，创新是经济发展的原动力，[③] 实践证明产业转移确实助推了战后日本、亚洲“四小龙”的崛起和中国东南沿海的经济奇迹，这也从产业转移作为一种创新的角度印证了演化经济学对于产业转移的解释。

基于演化经济学理论对产业转移的分析，可以从引致转移成因、转移动态过程和最终转移效果三个部分来对产业转移的过程进行具体分析。

（1）产业转移成因的比较静态分析。

第一，要素市场环境变化对企业的影响。要素成本是个体企业在市场环境中生存和发展的最重要内容之一，直接影响企业利润水平。[④] 要素市场生存环境苛刻，成本过高，利润就会降低，企业就难以生存，适应度急剧降低，进而产生转移到一个新的要素市场环境的内在动力。

下面就来考察要素市场环境变化影响个体企业利润水平的变化。

企业利润函数是企业产品市场收益减去企业要素市场支出，个体企业利润最能够反映产品市场和要素市场对于企业市场适应度的影响。

设企业的利润函数为：

$$\pi = R - C$$

其中，π 为企业利润，R 为企业收益，C 为企业成本。

企业利润函数进一步变为：

---

① 贾根良：《演化经济学——经济学革命的策源地》，山西人民出版社 2004 年版。

② 约瑟芬·熊彼特：《经济分析史》，商务印书馆 2003 年版。

③ 陈劲、王焕祥：《演化经济学》，清华大学出版社 2008 年版。

④ 吴宇晖：《西方经济学》，高等教育出版社 2004 年版。

$\pi = R(Q) - C(K, L)$

其中，R(Q) 为企业收益是其产量 Q 的函数，C(K，L) 为企业成本由购买资本 K 和劳动力的支出 L 构成。

企业收益函数和成本函数的具体形式为：

$R(Q) = P_Q Q e^{-rt}$

$C(K, L) = P_K K + P_L L$

其中，P_Q 为产品价格，P_K 为资本价格，P_L 为劳动力价格，e^{-rt} 为贴现因子。

单个企业利润函数的具体形式变为：

$\pi = P_Q Q e^{-rt} - (P_K K + P_L L)$

π 表示企业利润为预期收益贴现值与当期成本之差。

基于演化经济学的个体群思维，设产业内存在 n 个企业，采用企业生存发展的最重要指标：利润水平的数理表述——利润函数来代表个体企业，可推得整个产业中各个企业利润函数为：

$$\begin{cases} \pi_1 = P_Q Q_1 e^{-rt} - (P_K K + P_L L) \\ \pi_2 = P_Q Q_2 e^{-rt} - (P_K K + P_L L) \\ \vdots \\ \pi_n = P_Q Q_n e^{-rt} - (P_K K + P_L L) \end{cases}$$

根据实践经验和已有实证可知，由于产业转移在较长时期内较多的是在两地之间转移，基于其在时间和空间上的这种特性，更适合于两个均衡状态之间的比较静态分析。

单个企业利润函数为：

$\pi = P_Q Q e^{-rt} - (P_K K + P_L L)$

这样就把企业利润水平与要素数量直接联系了起来。在各变量中，Q、P_Q、P_L、P_K 均由各自的市场决定，可视为外生变量，r、t 也为外生变量，L、K 为内生变量。

其最优化的一阶条件为：

$\partial \pi^* / \partial K = P_Q Q_K e^{-rt} - P_K = 0$

$\partial \pi^* / \partial K = P_Q Q_L e^{-rt} - P_L = 0$

雅可比行列式为：

$$|J| = \begin{vmatrix} P_Q Q_{KK} e^{-rt} & P_Q Q_{KL} e^{-rt} \\ P_Q Q_{LK} e^{-rt} & P_Q Q_{LL} e^{-rt} \end{vmatrix}$$

进一步求得雅可比行列式的值为：

$|J| = P_Q^2 e^{-2rt}(Q_{KK}Q_{LL} - Q_{LK}Q_{KL})$

现在考察原设定不变、由市场决定的外生变量 P_K、P_L 变化所引起的利润最大化均衡状态的变动。生产要素价格 P_L、P_K 的变化可视为外生要素市场环境的变化，并引起企业购买要素数量 K、L 的变化，进而引起个体企业利润水平的变化。

基于最优化的一阶条件建立比较静态分析模型：

$[J][X] = [d]$

假设仅有一种要素 K 的价格 P_K 变动，$dP_K \neq 0$，$dP_L = 0$，则：

$$[J]\begin{bmatrix} \partial K/\partial P_K \\ \partial L/\partial P_K \end{bmatrix} = \begin{bmatrix} 1 \\ 0 \end{bmatrix}$$

假设仅有一种要素 L 的价格 P_L 变动，$dP_L \neq 0$，$dP_K = 0$，则：

$$[J]\begin{bmatrix} \partial K/\partial P_L \\ \partial L/\partial P_L \end{bmatrix} = \begin{bmatrix} 0 \\ 1 \end{bmatrix}$$

分别得出在利润最大化时，即最优化均衡状态时，P_K、P_L 变化对资本 K 数量和劳动力 L 数量的影响：

$\partial K/\partial P_K = P_Q Q_{LL} e^{-rt}\ [J]$

$\partial L/\partial P_L = P_Q Q_{KK} e^{-rt}\ [J]$

P_K、P_L 的变化影响到要素数量 K、L 的变化，进而影响到个体企业利润函数，会引起整个最优均衡状态的变动调整和过渡，表现在实践中就是个体企业迁移到新的要素市场环境中谋求生存和发展，实现新的利润最大化水平，即新的最优均衡状态。这个过程就是演化经济学理论分析中的要素驱动型产业转移过程。这反映了要素市场环境变化对个体企业利润水平的影响，是决定产业转移的重要因素之一。

第二，产品市场环境变化对企业的影响。数理经济学中的包络定理可以分析当利润函数最大化状态时，参数的变化影响最大化利润的变化率，可以将产品价格设为参数，通过其变化来考察对利润最大化时的最优均衡状态的影响。

设企业利润目标函数为：

$\pi = pf(K, L)e^{-rt} - wL - rK$

其中，K 和 L 分别是资本和劳动力的投入量，是内生变量；p 是产品价格，t 为时间变量，w 和 r 分别是工资和利率，是参数和外生变量；e^{-rt} 为贴现因子，用于将未来的收益贴现为现值后与现在的成本进行比较。

利润 π 最大化的一阶条件为：

$\pi_K = pf_K e^{-rt} - r = 0$

$\pi_L = pf_L e^{-rt} - w = 0$

在利润最大化点（π^*，K^*，L^*），以上方程隐含着函数：

$K^* = K^*(p, w, r, t)$

$L^* = L^*(p, w, r, t)$

以上两个函数分别是在利润最大化时对于 K、L 的最优需求函数。

将函数 K^*、L^* 带入目标函数，利润最大化时：

$\pi^* = pf(K^*, L^*)e^{-rt} - wL^* - rK^*$

即 $\pi^* = pf[K^*(p, w, r, t), L^*(p, w, r, t)]e^{-rt} - wL^*(p, w, r, t) - rK^*(p, w, r, t)$

整个目标函数极大值方程转化为最优解 π^* 关于参数（外生变量）p、w、r、t 的函数，可求出 π^*_p、π^*_w、π^*_r、π^*_t，由于是分析产品市场变化，故重点考察产品价格 P 变化时对最优均衡状态的影响。

在产品市场环境发生变化时，产品市场中的供需变化会影响产品价格，而产品价格的变化直接引起最优利润水平的变化，其中，π^*_p 为产品价格变化引起最大化利润的变化率，则：

$\pi^*_p = f[K^*(p, w, r, t), L^*(p, w, r, t)]e^{-rt} + (pf_K e^{-rt} - r)K^*_p + (pf_L e^{-rt} - w)L^*_p$

由一阶条件可知：

$\pi_K = pf_K e^{-rt} - r = 0$

$\pi_L = pf_L e^{-rt} - w = 0$

所以，$\pi^*_p = f[K^*(p, w, r, t), L^*(p, w, r, t)]e^{-rt}$

最优均衡状态下，产品价格变化引起的最大化利润水平变化率为 $f[K^*(p, w, r, t), L^*(p, w, r, t)]e^{-rt}$。

最优均衡状态被打破，在产品价格变化影响下逐渐向一个新的最优均衡状态过渡。这个过渡的过程就是产业迁移出适应度不断降低、难以继续生存的原产品市场环境，迁到新的适应度高的产品市场环境实现产业转移的“适者生存”的过程。

（2）产业转移过程中的马尔科夫转移矩阵分析。以上讨论了引致产业转移的动因，但没有具体涉及产业转移的过程。由以上可知，在要素市场环境变化和产品市场环境变化的影响下，产业会发生转移，而产业转移过程中各地区的利润存量会发生变化。下面就通过数理经济学的方法，来讨论在要素市场环境和产品市场环境发生变化的作用下的一个具体的产业转移过程。

在数理经济学中，马尔科夫过程是用来衡量或估计随时间推移而发生的移动的。[①] 这种移动涉及马尔科夫转移矩阵，转移矩阵中的每一个值都有从一种状态向另一种状态转移的可能性。在不同状态下的初始向量，通过反复用转移矩阵乘以这个向量，可以估计不同时间上的状态的变化。

设时间区间为（t，t + 1），A、B 两个地区，设 $\pi_{A(t)}$ 为在 t 时点 A 地区原有的产业利润额，$\pi_{B(t)}$ 为在 t 时点 B 地区原有的产业利润额，则：

$$X'_t = [\pi_{A(t)} \quad \pi_{B(t)}]$$

设 P_{AA} 为目前 A 地区原有的产业不转移的概率，P_{BB} 为目前 B 地区原有的产业不转移的概率；P_{AB} 为目前 A 地区的产业向 B 地区转移的概率，P_{BA} 为目前 B 地区的产业向 A 地区转移的概率，则：

$$P = \begin{bmatrix} P_{AA} & P_{AB} \\ P_{BA} & P_{BB} \end{bmatrix}$$

以上概率矩阵由要素市场环境变化和产品市场环境变化所引致的企业群的适应度变化所决定。当这两个市场变化对企业群的影响较大时，P_{AB}、P_{BA} 等转移概率较大；当这两个市场变化给企业群的影响较小时，P_{AA}、P_{BB} 等非转移概率较大。

构建产业转移马尔科夫转移矩阵如下：

$$[\pi_{A(t)} \quad \pi_{B(t)}]\begin{bmatrix} P_{AA} & P_{AB} \\ P_{BA} & P_{BB} \end{bmatrix} = [\pi_{A(t+1)} \quad \pi_{B(t+1)}]$$

即 $X'_t P = X_{t+1}'$，其中 $\pi_{A(t+1)}$ 为在 t + 1 时点 A 地区新的产业利润额，$\pi_{B(t+1)}$为在 t+1 时点 B 地区新的产业利润额。上述公式在理论上通过转移矩阵的作用动态地刻画了一个产业转移的基本过程。

随着时间的演进，由 t 直至未来的 N 时刻，将转移矩阵依次累叠相乘，每一次转移都乘以概率矩阵，产业转移利润的马尔科夫转移矩阵为：

$$[\pi_{A(t)} \quad \pi_{B(t)}]\begin{bmatrix} P_{AA} & P_{AB} \\ P_{BA} & P_{BB} \end{bmatrix}^N = [\pi_{A(t+N)} \quad \pi_{B(t+N)}]$$

① 纪玉山：《数理经济学教程》，科学出版社 2009 年版。

当 $N \to \infty$ 时，转移矩阵趋近于稳定状态的均衡水平。转移的动态波动性趋于较小的程度，这说明在长期内产业转移也是一个不断趋于收敛的过程，最终实现宏观意义上的最优均衡。

（3）产业转移效果的博弈分析。以上分析刻画了一个产业转移的具体过程，包括成因、变化等，下面可通过博弈树来描绘产业转移的最终效果。从博弈论的视角，可以分析出产业适应度的变化为产业转移效果的影响，产业 A 这样一个企业群，在面临原要素或产品市场环境变化的情况下，可以选择“转移”和“不选择”这两个策略。若选择“不选择”策略，则获得的市场环境适应度为 b_1；若选择“转移”策略，则又面临转移后产生的“适应”、“不适应”两种处境，若能够适应新市场环境，则其适应度为 b_2，若不能够适应新市场环境，则其适应度为 b_3，由此得出产业转移的博弈树分析如图 2-1 所示。

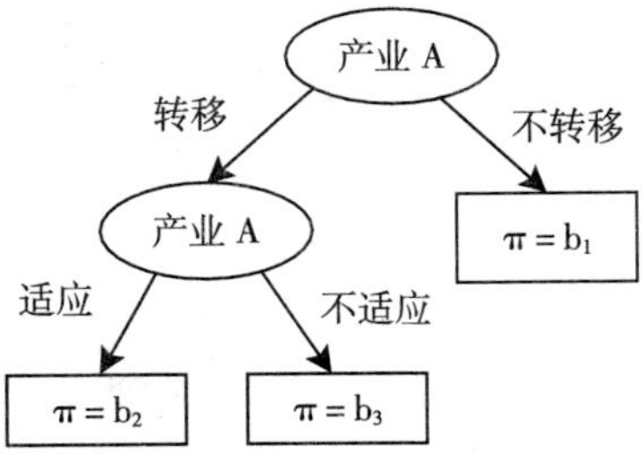

图 2-1　产业转移的博弈树分析

对于适应度集合 $b = \{b_1, b_2, b_3\}$，若 $maxb = b_2$，说明产业转移要优于不转移，在新区域中经受住了市场环境变化引发的“自然选择”，产业得以生存和发展；若 $maxb = b_1$，说明产业转移没有必要，在原市场环境就有很好的市场适应度，生存状况较好。

“竞争”是自然选择的重要内容，也是市场经济的核心范畴，是“市场选择机制”发挥作用和市场环境变化进行优胜劣汰的重要因素。从演化博弈论的视角，引入“竞争”这个核心因素，同时将“适应度”概念引入分析框架，可以将产业转移看成一个区域内产业外移和区域外产业内迁的围绕适应度而展开的互动博弈的过程，即可以看成两个种群围绕某一群落的适应度而博弈的过程。适应度是博弈各方的得益，博弈得益矩阵如表 2-1 所示。

表 2-1 中：υ_1 为 A 区域的适应度，υ_2 为 B 区域的适应度，υ_3 为 C 区域的适应度，c 为两个产业在 A 区域内竞争取得完全胜利的损失。

表 2-1　产业转移的演化博弈矩阵分析

		区域内产业	
		竞争	转出
区域外产业	竞争	$(v_1-c)/2, (v_2-c)$	v_1, v_2
	转出	v_3, v_1	v_3, v_2

由以上矩阵可知，A 区域外的产业想进入 A 区域获取 v_1 的适应度，有两个策略：一个策略是与 A 区域内产业竞争，另一个策略是转向 C 区域；面对区域外产业，A 区域内产业也有两个策略：一个策略是与 A 区域外产业竞争，另一个策略是转向 B 区域。

若 A 区域外产业选择竞争策略，而 A 区域内产业也选择竞争策略，双方都获得一定适应度但是也都受到损失，则双方分别获得的适应度为 $(v_1-c)/2$，$(v_2-c)/2$。

若 A 区域外产业选择竞争策略，而 A 区域内产业选择转出策略，转向 B 区域，则双方分别获得的适应度为 v_1、v_2。

若 A 区域外产业选择转出策略，转向 C 区域，而 A 区域内产业选择竞争策略，则双方分别获得的适应度为 v_3、v_1。

若 A 区域外产业选择转出策略，转向 C 区域，而 A 区域内产业也选择转出策略，转向 B 区域，则双方分别获得的适应度为 v_3、v_2。

这个博弈过程的纳什均衡完全视 v_1、v_2、v_3 之间的大小比较而定。

若 $v_2 \geqslant v_1$，$v_3 \geqslant v_1$，两个产业都不在 A 区域，则策略（转出，转出）是区域内产业和区域外产业共同的纳什均衡。

若 $v_2 \geqslant v_1$，$v_3 \leqslant v_1$，A 区域外产业选择竞争 A 区域，A 区域内产业选择转向 B 区域，则策略（竞争，转出）是区域内产业和区域外产业共同的纳什均衡。

若 $v_2 \leqslant v_1$，$v_3 \leqslant v_1$，A 区域外产业选择转向 C 区域，A 区域内产业选择竞争以留在 A 区域，则策略（转出，竞争）是区域内产业和区域外产业共同的纳什均衡。

综上而言，演化经济学对产业转移的解释富于生物学的隐喻，诸如“选择”、“遗传”、“变异”等，并突出了“适应”、“竞争”、“博弈”、“创新”等方面的解释，以上分析从整体上论述了一个市场环境变化引致的产业因适应度变化而进行区域间转移的过程，着重于演化经济学理论与数理经济学、博弈论分析方法的结合。由于在演化经济学视角下研究产业转移是一个创新，所以在今后的研究中，其研究范式的系统化、模型化等尚值得进一步深入探究。

二、区域福利：基于经济主体逻辑的理论界定

1. 民生经济学的逻辑与范式

“民生”自古以来就是中外思想家关注和诠释的重要范畴，有着极为丰富的内涵，是一个涵盖经济、政治、社会、文化甚至生态的综合性概念。笔者认为，民生是一个整体性概念，不是个体性概念，即民众个体的生计汇集成社会群体的生计才能涵盖对民生的界定。完全意义上的民生源自微观层面，而表现在中观乃至宏观层面，在很大程度上为顶层设计所决定。就民生经济学而言，其研究范式中的主客体也是经济系统中的主客体。但从民生作为一种利益博弈与再分配的角度，其有“盈”和“亏”即一正一反两个度量，笔者将这个过程类比成一个猜硬币的博弈过程，民生的“盈”和“亏”分别代表硬币的正反面，在这一博弈过程中，掷硬币方是事件的决策者，设为主体 1，具有主动性；猜硬币方是事件的接受者，设为主体 2，具有被动性；硬币自身代表利益，设为客体，具有中性。如图 2-2 博弈树所分析，若掷硬币方——比如政府，决定改善民生，即掷硬币，有两种可能：第一，若带来的民生度为 b_2，民生呈现“盈”的一面，则猜币方——比如民众，选择接受；第二；若带来的民生度为 b_3，民生呈现“亏”的一面，则猜币方选择不接受。若掷硬币方选择不决定改善民生，即选择不掷硬币，则带来的民生度为 b_1，民生“盈亏”不发生变化，猜币方就无法进行选择。

在实践中，掷硬币方、猜硬币方作为博弈主体，与经济运行实践中的市场主体能够对接，参与到市场经济运行机制中来。在现代市场经济体系中，经济主体包括企业、政府和居民。就企业而言，具有两重属性，既是生产要素结合的组织形式，又体现一定的社会经济关系，是社会生产力与社会生产关系有机结合的产物。居民是微观经济主体之一，居民作为消费者从效用最大化目标出发并在家庭预算约束下，自主决定消费和储蓄的比例，对不同消费品的购置进行选择；居民作为某些生产要素的所有者，从收入最大化的目标出发，对所拥有的生产要素如何投入进行选择。政府是

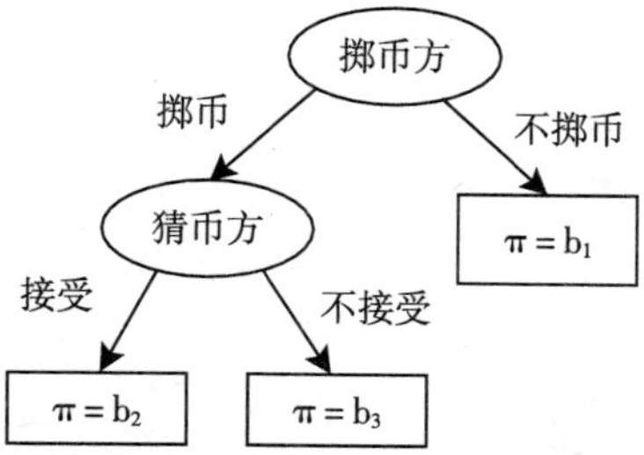

图 2–2　博弈树分析

一个特殊的市场经济主体。政府的适度干预和调控在一定程度上弥补了市场机制的缺陷，使市场更稳定、更有效率地运行。政府作为宏观经济的管理者和社会经济生活的调节者，其主要职能有：①政府作为市场的组织者参与构造、干预和调节市场，参与市场的发育、整合和市场机制创新；②政府作为国家垄断代表介入社会再生产的各个阶段和国民经济的各个领域，影响资源配置，调节国民收入的分配；③政府作为经济运行的协调者，制订经济计划，实施经济政策，运用各种调节手段协调社会总需求与社会总供给，投资与消费的比例关系，调节产业结构、影响经济运行的周期。但是，政府对经济运行的干预和调节，也不是万能的，有时反而降低了资源配置的效率，发生所谓的“政府失灵”。

结合上述设定的博弈过程分析，政府无疑是代表掷硬币方，即事件的决策者和发起者，直接决定与民生相关的政策实施；居民无疑是猜硬币方，即事件的接受者，对民生政策的效果做出接受或不接受；企业有时扮演双重角色，既有作为市场经济主体的逐利行为，又有作为社会组织业态的社会责任，其可以发起行为使民生“盈”或“亏”，也可以是政府民生问题决策的接受者。

如前所述，民生经济学范式中的客体就是博弈过程中的硬币，代表经济运行实践中的利益。犹如掷硬币可能出现正面或方面，利益对于博弈过程的主动发起者和被动接受者而言，也有盈亏和正负之分。这一博弈过程亦如猜硬币过程一般充满了不确定性和随机性，符合现代经济学的假设，也从另一个角度反映了现实中的民生“多艰”。作为范式中的客体，从市场经济运行中作为利益的民生范畴而言，主要是博弈过程中事件接受方的博弈收益，包括：①有形的范畴：各项收入（如工资收入、经营收入、社保收入等）、物价水平、就业与失业率、生态与环境保护等；②无形的范畴：参政议政和选举权利、社会公平和自由程度、政府公共服务等。

就博弈策略而言，掷硬币的发起方的策略是以何种方式掷硬币，具有多样性；猜硬币的接受方的策略是“接受”和“不接受”，但这一策略在现实中很多时候会发生扭曲，由于民众在政治权利方面的弱势，缺乏进一步博弈的资源要素，因此无论民生“盈亏”与否，其只能选择“接受”。

综上而言，民生经济学的研究对象应该是一国的国民生计领域的经济活动及其规律，其贯穿了宏观、中观、微观三个经济层面，涵盖了生产、交换、分配、消费等全部社会生产方式，具有显著的价值判断，即宏观调控和经济政策的终极目标是实现民生“盈”而非民生“亏”，解决好一国各阶层居民的生存权利、生活条件、生计改善等现实民生问题。在近代西方国家里，民生理论的探索和实践的安排主要体现在社会保障制度的创立上。为了维护全体社会成员的基本生存权利，维护社会的稳定，国家对那些由于不同原因而失去基本生活来源的成员提供一部分生活资料创立的一种社会安全制度，这也是从国家层面解决民生问题的制度安排。如果要寻求西方社会保障理论的源头的话，一直可以追溯到亚当·斯密，他在《国民财富的性质及其原因的研究》中充分论述了怎样提高社会整体福利水平的设想。在当代，西方社会保障理论是从福利经济学发端的。实践中有关民生的社会保障制度发端于19世纪的英国，正式形成于19世纪末的德意志帝国。自“二战”结束以后，民生问题开始普遍受到西方资本主义国家的重视，学者们关注民生的角度与以往相比也发生了很大的转向，开始注重从政府公共服务、公共产品的角度来审视民生问题；社会保障理论也有新的发展。

理性假设是传统经济学的逻辑起点与核心概念。“经济学是一门研究财富的学问，同时也是一门研究人的学问。”① “经济学家所研究的根本主题就是社会制度中的人类行为，而不是抽象的人类行为。”在主流经济学视阈里，理性就是每个经济主体都能遵循趋利避害原则，通过成本—收益的边际分析，经过深思熟虑后对其所面临的所有机会和手段进行最优化选择。理性经济人具有他所处的环境的完备信息，能对其稳定偏好进行排序，具有无懈可击的逻辑推理和计算能力。具体来说，理性的经济学含义包括以下三个层面：

（1）人的自利性假设。

① 马歇尔：《经济学原理》（上卷），商务印书馆1997年版。

（2）极大化原则，即经济主体总以约束条件下的幸福最大化为目标（或追求痛苦最小化）。

（3）每一个人的自利行为与群体内其他人的自利行为之间存在一致性。

然而，完美理性假设与现实明显相悖，人类行为更多地带有“有限理性”特征。有限理性假说从现实的人出发，与经典完美假设形成对峙，试图寻找“理性不完全”的潜在因素，极大地丰富了理性的内涵，是现代经济学诸学科及本书所阐释之民生经济学的重要理性支撑。

与经典理性经济人假设不同，许多后来的学者提出了非完全利己动机的理性假设。贝克尔是利他主义经济思想的代表人物，认为人不仅有利己的一面，而且还有利他的行为动机，与经典理性人的假设大相径庭。阿玛蒂亚·森从伦理道德的角度解释理性假设，认为应把经济学回归到关注“真实的人”，他认为“现代经济学把亚当·斯密的关于人类行为的看法狭隘化了，经济学的贫困化主要由于经济学与伦理学的分离造成的”。[①] 他承认经济学“自利”的人性假设和追求最大化目标的行为模式，但同时认为人类行为动机具有多样性，应加入伦理道德的内容。“市场秩序的伦理、市场游戏中昭显出的道德……绽放出人的本质的存在。”[②] 这些为民生经济学的理性假设确定提供了宝贵的思想积淀。

在民生经济学的范式构建中，由于民生概念的整体性，以及所包涵的普惠性和主体的多元性，其理性假设应有别于主流经济学。笔者认为，民生经济学的理性假设应基于价值理性，而非自利理性。价值理性是指经济主体追求的目标本身是否理性，其之所以重要是基于这样的事实：人们不仅为了生存，还希望生存得有意义。人类在追求一定的理想目标时，把善恶、好坏、美丑等作为评价尺度，价值理性强调行为所追求的目标必须符合正确的价值取向。就民生经济学而言，其主体追求的目标具有明显的理性——“经世济民”。民生经济学是一门具有明显价值判断的问题，其首要核心即实现国民生存得更好、更有意义，即实现民生之“盈”，避免民生之“亏”，这与理性经济人的完全自利假设随在满足人自身要求方面有一定相同，但有着本质上的价值区别，民生经济学主要从宏观层面来研究全民的生存权利、生活条件、生计改善等现实民生问题，具有整体性，而非居

① 阿玛蒂亚·森：《伦理学与经济学》，商务印书馆 2000 年版。
② 韦森：《经济学与伦理学》，上海人民出版社 2002 年版。

民个体自利行为导致的自我满意和享受，注重个体分析为宏观服务但不陷于个体的“窠臼”。民生经济学的价值理性假设，应归结为以下几点：

第一，有限理性而不是完全理性。民生经济学中的主体，都面临外在不确定性和内在能力不足，无法了解实现民生之“盈”的充分资源信息和环境制约因素，只能是在“有限”理性下的资源配置次优。

第二，具有利他理性而不都是自利理性。微观层面的民众个体在自利理性支配下，为了自身的民生而从事生产和分配，其产出的收益也改善了其他个体的民生；宏观主体（国家或政府）作为一种具有垄断权的制度安排，其主要是从利他理性的角度实现民生之“盈”，避免民生之“亏”，这在两个层面上表明利他理性的绝对存在和自利理性的相对弱化。

第三，既有客观价值理性也有主观价值理性。民众的生计不仅是收入、价格、就业等客观度量的范畴，也包括幸福感、满意度等主观层面的感受，因此民生经济学的价值理性假设，既是一种客观价值理性，也是一种主观价值理性，这也是一个基于“人”的自我实现的双重界定。

在政治经济学范式中，分配与生产、交换和消费构成了社会生产方式，是社会生产的重要环节之一，其定义一般分为狭义和广义两个层次。狭义的分配是指国民收入的分割和消费资料的分割，有时仅指一定社会主体根据既定原则给劳动者支付个人纯收入的行为。广义的分配则不仅仅限于社会收入的分割，而是立足于整个社会经济的安排和调节。广义的分配既包括产品和收入的分割，还包括生产条件的分配。生产条件分为自然条件和社会条件，自然条件的分配指生产要素的分配，社会条件的分配指生产要素的所有权、使用权、收益权的分配。除了狭义和广义的分配，更广泛地讲，分配的方式成为国家的制度、政策和发展目标后，可以固定下来，对宏观经济运行和社会发展产生调控的作用，被赋予了上层建筑的内涵。

福利是民生问题的重要组成部分。民生不仅仅是一个收入总量如何扩大，即“蛋糕”如何做大的问题，如果财富和收入的总量大，但在不同社会阶层之间的分布失衡、分配不公，广大民众的人均收入低而少数既得利益群体获取高福利，民生问题必然恶化。民生包括“盈”和“亏”两个方面，福利分配公平与否直接决定了民生的“盈亏”。这里指公平并不是绝对的“平均”，而是包括报酬激励的相对公平。福利分配的公平程度高，贫富差距小，民生即“盈”；福利分配不公平程度高，贫富差距悬殊，民生即“亏”。

综上而言，民生经济学范式的构建与延伸，对福利分配的理论价值在于：

第一，理性假设为福利分配研究中各主体行为分析提供了有力指导。民生经济学的理性假设基于价值理性，既是一种客观价值理性，也是一种主观价值理性。福利分配问题具有“民生”的属性，只有在民生经济学范式下，抽象出福利分配领域中行为主体的理性假设，才能对其可能产生的行为方式进行推断和预判，把握福利分配问题的本质，找到更好的思路和设计更好的对策。

第二，主客体界定为福利分配研究中不同阶层、群体的划分提供了明确依据。通过引入博弈论分析，确定了民生经济学范式中政府作为民生决策的发起者、居民作为民生效果的接受者的角色，以及企业在民生问题上扮演的双重角色。在这个基础上，使得对于民生领域中福利分配各主体的进一步细分成为可能，如根据民生的“盈亏”划分政府、居民、企业三者之间的利益共同体和利益分离体，或根据居民获取公平福利的权利不同划分社会阶层结构，使福利分配的分析层次更加清晰与合理。

第三，要素作用机理为福利分配研究中各主体之间的关系及原因分析提供了解析工具。民生经济学的研究对象是一国的国民生计领域的经济活动及其规律，福利分配是其中的重要构成部分，其规律由各个要素及其运行机理构成，是对福利分配各主体之间关系概括后的抽象形式。民生经济学范式的重要任务就是将民生领域中与福利分配有关的规律进行解析、展开，对问题成因进行深入剖析，使之具体化，并运用于解决福利分配问题的实践领域，为广大民众而服务。

2. 民生经济学的逻辑下的区域福利

通俗地讲，“福利”一词指居民生活上的利益。“福利”这一概念的内涵和外延在经济思想史上曾发生过深刻的演进。现代经济学的鼻祖斯密认为，市场机制就像一只“看不见的手”，调节资源的配置和产品的分配，使得个人在追求自身利益最大化的同时也实现了社会福利的最大化。这里的社会福利，就是指社会财富和收入。[①] 但斯密过于强调了市场的作用，认为政府对处于贫困状态中的人毫无救助之责，因为穷人没有能力理解自己的利益与社会利益的关系，未能适应市场竞争，应对其命运自负其责。

① 亚当·斯密：《国民财富的性质和原因的研究》，商务印书馆 1983 年版。

马尔萨斯、查德威克也持类似的观点。①

马歇尔将福利视为消费者剩余、生产者剩余和外在经济，主要包括价格的降低给民众和企业带来的负担减轻。与斯密等人相反，凯恩斯强调政府的干预是缓解贫困和失业的最重要途径。他认为社会福利意味着就业、收入的增加。

福利经济学的创始人庇古认为福利基于效用，他把福利分为两类：一类是广义的福利，即社会福利，是一个宏观性的概念，主要是基于公平；另一类是狭义的福利，即经济福利，是一个微观性概念，指以货币计量的那部分福利，主要是基于效率。②

多数福利经济学家认为，社会福利指的不仅仅是社会保障制度、政府对贫困人口的财政转移支付等，更包括社会发展中更广泛、更一般意义的范畴，如自由、个人权利等方面。③

阿玛蒂亚·森（1985）认为，商品的数量和消费商品产生的效用并不能完全反映一个人或整个社会的福利，自由和能力是评价福利的标准。公平不仅包括分配公平、规则公平、权利公平，还包括能力公平和机会公平等，应重视弱势群体的能力公平。④

理查德·莫里斯·蒂特马斯认为，社会福利分为公共福利、财税福利、职业福利三大类型，社会作为一个有机整体，提供的集体性福利旨在满足人生存下来的需要。

马克思则认为，福利是人民群众的利益，是“衣、食、住、行以及其他东西”，是生活需要，是人类赖以生存、发展的物质生活条件。一般来说，马克思是从两种意义上来表达“福利”概念的。一种是从宏观、整体的角度即“人类生活”、“人类生存”、“人类需要”、“人类幸福生活”以及“人的全面发展”等来表述的；另一种是从微观、群体的角度来表述的，即无产阶级的生存、发展状况，也即马克思笔下工人阶级的生活状况。就其范围和分类而言，马克思主义语境中的“福利”涉及人民群众在日常生活中的各个领域，如衣、食、住、行、教育、就业、医疗、

① 陈晓律：《从亚当·斯密到凯恩斯——简评英国福利思想的发展》，《世界历史》1990年第5期。
② 庇古：《福利经济学》，商务印书馆2006年版。
③ 姚明霞：《福利经济学》，经济日报出版社2005年版。
④ 阿玛蒂亚·森：《以自由看待发展》，中国人民大学出版社2002年版。

社会保障、政治权利、文化权益、公共服务等，更是一个人的全面发展的范畴。

中国的福利思想，与西方福利理论相比，在时间上要早千余年，但是比较零散，缺乏系统性和完整性，未形成严密的理论体系。孔子的福利思想虽比较简略，但极富于哲理和阐发价值。孔子曾提出："丘也闻有国有家者，不患寡而患不均，不患贫而患不安。盖均无贫，和无寡，安无倾"的观点（《论语·季氏》），其中，"不患寡而患不均"是一个非常重要的思想。当时的财富分配是严格按照社会地位的不同来划分进行的，"均"的真实意义是按照人的一定的社会地位获取物质利益，而这种福利分配的方式又以保持社会既有秩序的稳定为目标。这种"均"绝不是社会全体成员平均分配获得福利的平均主义。孔子认为社会上存在着贫富差别，而且这种福利上的差别与人们职业的分工有关："耕也，馁在其中矣，学也，禄在其中矣。"（《论语·卫灵公》）孔子所谓的"均无贫"（《论语·季氏》），就是说只要按照社会地位分配物质财富和福利，社会就不会存在贫困问题。

孟子的福利思想以施行"仁政"为核心，认为统治阶级"不以仁政、不能平天下"（《孟子·离娄上》），提出了注重维护民众利益的福利分配观点。恒产论是孟子福利分配思想的重要内容，所谓恒产就是指固定的财产。孟子认为，"民之为道也，有恒产者有恒心，无恒产者无恒心，苟无恒产，放辟邪哆，无不为已"（《孟子·滕文公上》）。这就是说，永久地拥有基本生产资料使用权是民众的要求，如果不满足民众的这一点，社会就会出现动荡和混乱。这是中国古代最早的生产要素分配思想。孟子的恒产论的目标只是要使"天下之穷民而无告者"能够拥有维持其最低生活水平的物质生产条件。孟子并不主张苛以重税来进行福利分配，而主张在税收上施以仁政。对于改善农民的福利，孟子认为，"易其田畴，薄其税敛，民可使富也"（《孟子·尽心上》），应实现"老者衣帛食肉，黎民不饥不寒"（《孟子·梁惠王上》）。孟子还认为应"七十者衣帛食肉"、"颁白者不负载于道路"，还特意提出"老而无妻曰鳏，老而无夫曰寡，老而无子曰独，幼而无父曰孤。此四者天下之穷民而无告者，文王发政施仁，必先斯四者"（《孟子·梁惠王下》）。在这里孟子提出了最早的有关社会保障的思想。

韩非是先秦时期诸子百家中法家的集大成者，他主张通过严格的赏罚措施实现社会财富增长目标。韩非认为社会中存在福利上的贫富差别是合理的，他认为："今夫与人相若者，无丰年年旁人之利，而独以完给者，非力则俭也。与人相若者，无饥馑疾疚祸罪之殃，独以贫穷者，非侈则惰也。侈而惰者贫，而力而俭者富"（《韩非子·显学》），即努力勤俭的人就会富裕，奢侈而懒惰的人就会贫穷。韩非呼吁减轻民众的徭役，他告诫说："徭役多则民苦，民苦则权势起，权势起则复除重，复除重则贵人富。苦民以富贵人，起势以借人臣，非天下长利也。故曰，徭役少则民安，民安则下无重权，下无重权则权势灭，权势灭则德在上"（《韩非子·备内》）。韩非认为应实行"论其赋税以均贫富"的财税政策，这就把税收当成国民福利再分配的工具来看待了。韩非的见解从主观上看是为维护中央集权服务的，但是减轻徭役也可以确实增加民众的福利。

曾主张"罢黜百家，独尊儒术"的董仲舒力图使儒家思想成为正统思想，他的福利分配思想基本上继承了孔子的思想，主张按照不同的社会等级满足人们的收入要求。他已经意识到贫富不应相差悬殊，因为"大富则骄，大贫则忧，忧则为盗，骄则为暴"，合理的福利分配制度要做到"使富者足以示贵而不至于骄，贫者足以养生而不至于忧"（《汉书·董仲舒传》）。董仲舒认为，如果社会福利分配不公平，就会导致严重后果：一是"上下之伦不别"，即导致社会秩序混乱；二是"其数不能相足"，即导致贫困；三是"富者愈贫而不肯为义，贫者日犯禁而不可得止"（《春秋繁露·度制》），即扩大贫富差别。董仲舒反对国家在财富和福利的分配上"与民争利"，认为在特权集团的侵夺下，"富者奢侈羡溢，贫者穷急愁苦，穷急愁苦而上不救，则民不乐生"（《汉书·董仲舒传》），他明确地提出，"受禄之家，食禄而已，不与民争业，然后利可均布，而民可家足。此上天之理，而亦太古之道"（《汉书·董仲舒传》），即朝廷官员应以俸禄为收入，不与民众争利，这样福利可以被民众均分，生活水平可以提高。

唐代的白居易是一位体察民情、了解民间疾苦的思想家和文学家。在治理国家的思想方面，白居易提出统治者应该"以天下心为心"，强调"圣人非不好利也，利在于利万人；非不好富，富在于富天下"，这体现了他的福利公平分配的思想。白居易认为全社会的财富福利是一个常量，关键之处就在于福利分配的制度是否合理，"地之生财有常力，人之用财有常数，若羡于上，则耗于下；有余于此，则不足于彼也"。社会上的权势集团积累了大量财富，必然会使社会上大多数民众陷于贫困，即所谓“利散于下，则人逸而富；利壅于上，则人劳而贫”。白居易主张应该“贵贱区别，贫富适宜”，即要发挥福利分配的激励作用，必须“厚其禄，均其俸”，应该提高官员的俸禄，奖励清正廉洁、敢于直言的大臣，净化官场习气。

朱熹的福利分配思想主要是指贫富阶层之间应该相济相处，主张应该实行“恤民”政策，他强调：“国家之大务，莫大于恤民”（《朱文公文集》卷九九《社仓事目》）。朱熹认为当时社会贫困加剧是朝廷中由自上而下的掠夺行径造成的：“财政之柄制于聚敛之臣，朝廷不恤诸道之虚实，监司不恤州县之有无，而为州县者，又不复知民间之苦乐”（《朱文公文集》卷二五 《答张敬夫》）。朱熹主张应使得各地民众负担相对平衡，进行重新分配，对原来不合理的州县的税额进行调整，以使得“州县贫富不至甚相悬”，“民力之惨舒亦不至大相绝”（《朱文公文集》卷二五《答张敬夫》）。朱熹又说：“恤民之实在省赋，省赋之实在治军，若夫治军省赋以为恤民之本，则又在乎人君正其心术。”这就把民众的福利匮乏归咎于朝廷最高统治者心术的不正，表明朱熹在抨击时弊方面是大胆的。

作为明清之际的杰出学者，黄宗羲有一个关于民生福利的结论颇受当代学者重视，这就是他对明朝末期财政弊端的深刻概括。黄宗羲认为，“人民苦于暴税”的原因主要在于：“有积累莫返之害，有所税非所出之害，有田土无等第之害。”（《明夷待访录·田制三》）所谓“积累莫返之害”，就是指历朝历代的税制每经过一次改革，都导致赋税的进一步加重，人民不仅享受不到税制“改革”所带来的实惠，反而福利受损更加严重。这就是学术界所热议的著名的“黄宗羲定律”。从福利分配思想研究的视角看，这个命题无疑具有深刻的理论和现实意义。黄宗羲把赋税分成下下、上上等类别，认为“下下者不困，则天下之势相安”，而“天下之赋日增，而后之为民者日困于前”，进而呼吁“重定天下之赋”（《明夷待访录·田制一》），通过降低赋税的等级来使民众分得更多福利。

在中国经济思想的发展史上，严复作为系统引进并阐发西方古典经济学理论的第一人而占有重要的地位。受到翻译亚当·斯密 《国富论》的影响，严复把社会收入分为工资、利润和地租三个部分，改变了中国传统的财富分配分析思路，突出了自由市场经济的思想。他对三种收入的分析基本上是赞同亚当·斯密的理论的。严复的福利思想并非以原创见长，但是却有着很强的思想性。除此之外，严复还认为财政收支具有国民财富再分配的性质。“民生而有群，徒群不足以相保，于是乎有国家君吏之设。国家君吏者，所以治此群也。治人者势不能以自养，于是乎养于治于人之人。”“身家之所以保，人道之所以尊，胥匡以生，皆必待财力而后举，故曰赋税贡助者，国民之公职也。”根据这一说法，国家公职人员之所以获得收入，是由于他们提供了公共产品等“群治”服务，纳税人通过缴税把自己的一部分福利转移给国家，等于是购买了公共产品，所以严复指出：“国家之赋其民，非为私也，亦以取之于民者，还为其民而已。”

康有为是中国近代著名的改良派思想家，是变法维新运动的主要领导人之一。康有为的福利分配思想主要体现在其著作《大同书》中。康有为对中国封建制度的批评很多都与财富的分配有关，比如“等级迥绝”，“名分之限制，体制之压迫”，“赋税日以繁苛，摧抑民生”等。他所设计的制度变革力度相当大，要全面取消财产的私人所有：“今欲致大同必去人之私产而后可，凡农工商之业，必归之公。”只有“举天下之田地皆为公有，人无得私有而私买卖之”，才是消除贫富差距的有效途径。他认为私有制的游戏规则是“百事万业，皆祖竞争”，而这正是造成贫富悬殊的根源所在。康有为也考虑了私有产权的激励效应问题，鉴于“人之性也，莫不自私”人们的进取心和竞争力如果由于实行公有制而丧失，就将使整个社会“苟且而退化”，所以在他的制度设计中，一方面是“人皆工作，只有工资，无甚贫富”，另一方面工资也不是完全平均的，从事各种劳动的人，“其工价因其工之美恶勤惰为数十级而与之”，只是“工钱虽多少有差而相去不能极远”，“其至下之工，必足给其衣食之需”。[①]

梁启超倡导社会改良，他对资本主义经济的分配关系有着清晰的认识。他认为一个国家的贫富取决于人口中的生利和不生利者的比例，“夫一国之岁殖者，国中人民岁殖之总计也。综一国之民，无论或劳力或不劳力，劳力矣，或生利或不生利，而其待养于地之所产，民之所出则均。一国岁殖，只有此数。惟其养徒食者数寡，而后赡能生者数多，赡能生者数多，而后国之岁殖乃岁进，反是则其国未有不瘁焉者也”。生利者得不到

① 康有为：《大同书》，古籍出版社 1956 年版。

应有的收入，又是因为存在大量的分利者所造成的。多数分利者“出于上等社会中等社会，而下等社会之人殆稀”，“中国官吏实乃分利之罪魁”，分利者太多、分利量极大的不合理格局导致了中国的福利贫困，要求“讲求政策，务安插前此分利者，使有自新之道，以变为生利者”。梁启超的生利分利说实际上谈的是市场经济中的合理分配问题。梁启超认为土地私有制的存在能产生利己动机和激励效应，有利于经济的发展，“普通小农，大率以勤俭贮蓄之结果，获得土地所有权，即复以勤俭贮蓄而保持之，扩充之。质而言之，则虽小农之本无田者，往往勤劳数年，即能进为田主，既进为田主之后，而仍自耕其田者，盖大多数也。而后此地代之岁进，实为其前此及现在之勤劳所应享之报酬”。土地为“不动产中之最主要者也。今一旦剥夺个人之土地所有权，是即将其财产所有权最重要之部分而剥夺之，而个人勤勉殖富之动机将减去泰半”。[①]

孙中山的福利思想倡导民生主义，以追求社会公正为重要特征。他曾提出：“民生主义，即贫富均等，不能以富等者压制贫者是也。”孙中山把民生看作“经济的中心和种种历史活动的中心”，认为资本主义社会的分配制度极不合理，而中国的经济不公平则集中在农村。孙中山认为中国的农民“很辛苦勤劳得来的粮食，被地主夺去大半，自己得到手的几乎不能够自养，这是很不公平的”，“我们要怎么样才能保障农民的权利，要怎么样令农民自己才可以多得收成那便是关于平均地权的问题”。因此，孙中山的民生主义包括着“平均地权”和“节制资本”两大内容。“平均地权”主要解决土地占有的不公问题，1905 年孙中山在为同盟会制定的纲领中正式提出了“平均地权”的主张。他认为，“文明之福祉，国民平等以享之。当改良社会经济组织，核定天下地价。其现有之地价，仍属原主所有；其革命后社会改良进步之增价，则归于国家，为国民所共享。肇造社会的国家，俾家给人足，四海之内无一夫不获其所”，更重要的是，孙中山提出了“耕者有其田”的主张。“节制资本”意在防止利用资本获得过多财富的弊端，即如孙中山所言：“吾人之所以持民生主义者，非反对资本，反对资本家耳，反对少数人占经济之势力，垄断社会之富源耳。”应该“故在吾之国际发展实业计划，拟将一概工业组成一极大公司，归诸中

① 梁启超：《饮冰室文集卷 13》，中华书局 1926 年版。

国人民公有”。“国家以所生之利，举便民之事，我民即共享其利。”[①] 在这里，孙中山已经注意到财富分配不公的原因之一在于资本权力的膨胀，而民生主义则以实现福利分配的合理化为目的。

在回顾了中外关于福利的经典理论和思想后，可以在此基础上，融入空间地理经济因素，归结出区域福利这一新的范畴。区域福利的概念是界定于福利概念基础之上的。区域就是一定的地理空间。区域的地理空间内不仅有自然界，还有人类社会。区域内人类的经济活动和经济关系决定着财富的增长和分配，进而决定着福利水平。一个个不同的区域内的福利水平是一个国家总体福利在空间系统上的分布。现代经济学中，区域内福利的改善和提高源于经济社会的可持续发展。

从经济学理论与经济运行实践的逻辑来分析，现代市场经济中的经济主体是居民、企业和政府，无论在任何异质性区域中，这三者都构成全部的经济主体。因此，区域经济的不断发展，给其区域空间所能带来福利的主体也就是居民、企业和政府。这样来看，区域福利就是区域内居民福利、企业福利、政府福利三者之和，是区域经济发展给居民、企业、政府所带来的效用和权利。这是基于经济主体逻辑关系的分析结论。其中，居民福利包括居民收入水平、就业机会、物价水平、社会保障、生活环境状况、公共产品及服务等；企业福利包括企业利润水平、企业要素成本、企业发展环境等；政府福利包括政府财政收入、政府采购水平等。

综合来看，福利效应分为经济福利效应、社会福利效应、环境福利效应。经济福利效应，又可称之为物质福利效应，是代表福利效应主体的重要组成。但作为一种客观范畴，福利效应不仅包含着经济福利效应，即对产业结构、财政收入、经济增长等方面的影响，而且还包括社会福利效应，即对就业、分配、民生等方面的影响，又还包括生态、环保等方面的环境福利效应。从根本上讲，涵盖经济、社会、生态的综合效应才是整个区域的福利效应。基于此，福利效应的范围比较广，对许多问题的考量不能仅仅从经济的视阈内展开，追求经济效率和资源配置的最优化，还应从社会、生态环境的视阈下进行，追求就业、民生以及生态文明。经济福利效应、社会福利效应、环境福利效应并不是孤立存在的部分，三者之间是相互联系、相互促进、相互共生的。

---

①《孙中山全集》（第6卷），中华书局1985年版。

一定时期内某种因素变化所形成的区域福利变化趋势称为区域福利效应。从福利水平改善或是损失的角度，可以将区域福利效应分为正效应和负效应，区域福利正效应是区域福利的提高和改善，就居民而言，包括社会就业水平提高、居民收入增加、物价水平降低、环境污染程度降低、公共基础设施和政府服务改善等；就企业而言，是企业效益的增长、要素成本的降低、外部发展环境的改善等；就政府而言，是政府财政收入增长、采购水平提高等。区域福利负效应，则是区域福利的降低和损失，即是以上所列指标的逆向变化趋势。

区域福利效应对于不同区域之间的协调发展有着重要的意义。落后地区通过产业结构调整、技术创新、制度变迁等方式，实现经济发展，提升其区域福利水平，产生区域福利正效应，使之追赶甚至达到发达地区的福利水平，实现不同区域之间的协调发展和共同富裕。

根据以上分析，可以归结出区域福利函数的基本形式：

$$W = W_1 + W_2 + W_3$$

W 为区域福利总体水平，W_1 代表居民福利函数，W_2 代表企业福利函数，W_3 代表政府福利函数，具体变量可设为：

居民福利函数中，P_L 为各要素价格，Q_L 为各要素供给者数量；

V 表示产业的单位排污量，Q_K 为污染产业的规模，带负号表示负的福利效果；

P_C 为产业产品价格，p%为产业竞争带来的价格折扣率；

R 为产业上缴利税，r%为利税中用于社会保障的比例，h%为利税中用于公共产品和服务支出的比例。

企业福利函数中，Q 为企业产出和效益，C 为企业成本。

政府福利函数中，R 为产业上缴给政府的利税，ΔP_S 为征地价格与土地收益之差，即政府土地获益。

由函数关系可得：

$$W_1 = P_LQ_L + \Delta P_S + P_{Cp}\% + Rr\% + Rh\% - VQ_K$$

$$W_2 = Q - C$$

$$W_3 = R + \Delta P_S$$

以上变量中，Q_L、V、P_C、r%、h%可视为非产业转移所影响的变量；

P_L、ΔP_S、Q_K、p%、R、Q、C 为产业转移所带来的对福利变化影响的变量。

因此，区域福利函数可得：

$$W = P_LQ_L + \Delta P_S + P_{Cp}\% + Rr\% + Rh\% - VQ_K + Q - C + R + \Delta P_S$$

且 $\Delta W = \Delta W_1 + \Delta W_2 + \Delta W_3$，$\Delta W$ 即为区域福利效应。

生产要素的区域流动与变化是影响区域福利效应的根本动因，可以从要素需求、要素布局、要素利润三个方面来阐释，以下将就此问题展开论述。

第二节　产业转移与区域福利：基于生产要素的因子分析

一、生产要素需求变化与区域福利效应

主流经济学认为，要素的价格和使用量是决定消费者收入水平的重要因素。19 世纪的经济学家们习惯于将生产要素分为资本、土地和劳动三个部分，这三种生产要素的价格，分别是利润、地租和工资。后来，马歇尔“发现”了新的生产要素“企业家才能”，则资本、土地、劳动、企业家四种要素的价格分别为利息、地租、工资、利润。[①] 厂商购买生产要素不是为了自己的直接需要，而是为了生产、经营以获得收益，厂商对生产要素的需求是从消费者对产品的直接需求中派生出来的一种引致需求。

类似于商品市场，生产要素的均衡价格决定于生产要素的需求和供给的相互作用。如图 2-3 所示，生产要素的市场需求曲线 D 与市场供给曲线 S 的交点 E 决定的价格就是要素的市场均衡价格。要素的均衡价格就是要素提供者的收入。

产业的发展需要生产要素的投入。在引致需求驱动下，厂商购买生产要素需要货币支出，这就是生产成本，包括购买资本、土地、劳动力等方面的成本支出。产业由一个区域向另一个区域的转移，会对转入区域和转出区域的生产要素需求产生重要影响。从产业转移的实际来看，劳动力成

① 高鸿业：《西方经济学》，中国人民大学出版社 2001 年版。

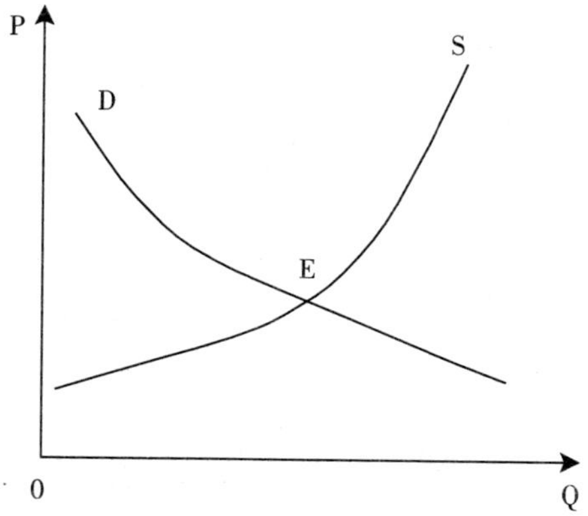

图 2–3　主流经济学中生产要素的价格决定

本、土地成本的增加是导致产业转移的重要动因。产业转移到新的地区，必然要在新地区产生对生产要素的一定需求，且随着产业的发展其要素需求量还会不断扩大，这将会给新地区的要素提供者带来区域福利水平提高的潜在可能性。

正如前面所述，区域福利包括居民福利、企业福利和政府福利，在产业转入区，新产业的转入及其对生产要素的新需求，对于当地居民的就业和收入水平会有直接和明显的提升作用，会给居民带来一定的区域福利效应。因此，生产要素需求是区域福利效应的一个重要因子。

1. 生产要素需求变化给产业转入区带来的区域福利效应

从短期来看，生产要素需求变化对产业转入区的区域福利效应主要有以下方面。

（1）劳动力需求对工资收入水平的影响。一般而言，某一劳动密集型产业由发达地区转移到欠发达地区，受其自身产业特点决定，必然形成对当地劳动力数量的需求，促进当地的劳动力就业和收入增加；而且，随着劳动力密集型产业的不断发展，其集聚所带来的规模经济扩张更可进一步持续地大量吸纳劳动力的就业和收入增加；在劳动力市场上，需求的扩大将使得技能熟练的劳动力供不应求，形成其较高的工资水平；产业转移带来的结构调整也将促进转入区内相关配套服务行业的发展，如当地的运输、餐娱、商服等行业，进而促进普通劳动者的就业和增收。由此可见，劳动密集型产业的转入可以在很大程度上提升当地的居民福利水平。据 *China and World Economy* 报道，产业转移已使得国际分工体系中的中国就业量增加了 1/3。Helen Mckeon 认为，由于产业转移往往是增加转入区劳动力就业的重要途径，因此从 20 世纪 60 年代起，世界各国就把吸收国外直接投资作为减少本国失业率的重要政策。产业转移在增加了劳动力就业量的同时，迁入企业必要的培训还可以提高转入地的劳动力素质，有助于提高其整体劳动力的综合素质。除了增加“量”与“质”以外，产业转移还会使转入区的就业结构发生变化，新产业必然会吸收一定的劳动力就业，或从其他产业流入一定量的劳动力。由于这些新产业通常是从事制成品的生产，因此他们雇佣的劳动力一般会增加工业在国民经济中的就业比重，使一定的农业劳动力或手工业劳动者进入工业部门，从而使转入区的就业结构发生变化。

（2）高级人才需求对薪酬收入水平的影响。这主要是指新产业转入对于人力资本而不是人力成本的需求。某一产业由发达地区转移到欠发达地区，必然对经营、管理、技术等人才产生一定的需求；某些知识密集型产业在形成产业集群过程中也会增加对人力资本的需求，这会改变人力资本的市场供求关系，使得当地的经营、管理、技术等人才获得较高的薪酬，增进当地的就业和收入水平，提升区域内高素质居民福利水平。

（3）物质资本需求对收入水平的影响。这里所指的是物质资本而不是货币资本。某一资源密集型产业由发达地区转移到欠发达地区，不仅将会对当地的劳动力、人力资本、土地等要素形成需求，而且出于对运输成本的考虑，在当地对生产所用的能源、原材料、机器设备等物质资本也将形成较大的需求。这将带动转入区域内供应能源、原材料、机器设备等物质资本要素的行业产值增长和职工收入增加，提升区域内企业福利水平和居民福利水平。

（4）土地需求对政府财政收入的影响。某一产业由发达地区转移到欠发达地区，其发展的基础是要有可以立足和使用的土地，因此必然产生对当地土地的需求。当前我国各地区土地出让都是在政府主导下进行，农民可以获得一定的征地补偿，而政府则可以根据市场价格将土地出让给企业，出让资金转化为政府财政收入，政府是土地出让过程中的受益主体。因此，产业转入引致的土地需求主要促进区域政府福利的增加，而不是居民福利的增加。

由上面的分析可知，产业由一个地区转移到新的地区，必然在很短的时间内对劳动力、技术和管理、土地等生产要素形成新的需求；随着新转移来的产业的扩张、成熟与发展，对生产要素的需求也会持续增加，要素的价格也会随之上升，将会促进转入地区要素供给者收入的提高，形成区域福利正效应。

从长期来看，产业转移到新的地区，在经历了最初的生产规模和要素需求的扩张之后，企业之间竞争更趋激烈，利润率下降，产业内的企业数量不会再增加，甚至有所减少，因此生产要素需求会趋于稳定，不再有明显的增长，其所带动的就业和增收也会趋于缓慢，区域福利水平趋于稳定甚至陷于停滞，难以有较大的提升。

（1）劳动力需求对工资收入水平的影响。长期内，随着个体企业雇工人数的稳定和产业内部企业数量的增长停滞，产业转移所引致的劳动力需求也难以增长，劳动力市场上的均衡价格也趋于稳定甚至有所下降，则以就业和收入水平为代表的区域内居民福利很难再有所增加。

（2）高级人才需求对薪酬收入水平的影响。在较长时期内，产业转移所引致的人力资本需求也难以增长，经营、管理、技术等人才在人力资本市场上的均衡价格也不会增加，其薪酬水平也就趋于稳定甚至有所下降。

（3）物质资本需求对收入水平的影响。产业转移后的较长时期内，企业个体逐渐形成了适当的生产规模，对能源、原材料、机器设备等物质资本的需求不像扩张时期那样快速增加，而是趋于稳定。长期内，在竞争逐渐激烈和利润率日趋下降的条件下，产业内部的企业数量也不会有所增加，所以不会再产生对机器设备等固定资本投资的需求，对当地能源、原材料的需求也难以增加，所以当地要素供给者的收入水平也难以有所增长，企业福利和居民福利趋于稳定态势。

（4）土地需求对政府财政收入的影响。某一产业转移到新的区域，购置一定量的土地用于生产和发展以后，单个企业不需要再用地，而利润下降又导致新企业不再进入，因此产业发展对土地的需求量会逐渐减少并趋于零需求，政府出让土地的财政收入也逐渐减少，造成区域福利中的政府福利水平下降。

在理论和实践的双重维度下，需求是一个产业生存和发展的决定性因素，中观产业依赖于内需的市场基础。就产业转入区而言，外来产业的迁入会对当地生产要素产生需求的扩张，进而拉动要素价格的提高，实现区域福利效应，这是一个需求扩张——价格增长的联动效应，在作用机理上，其包括需求扩张机制及其引致的价格增长路径两个部分。下面就生产要素需求变化给产业转入区带来的区域福利效应进行逻辑和机理上的系统分析。

第一，需求扩张机制。以联立差分方程组构建超额需求模型，[①] 假设在静态的两产业开放系统中，某一个产业部门应确定在如下需求水平：

$$x_1 = a_{11}x_1 + a_{12}x_2 + d_1 \tag{1}$$

在已有投入产出模型中，x_i 表示第 i 个产业部门，现在我们加入新的下标，将时间因素 t 引入需求分析之中，a_{ij} 为生产 1 单位第 j 产品所需要的第 i 种产品的价值，d_i 表示第 i 种产品的最终需求，现在假设生产时滞为一个时期，因而时期 t 的需要量不是决定现期产出，而是 t + 1 期的产出。考虑到产业在区域间梯度转移的实际，即其产品的生产资料性质和自身及下游部门的双向需求，结合前述两个产业部门的超额需求模型，上述方程修正为：

$$x_{1,t+1} = a_{11}x_{1,t} + a_{12}x_{2,t} + d_{1,t} \tag{2}$$

$$x_{2,t+1} = a_{21}x_{1,t} + a_{22}x_{2,t} + d_{2,t} \tag{3}$$

用矩阵符号表示为：

$$x_{t+1} - Ax_t = d_t$$

其中，$x_{t+1} = [x_{1,t+1}x_{2,t+1}]'$，$x_t = [x_{1,t}x_{2,t}]'$，$A = \begin{bmatrix} a_{11} & a_{12} \\ a_{21} & a_{22} \end{bmatrix}$，$d = \begin{bmatrix} d_{1,t} \\ d_{2,t} \end{bmatrix}$

具有时间下标的向量 d_t 意味着最终需求向量被视为时间的函数。考察这样一种情况，对从外区域迁入的产业每一要素品的超额需求会引致产出增量等于超额需求，在时期 t 对第一种产品的超额需求等于需求量减去供给量，即：

$$a_{11}x_{1,t} + a_{12}x_{2,t} + a_{2t} - x_{1,t} \tag{4}$$

必使产出调整（增量）

$$x_{1,t+1} - x_{1,t} = \Delta x_{1,t} = a_{11}x_{1,t} + a_{12}x_{2,t} + d_{1t} - x_{1,t} \tag{5}$$

为了使之具有一般意义，由离散时间向连续时间转换：使用 x_i（t）代替 $x_{i,t}$，$x_1'(t)$ 代替 $\Delta x_{1,t}$，产出调整变为两个微分方程：

$$x_1'(t) = a_{11}x_1(t) + a_{12}x_2(t) + d_1(t) - x_1(t) \tag{6}$$

$$x_2'(t) = a_{21}x_1(t) + a_{22}x_2(t) + d_2(t) - x_2(t) \tag{7}$$

方程右边表示在 $t = t_0$ 度量的每月超额要素需求率，方程左边表示 $t = t_0$ 超额需求所引起的月产出调整率。只有在超额需求和产出调整均保持在现

① 纪玉山：《数理经济学教程》，科学出版社 2009 年版。

在的比率时，这个调整过程才会在一个月的时间内消除超额需求并导致均衡。实际上，超额需求像引致的产出调整一样，将随时间的变化而变化，如果解是收敛的，$t=\infty$ 时，那么产出调整会逐渐追上超额需求。

微分方程组的通解形式为余函数加上特别积分，即：

$$\begin{bmatrix} x_1(t) \\ x_2(t) \end{bmatrix} = \begin{bmatrix} x_{1c}(t) \\ x_{2c}(t) \end{bmatrix} + \begin{bmatrix} \overline{x_1} \\ \overline{x_2} \end{bmatrix} \tag{8}$$

微分方程组的矩阵形式为：$Ix'+(I-A)x=d$

特征根可由如下方程求出：

$$|rI+(I-A)| = \begin{vmatrix} r+1-a_{11} & -a_{12} \\ -a_{21} & r+1-a_{22} \end{vmatrix} = 0 \tag{9}$$

假设最终需求向量为 $d=\begin{bmatrix} \lambda_1 e^{\rho t} \\ \lambda_2 e^{\rho t} \end{bmatrix} = \begin{bmatrix} \lambda_1 \\ \lambda_2 \end{bmatrix} e^{\rho t}$，运用待定系数法可以设：

$$x_i(t) = \begin{bmatrix} \beta_1 \\ \beta_2 \end{bmatrix} e^{\rho t}，\ x_i'(t) = \rho \begin{bmatrix} \beta_1 \\ \beta_2 \end{bmatrix} e^{\rho t} \tag{10}$$

则可求得均衡解时的 β：

$$\beta_1 = \lambda_1(\rho+1)+\lambda_2/\Delta \tag{11}$$

$$\beta_2 = \lambda_2(\rho+1)+\lambda_1/\Delta \tag{12}$$

此时，市场实现均衡，产业转移引致的要素需求得到供给的满足，区域福利效应通过生产要素需求有效拉动而初步得以实现。

第二，价格增长路径。在现代经济理论中，有时买者和卖者不仅将其市场行为建立在现期价格基础上，而且建立在当时的价格趋势的基础上。因为价格趋势可能使卖者和买者对未来价格作出某些预期，而这些价格预期又会影响供求决策。在连续时间情况下，价格趋势信息可由两个变量得出：$\frac{dp}{dt}$（价格是否上升）和$\frac{d^2p}{dt^2}$（价格是否以递增速率上升）。

考虑外区域迁入本区域产业的线性要素供求函数：

$$Q_d = D[P(t),\ P'(t),\ P''(t)] = \alpha - \beta P + mP' + nP'' \tag{13}$$

$$Q_s = S[P(t),\ P'(t),\ P''(t)] = -\gamma - \delta P + uP' + wP'' \tag{14}$$

由于此时我们考察的是迁入产业的超额要素需求，因此假设仅需求函数含有价格预期因素，市场出清时，$Q_d=Q_s$，得到微分方程：

$$P'' + \frac{m}{n}P' - \frac{\beta+\delta}{n}P = -\frac{\alpha+\gamma}{n} \tag{15}$$

解得特别积分即跨期均衡价格为：

$$P_p = -\frac{\alpha + \gamma}{\beta + \delta} \tag{16}$$

在复根（复根就是该方程的解由实数和虚数共同组成，体现波动性）情况下，价格路径为：

$$P(t) = e^{-mt/2n}(A_i\cos vt + A_j\sin vt) + \frac{\alpha + \gamma}{\beta + \delta} \tag{17}$$

式（17）为在超额需求的情况下迁入产业的产品价格增长路径。

若考虑价格变化是由市场中供给和需求的相对强度决定的，假设在某一时期价格对时间的变化率总是在该时刻存在超额需求的比例，这是一种动态调节机制，就超额内需更为具体而言，此迁入产业的价格变化模式可以表示为：

$$\frac{dp}{dt} = j(Q_d - Q_s) \tag{18}$$

将线性供求函数带入一阶微分方程：

$$\frac{dp}{dt} + j(\beta + \delta)P = j(\alpha + \gamma) \tag{19}$$

得到调节机制，由调节机制得出迁入产业的价格增长路径：

$$P(t) = [P(0) - P^*]e^{-j(\beta+\delta)t} + P^* \tag{20}$$

$t \to \infty$ 时，$e^{-j(\beta+\delta)t} \to 0$，$P(t) \to P^*$

如图 2-4 所示：

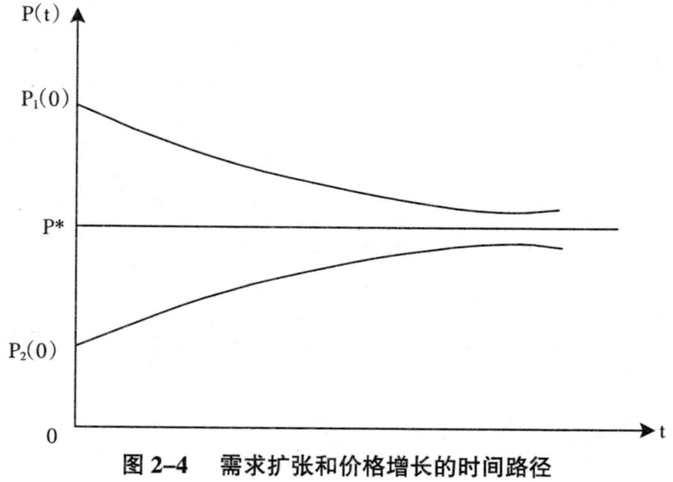

图 2-4　需求扩张和价格增长的时间路径

基于以上分析，在中观层面上，要素需求扩张和要素价格增长是产业转移带来区域福利效应的重要前提和条件。上述数理模型刻画了区域产业转移引致的要素需求扩张和要素价格增长机制的时间路径，这是一个辩证统一的有机过程，也是一个理论结合实践而促进区域福利正效应的具体过程。

2. 生产要素需求变化给产业转出区带来的区域福利效应

对于产业转出区而言，要素需求变化对区域福利的影响在短期和长期内也是不同的。

从短期来看，对于产业转出区而言，原有的成熟主导产业因成本、环境、政策等因素转出，而新的主导产业尚未进入和形成，或者说是尚未完全进入和完全形成，没有实现产业升级转型的效果。产业的空心化使得该地区内的生产要素需求，包括对劳动力、高级人才、能源及原材料、机器设备、土地等的需求量将会大为减少，并导致产业转出地区内相关的服务行业遭受打击，诸如运输、餐娱、商服等服务行业将受到冲击，这些将会直接影响普通劳动者的就业和收入水平，降低政府财政收入。因此，综合来看，劳动密集型产业的转出将直接使产转出区就业量、财政收入、人均收入、GDP 增速、企业利润受到较大影响，可以在很大程度上降低产业转出区的居民福利、企业福利和政府福利，区域福利水平呈快速下降趋势。在这一时期，生产要素需求减少给产业转出区带来的是一种区域福利负效应。

从长期来看，产业转出区通过引入和培育新的主导产业，实现了产业的转型升级，由过去产品技术水平较低、生产技术易掌握、资源相对易得的出口替代加工工业（如食品工业、原材料加工、服装、纺织品、鞋类及一般家用电器等），逐渐转向技术复杂、市场潜力大的现代高科技产业（如机电、电子、半导体、石化等），对高素质劳动力的需求也逐渐增加；产业转出区吸纳了新的产业集群，并逐渐成为主导产业群，在新的低污染、高技术产业的扩张与发展过程中，对于该地区高技能劳动力、经营管理人才、土地、机器设备、能源及原材料的要素需求增加，提高了这些要素供给者的收入；产业转型升级也将给当地服务行业（如运输、餐娱、商服等）带来新的发展空间，进而促进第三产业从业人员的就业量和工资水平的提高。因此，随着产业的发展、生产规模的扩大和要素需求的增加，地区就业量、财政收入、人均收入、GDP 增速、企业利润将逐渐恢复并增长，居民福利、企业福利、政府福利同步增加，区域福利水平呈逐渐上升的趋势。在这一时期，生产要素需求逐渐增加给产业转出区带来新的区域福利正效应。

（1）未来长期内生产要素需求引致的区域福利效应。考虑到在一国范围内的发达地区，其现代部门和传统部门发展差距较大，假定一个经济体各行业之间的生产技术存有差距，同时，假定该系统中现代只需要一种生产要素——技术，地区 r 代表性企业所需要的技术投入量（L_r）与其产量（q_r）之间的关系为：$L_r = c_r q_r + F$，其中，F 表示固定投入，c_r 的差别上，具体表达为：$c_r = (z_r)^{-\theta}$，$\theta > 0$。

由于规模收益递增、消费者对差异产品的偏好和存在大量潜在异质品，没有一家现代部门的企业会选择别的企业生产同类产品，这意味着每种产品最终只在一个地区由一个专业化现代企业生产。代表国外迁入的现代产业生产行为的最优规划为：

$$Max{:}\pi_r = p_r q_r - w_r(c_r q_r + F) \tag{21}$$

可得迁入企业利润最大化定价为 $p_r = \frac{\sigma}{\sigma - 1} c_r w_r$，将其代入式中，进一步可得 r 地区的国外迁入现代产业销售至地区 j 的产品数量为：

$$q_{rj} = \frac{\sigma - 1}{\sigma} \frac{(c_r w_r)^{-\sigma} \phi_{rj}}{G_j} aY_j \tag{22}$$

这里，$G_j \equiv \sum_r n_r (c_r w_r v_{rj})^{1-\sigma}$。那么，地区 r 国外迁入的现代产业从地区 j 所获得的毛利润为：

$$\pi_{rj} = (p_r - c_r w_r) q_{rj} = \frac{(c_r w_r)^{-\sigma}}{\sigma G_j} aY_j \tag{23}$$

进而，将地区 r 的国外迁入的现代产业从所有地区（包括本地区）所获得的毛利润加总，并减去其固定成本，由此可得地区的国外迁入的现代产业从所有地区 r 所获得的净利润为：

$$\prod\nolimits_r = \sum_j \frac{\phi_{rj}(c_r w_r)^{-\sigma}}{\sigma G_j} aY_j - Fw_r = \frac{az_r^{\theta(\sigma-1)}(w_r)^{1-\sigma}}{\sigma} mp_r - Fw_r \tag{24}$$

其中，$mp_r \equiv \sum_r \frac{\phi_{rj} Y_j}{G_j}$。

以上刻画了在新的国际产业转移形势下，产业转出地区在主导产业转出后，新迁入的技术密集型行业和部门，其投资拉动生产扩张及利润增长的过程。生产扩张将直接拓展消费市场，造成现代部门与传统部门不同的转移过程中的区域福利效应。

（2）未来产业消费市场开拓引致的区域福利效应。假定在垄断竞争的市场结构下，所有消费者的偏好是相同的，同时消费者可把种类不同的产品看作某种消费群或某种技术集合体。每个消费者对于两个商品束（现代部门产品和传统部门产品）都有相同的Cobb-Douglas偏好：

$$U = C_t^{1-a}C_m^a \tag{25}$$

其中，C_t是同质传统区域产业的消费量；C_m是国外迁入的现代产业消费量的综合指数；a是国外迁入现代产业的支出份额。假定消费者对定义在现代产业的产品种类数和消费量上的综合指数C_m存在着不变替代弹性（CES）子效用函数，即

$$C_m = \left[\int_0^M x_i^\rho di\right]^{1/\rho} \tag{26}$$

其中，x_i表示第i种可得制造品的消费量。因此，每一个消费者都显示出多样性的偏好。参数ρ代表多差异产品需求弹性的倒数，它也反映了消费者对于国外迁入的现代产业产品多样性偏好的程度。当ρ接近于1时，各种产品几乎是完全替代的；当ρ值减少时，消费者多样化需求上升。如果我们设定：

$$\sigma = \frac{1}{1-\rho} \tag{27}$$

那么σ就代表了任何两种行业产品之间的不变替代弹性，其取值范围是1~∞，因为企业的数目是连续的，所以任何一个单独的企业都是可以忽略的，即任何两个企业之间的相互作用为零，但是总体市场条件（例如企业中的平均价格）对每个企业都有影响，假设提供了这样的环境：企业是非竞争的，但同时他们相互之间有没有策略性影响。如果Y表示消费者收入，ρ_i、p^t分别表示每种新迁入企业产品和区域内传统企业产品的价格，那么代表性消费者行为的最优规划为在既定的收入约束下，选择新迁入企业产品和区域内传统企业产品的消费组合，使得其效用最大化，即

$$\max:U = C_t^{1-a}C_m^a \tag{28}$$

$$s.t.:P_tC_t + P_m\int_0^n x_ip_idi = Y \tag{29}$$

分两步来解决这个问题：

第一步，不论制成品集合 C_m 是多少，我们都需要选定每一个 x_i，使得制成品组合 C_m 的成本最低。这意味着要解决下面方程的最小化问题：

$$\min: P_m = \int_0^n x_i p_i di \tag{30}$$

$$s.t.: \left[\int_0^m x_i^\rho di \right]^{1/\rho} = C_m \tag{31}$$

解决这个支出最小化问题的一阶条件是边际替代率等于价格之比，即

$$\frac{x_i^{\rho-1}}{x_j^{\rho-1}} = \frac{p_i}{p_j} \tag{32}$$

因此，对于任意一组 i 和 j，都有 $x_i = x_j(p_i/p_j)^{1/(\rho-1)}$。将其带入支出最小化问题的约束条件，我们得到：

$$x_j = \frac{p_i^{\rho/(\rho-1)}}{\left[\int_0^n p_i^{\rho/(\rho-1)} di \right]^{1/\rho}} C_m \tag{33}$$

式（30）仅表示第 i 种制成品的补偿需求函数。据此可得到第 j 种产品的支出为 $p_j x_j$，故全部制成品的消费支出为：

$$\int_0^n p_j x_j dj = \left[\int_0^n p_i^{\rho/(\rho-1)} dj \right]^{(\rho-1)/\rho} C_m = PC_m \tag{34}$$

这里，我们定义 P 为新迁入企业产品指数，即

$$P = \left[\int_0^n p_i^{\rho/(\rho-1)} dj \right]^{(\rho-1)/\rho} \tag{35}$$

价格指数是购买一单位制造品组合的最小成本，将之带入补偿需求函数，我们可以得到 x_j 另一个简单地表达式为：

$$x_j = \frac{p_i^{1/(\rho-1)}}{\left[\int_0^n p_i^{\rho/(\rho-1)} dj \right]^{1/\rho}} C_m = \left(\frac{p_j}{p}\right)^{1/(\rho-1)} C_m = \left(\frac{p_j}{p}\right)^{-\sigma} C_m \tag{36}$$

第二步，是如何把总收入在区域内传统企业产品和新迁入企业产品之间进行分配，也就是 C_t 和 C_m，使得：

$$Max: U = C_i^{1-a} C_m^a \tag{37}$$

$$s.t.: P_t C_t + PC_m = Y \tag{38}$$

通过对这一最优规划的求解，我们很容易地得到：

$$C_m = \frac{aY}{P}，C_t = \frac{(1-a)Y}{P_t} \tag{39}$$

于是，对每种制成品有：

$$x_j = \frac{p_j^{-\sigma}}{P^{1-\sigma}} aY \tag{40}$$

由此可见，对于产业转出区而言，新迁入企业产品和区域内传统企业产品在拓展消费市场方面的不同结果，以及收入的不同分配，造成了现代部门与传统部门不同的成长性。作为现代部门的代表，国外新迁入产业的持续成长意味着由此伴生的区域福利水平不断提升。

（3）未来市场潜能挖掘带来的区域福利效应。笔者把上式中的 mp_r 表示 Krugman 意义上的市场潜能（Market Potential）。上式表明，一个定位于地区 r 的国外新迁入产业的利润是该地区市场潜能（mp）和生产技术水平（z_r）的增函数，同时是该地区工资水平（w_r）的减函数。也就是说，对于产业转出区而言，国外新迁入产业在进行空间定位时面临着在低的生产成本和高的市场潜能之间的权衡。

综上来看，一个地区的市场潜能越大，生产技术水平越高，工资水平越低，企业就会越向该地区集聚，从而会使得该地区工业区位商（rm）越高。据此，我们可将一个地区的工业区位商简化地表示为其市场潜能、生产技术水平和工资水平的函数，其表达式具体为：

$$rm_r = f(mp_r，z_r，w_r) \tag{41}$$

式（38）就产业转出区的国外新迁入产业而言，为了深入挖掘其市场潜能，应该进一步推动创新驱动产业发展，而且技术创新导致的劳动生产率提高将带来工资增长率的降低，其产生出集聚效应，这将以市场潜能的挖掘带动国外新迁入产业的快速成长，并实现区域福利效应的不断扩大。

二、生产要素布局变化与区域福利效应

在宏观层面上，随着企业群的转移，产业的生产要素区位布局也会发生变化，也会对区域福利产生重要影响。无论是在短期还是长期，产业转移所带来的要素布局的变化，包括环境外部性的变化和集聚中竞争关系的变化，都会持续地影响着转入区居民的福利。

1. 生产要素布局变化给产业转入区带来的区域福利效应

(1) 产业区位布局与外部性。外部性即一方的经济行为和活动对另一方的非市场影响。当生产者采取的经济行为对他人产生了有利的影响，而自己却不能从中得到报酬时，便产生了生产的外部经济，即正外部性；与之相反，当生产者采取的经济行为使他人付出了代价，而又未给他人补偿时，便产生了生产的外部不经济，即负外部性。

污染型产业是指在生产过程中直接或间接地产生大量污染物的产业。这些污染物对人类、动植物生命或健康有害，促使环境恶化，影响生态质量。而且，在生产过程中，工人的安全和健康受到威胁或明显受到影响。污染型产业具有以下特征：排放出大量污染物，对生态环境、人类与生物的危害较大；生产技术和过程对工人安全和健康产生威胁；处理和污染防治有一定的难度，特别是化学污染物，污染防治较为困难，成本很高，所需费用很大，营运成本较高，需要大量的资本、技术和管理资源来建立合理的污染防止和处理系统；是环境管理政策和法规关注的重点。①

污染型产业的生产带来的环境污染就是负外部性，对于普通居民而言是一种福利的损失。经济发达地区基于自身产业转型升级的实际需要，在调整产业结构的过程中，必然会发展高科技含量、高附加值的新兴产业，而向欠发达地区转移那些污染环境、低附加值的夕阳产业。欠发达地区在产业结构的调整与布局中处于不利地位，被迫承接发达地区转移过来的具有污染性和粗放型的传统产业，也承接了其所带来的环境负外部性。因此，对于产业转入区而言，传统粗放型产业的迁入改变了产业转入区原有的产业区位布局，环境的污染度和资源的开发度会大为提高，环境负外部性凸显，居民在生活环境方面的福利水平将遭受损失，区域福利负效应明显。

污染型产业的转入意味着增长的非可持续性。在这方面的数理模型分析上，基于非可持续性的极限增长模型对于人口、工业、农业、自然资源使用以及污染的相互作用进行量化的动态模拟。这一相互作用关系可以描述为人口、自然资源、土地的储备和产出、资本形成、消费、污染的流动诸多因素之间的直接影响和反馈。② 在数学意义上，这一模型包含了不同的

---

① 杨英：《基于 FDI 的污染密集产业转移与环境福利效应研究》，浙江大学硕士学位论文 2005 年。

② 彼得·巴姆斯特：《数量生态经济学——如何实现经济的可持续发展》，齐建国等译，社会科学文献出版社 2010 年版。

方程，详细阐明了时间路径和变量的相互影响关系。作为对“末日论”的回应，极限增长模型的提出者强调，他们的目的不是作出特定的预测，而是扩大理解的范围，理解这一体系的行为趋势，他们的目的是展示各种社会反应的情景，尽管有些反应被看作不现实或“梦想”。在非可持续性的产业转移中，环境库兹涅茨曲线的假设中隐含着环境——经济争论的中心，产业转入地区在承接产业转出地区的产业迁入过程中，若污染型产业集群转入，环境污染度不断增加，则其环境水平位于环境库兹涅茨曲线左侧，表明随着人均 GDP 的不断增加，环境污染度亦在不断增加，居民环境福利水平越差，反之亦反。因此，构建产业转入区域中迁入污染型产业的环境库兹涅茨曲线如图 2-5 所示。

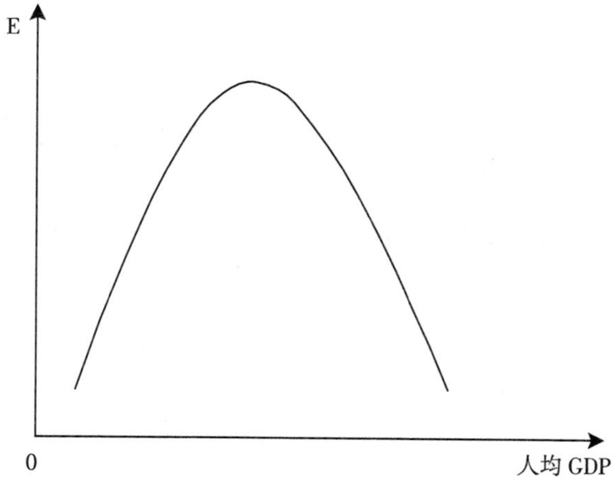

图 2-5 区域产业转移的环境库兹涅茨曲线

这个环境库兹涅茨曲线体现出人均 GDP 与居民环境福利水平的正反比例关系，说明虽然污染型产业迁入在短期内增加人均产出，但居民环境福利水平每况愈下；在长期内，受政府力量等外生变量的影响，走内涵式发展道路的效果逐渐显现，随着人均 GDP 的不断提高，环境污染度呈现出越来越小的趋势，区域环境福利水平得到显著改善。

（2）产业区域集聚与消费者均衡。企业在区域内的集聚，通常表现出某种在特定空间内进行竞争与合作的关系。根据产业经济学理论，产业的集聚可以促使企业在有限的空间边界内展开有序的竞争，可按照更低的价格出售更多的产品，既有利于企业又有利于消费者。因此，产业的区域集聚可以通过降低产品价格或者提高服务质量使消费者获益。在产业转移过程中，部分发达地区的产业在转移到新的地区之后，相近产业会形成企业群在空间布局上的集聚，这些企业在集聚空间内进行着合作与竞争。根据产业经济学理论，在产业集聚的纵向一体化关系中，企业之间的竞争和合作都具有区域福利效应。企业之间的合理有序竞争会使得企业降低产品价格和提高产品质量，使得本地消费者可以从中受益，在收入既定的前提下实现效用最大化，实现经济学意义上的消费者均衡，提高居民福利水平。企业之间的合作会使得企业群共享市场开发、信息路径、技术研发等方面的利益，可以有效地降低成本，提高企业福利水平。因此，无论是合理竞争还是市场合作，同一产业内的企业之间都可以通过区域集聚的布局调整来降低产品价格，允许厂商更有效地推销产品并按照更低的价格出售更多的产品，改善了居民福利水平；或是降低了企业成本，提高了企业产出，改善了企业福利水平。居民福利和企业福利的提升，实现了区域福利正效应。

2. 产业要素布局变化给产业转出区带来的区域福利效应

（1）产业区位布局与外部性的变化。经济发达地区将那些污染环境、低附加值的夕阳产业转移到欠发达地区之后，基于产业结构调整和转型升级的目标，必然会发展高科技含量、高附加值、低能耗、低污染的战略性新兴产业，进行产业的重新布局和区位调整。这就使得该地区环境的污染度和资源的开发度大为降低，给居民生活带来的环境负外部性也在很大程度上降低，居民在生活环境方面的福利水平得到提升，区域福利正效应逐渐显现。

（2）产业区域集聚与居民消费支出的变化。在产业转移中，短期以内，发达地区的产业在转移出去之后，该地区的产业空间集聚在短期内难以成形，少量企业之间难以促成充分的竞争与合作，不能有效地通过市场竞争和市场合作来推动产品价格下降，本地消费者难以从中受益；不能在既定收入条件下实现效用最大化和消费者均衡，居民消费支出与过去相比增多，居民负担加重，福利水平有所下降，出现了区域福利负效应。在长期内，新的产业集群重新形成，同一产业内的企业之间仍然可通过区域集聚布局调整、合理竞争和市场合作来降低产品价格，可以按照更低价格出售更多的产品，改善了居民福利水平；同时也降低了企业成本，提高了企业产出，改善了企业福利水平。长期内的居民福利和企业福利提升，重新实现了产业转出区的区域福利正效应。

三、生产要素利润变化与区域福利效应

1. 生产要素利润变化给产业转入区带来的区域福利效应

产业的转移就是生产要素在不同地区间流动和重新配置的过程。产业的转移是以利润为导向的，哪个区域的利润率高，生产要素就会向哪里转移和聚集。因此，产业转移到某一区域，其在该区域内的生产要素利润水平将会发生变化。区域内产业的生产要素利润增减可以在很大程度上影响区域内企业、政府、居民的福利水平变化。

从企业福利来看，产业的转入，使其获得了新的更为适应的市场环境和政策环境，企业群在转入的初期发展迅速，要素利润不断增加，企业效益不断增长，企业福利水平大为提升。在较长时期内，随着市场竞争的加剧和政策空间的收缩，行业利润率呈现下降的趋势，企业效益逐渐减少，企业福利水平逐渐下降。

从政府福利来看，政府福利来自于企业福利。在短期内，随着企业利润水平的快速增加，政府的财税收入也较快增长，政府福利不断改善；在长期内，竞争程度和市场条件变化导致企业利润水平逐渐下降，政府财税收入也趋于下降，政府福利水平随之下滑。

从居民福利来看，产业转入区域的生产要素利润对居民福利有着最为直接的影响，居民福利水平与政府福利和企业福利密切相关。从企业福利对居民福利的影响来看，在短期内，企业利润增长较快，企业员工收入也随之提高，当地居民福利得以改善；在长期内，企业利润水平趋于下降，企业员工收入也难以提高，甚至有所下降，当地居民福利水平趋于下滑。从政府福利对居民福利的影响来看，无论是短期还是长期，产业转入区的产业发展都会提高地区财政收入，政府用于社会福利和公共物品服务方面的财政支出也会大幅增加，这将在很大程度上改善居民的福利水平。这一问题可以分为两个方面：一是社会保障。根据罗斯托的产业经济理论，主导产业的发展具有旁侧效应，即主导产业的兴起会带动当地制度建设、基础设施建设、人口素质、公众福利等方面的改善。产业由发达地区转移到欠发达地区，生产要素重新配置和产业化，带动欠发达地区的产业结构变动和经济增长，创造出的利润会增加政府的财税收入。政府财税收入增加，福利水平提高，会增加在社会保险、失业保险、养老保险、医疗保

障、最低生活保障等社会保障方面的财政支出，这将使得普通居民从中受益，增加当地的居民福利。二是公共产品供给。新的主导产业的发展具有旁侧效应，其所带来的结构变动、集聚效应、经济增长会增加当地政府的财政收入。政府收入的增加将使其用于社会公共产品和服务方面的支出也随之增加，这可以改善本区域的公共交通、城乡环境、教育卫生、政府服务、公益事业等公共产品及服务，增加当地居民的福利。

2. 生产要素利润变化给产业转出区带来的区域福利效应

从短期来看，产业转出区由于成熟产业的转出，而新的主导产业群尚未引进和形成，没有实现产业升级，经济发展受阻，其区域福利水平将会受到较大影响。从长期来看，产业转出区的新产业得以引进、创立和发展，产业的升级趋于完成，经济发展加速，其区域福利水平将会得以提升。随着时间路径的延续，产业转出区内的生产要素利润变动可以给区域内企业、政府、居民的福利水平带来重要的影响。具体而言，可以分为三个方面：

（1）从企业福利来看，在短期内，某些劳动密集型产业的转出，使得与其相伴生的服务行业和相关部门失去了赖以生存和发展的基础，服务行业的企业在某些产业转出的初期陷入困境，利润水平不断下降，企业效益也逐渐减少，企业福利水平不断下滑；在较长时期内，随着新主导产业的转入和发展，主导产业效应逐渐显露，相关的服务行业利润率呈现上升的趋势，企业效益逐渐增加，企业福利水平不断提升。

（2）从政府福利来看，政府福利来自企业福利。在短期内，随着原有产业的转出、配套服务行业利润水平的减少，政府的财税收入也趋于下降，政府福利不断下滑；在长期内，新主导产业的转入、升级和发展形成了巨大的现实利润空间，而配套服务行业的利润水平也随之逐渐提高，政府财税收入也趋于上升，政府福利水平也就得到明显改善。

（3）从居民福利来看，居民福利水平受政府福利和企业福利的直接影响。从企业福利与居民福利的关系来看，在短期内，企业利润下降较快，企业员工收入也随之降低，当地居民福利水平逐渐下滑；在长期内，企业利润水平趋于回升，企业员工收入也不断增加，当地居民福利水平不再下滑并逐渐提高。从政府福利与居民福利的关系来看，就短期而言，生产要素利润的下降会直接导致政府财税收入的减少，政府福利水平的下降，使其用于公共产品、民生和福利事业的财政支出也会受到严重影响，这将降低该地区居民在社会保障、公共交通、城乡环境、教育卫生、政府服务、公益事业等方面的福利水平。就长期而言，生产要素利润所带来的财税收入的增加，使得政府福利水平停止下滑并不断提高，会逐渐增加用于社会保险、失业保险、养老保险、医疗保障、最低生活保障等社会保障的财政支出，这将使得普通居民从中受益，重新增加当地的居民福利。该地区居民在社会保障、公共产品供给等方面的福利水平将得到持续、明显的改善。

四、产业转移与区域福利效应的逻辑与趋势

由以上分析可知，产业转移过程中的生产要素演化是区域福利变化的原动力，主要包括生产要素需求、生产要素布局、生产要素利润三个影响因子的作用，会对居民福利、企业福利、政府福利施加不同的影响。根据前面所讲述的产业转入区的政府福利、企业福利、居民福利随产业转移进程变化的关系和时间路径，可以大致归结出其曲线形式。

1. 产业转入区区域福利效应的趋势

在图 2–6 中，按照由上到下的顺序，分别为 W_1、W_2、W_3、W_4 四条曲线，表示产业转入区的各项区域福利曲线。其中，W_1 代表政府福利曲线，W_2 代表企业福利曲线，W_3 代表居民福利曲线，W_4 代表环境福利曲线（环境福利属于居民福利的一部分，单独列出是为了更清晰地区分）。

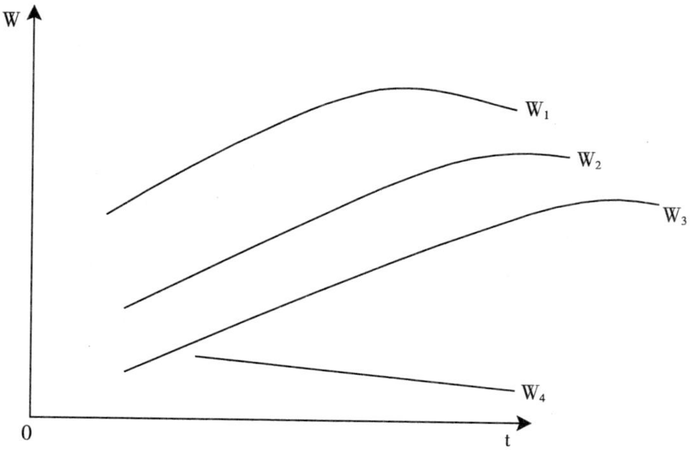

图 2–6　产业转入区区域福利效应变化趋势

（1）W_1 曲线先上升后下降，表示政府福利先上升，趋稳后有所下降。

（2）W_2 曲线先上升后下降，表示企业福利先上升，趋稳后有所下降。

（3）W_3 曲线先上升后下降，而居民福利变化比较复杂，其中的收入水平先上升，趋稳后有所下降；公共产品服务水平上升后趋稳；另外，价格负担水平一直下降；这三项表示居民福利水平一直上升，而后下降。

（4）W_4 曲线呈直线下降，表示环境福利水平一直下降。

2. 产业转出区区域福利效应的趋势

同样，根据前面所述的产业转出区的政府福利、企业福利、居民福利随产业转移进程变化的关系和时间路径，亦可大致归结出其曲线变化图形。

与图 2-6 类似，在图 2-7 中，仍然按照由上到下的顺序，分别为 W_1、W_2、W_3、W_4 四条曲线，表示产业转出区的各项区域福利曲线。其中，W_1 代表政府福利曲线，W_2 代表企业福利曲线，W_3 代表居民福利曲线，W_4 代表环境福利曲线。

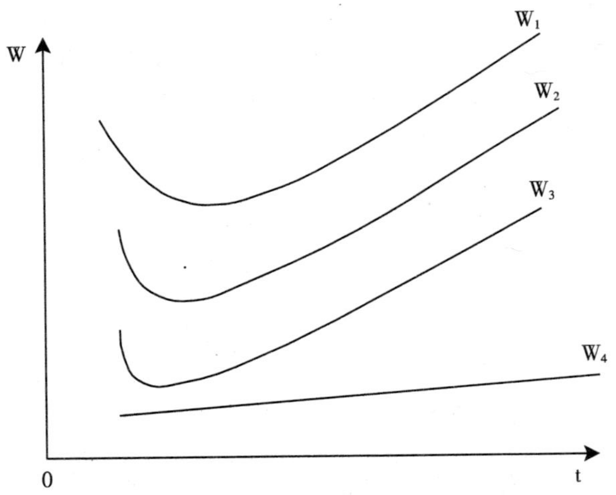

图 2-7　产业转出区区域福利效应变化趋势

（1）W_1 曲线先下降后上升，表示政府福利先下降后上升。

（2）W_2 曲线先下降后上升，表示企业福利先下降后上升。

（3）W_3 曲线先下降后上升，而居民福利变化比较复杂，其中，收入水平先下降后上升；公共产品服务水平先下降后上升；价格负担水平先上升后下降，这三项表示居民福利先下降后上升。

（4）W_4曲线呈直线上升状态，表示环境福利水平有所上升。

由以上可知，产业的区际转移过程会引起产业转入区和产业转出区的区域福利水平的不同变化，其带来的区域福利效应就是一种区域福利状态向另一种区域福利状态的演进。那么，两种区域福利状态之间的关系怎样（这种变化的经济学属性是什么）？这个变化的过程（区域福利效应）是一种帕累托改进还是卡尔多改进？

下面我们进行理论分析，先来介绍经济学中的两种状态的改进：帕累托改进和卡尔多改进。

众所周知，在经济学理论中，帕累托最优意味着不减少一部分人福利的情况下，就不可能增加另一部分人的福利，即没有人可以在不损害他人福利的情况下改善自己的福利状态。如果社会福利没有最大化，人们就可以在不损害他人福利的前提下增加自身的福利，因此帕累托最优是描述社会分配的一个静态指标，在给定的制度结构下，它告诉我们，现行社会福利分配是否穷尽了一切改进的可能性。帕累托改进是指如果对某种资源配置状态进行调整，使一些人的境况得到改善，而其他人的状况至少不改变，符合这一性质的调整就是帕累托改进。帕累托改进意味着如果从一种社会状态到另一种社会状态，使得一部分人的福利增加，而同时没有任何人的福利减少，那么这种变化就是好的，是可取的，亦是人们所希望的。严格的帕累托改进可以描述为：对于任意的两种社会状态 x 与 y，如果对所有的社会成员都有 x 不差于 y，而且对某些社会成员有 x 优于 y，那么对整个社会来讲就有 x 优于 y。在西方经济学中，由于一项制度常常使一部分人的福利增加而同时使另一部分人的福利减少，帕累托改进无法适用于解释这种情况。基于此，卡尔多在《经济学的福利问题和人际间的效用比较》一文中认为，如果受到损失的人可以被完全补偿，而其他人的福利仍然比原来有所提高，那么这一制度就是好的。希克斯在《消费者剩余的复兴》一文中也提出了类似的观点，如果说 A 的境况由于某种变化而变得好些，以至于他的境况改善在补偿 B 的损失之后还有剩余，那么这种变化就是好的。卡尔多和希克斯的观点常被合起来称为“卡尔多—希克斯改进”，都涉及对福利受损失的人的补偿，在理论上这种补偿是虚拟的。“卡尔多改进”意味着一部分人的福利增加，而同时使另一部分人的福利减少。

就产业转移而言，产业转入区和产业转出区在区域福利变化方面是完全不同的两种变化趋势：由前面曲线分析可知，产业转入区的总体区域福利水平随时间变化先上升后下降，而产业转出区的总体区域福利水平随时间变化先下降后上升，可以说原本属于产业转出区的区域福利（如在劳动者就业、企业效益、政府财政等方面）随着产业的转出而流转为产业转入区的区域福利，而产业转出区随着新产业的转入又有新的区域福利流入。因此，基于时间变量考察，分别在短期范围和长期范围内，关于产业转移前后两种区域福利状态的比较，可以得出不同的结论：

第一，在短期内，在产业转移前后两种区域福利状态之间比较，一部分人（产业转入区）的福利增加，而另一部分人（产业转出区）的福利减少，福利减少者的区域福利存在一个潜在的补偿过程，产业转移带来的区域福利效应不属于“帕累托改进”，而是“卡尔多改进”。

第二，在长期内，在产业转移前后两种区域福利状态之间比较，一部分人（产业转入区）的福利先增加后减少，而另一部分人（产业转出区）的福利先减少后增加，福利减少者的区域福利潜在补偿过程得以实现，总体上大体持平。这类似于两种福利状态 x 与 y，对于所有的福利主体都有 x 不差于 y。因此，从长期来看，产业转移带来的区域福利效应不是一种经济学上的“卡尔多改进”，而是“帕累托改进”。

第三章　国际产业转移实践及其区域福利效应

国际产业转移过程中产生了显著的区域福利效应。美国、日本把纺织、服装等轻纺类劳动密集型工业和部分耗能多、污染大的重化工业，逐渐转移到亚洲四小龙，使得这些国家和地区获得了相对先进的技术和工业化机会，弥补了经济发展中的资金缺口，使其丰富的自然和劳动力资源得到了充分利用，实现了经济的快速起飞，居民收入水平、社会保障、政府服务等福利水平有了层次上的提高。中国内地也通过承接国际产业转移，提高了政府、企业和居民的收入水平，区域福利水平得到极大的改善，但生态污染度的增加也损害了环境福利水平。本章将对以上问题进行梳理和展开论述。

第一节　国际产业转移的历史演进脉络

一、国际产业转移历程回顾

第一次国际产业转移浪潮发生在第一次科技革命后期的18世纪末至19世纪上半叶，伴随着国际产业分工的调整，其产业转移的路径是从英国向欧洲大陆和美国转移。在工业革命完成后，英国成为当时名副其实的“世界工厂”。当时英国的人口虽然仅占世界人口的2%，但是在19世纪前70年中一直控制着世界工业生产的1/3到1/2，世界贸易的1/5到1/4。这次产业的输出地是英国，目的地主要是法国、德国等欧洲大陆和美国。美国是这次国际产业转移最大的受益国。当时的美国作为英国的殖民地，加上良好的自然和资源条件，吸引了众多的英国工业企业来此投资建厂。美国正是因为对这次来自英国的国际产业转移的承接，才奠定了它后来领跑第二次科技革命的物质和技术基础。

在 18 世纪末至 19 世纪早期，随着工业部门的发展和国家经济实力的增长，美国国内发生了承接国际产业随领土扩张而进行的逐渐转移。18 世纪的美国，西部地广人稀，经济增长还是以农业为主，比较落后，随着近代产业部门的兴起，其自由市场经济发展较快，但其对外开放程度低，在这些因素影响下，经济开发先集中在东部大西洋沿岸。随着美国国土面积的不断扩张，产业部门开发继而越过阿巴拉契亚山脉，到达密西西比河以东和五大湖地区；接下来又逐渐向西部太平洋沿岸转移。美国的部分产业相应转移已经呈现出比较明显的梯度推进特征。美国联邦政府制定相关的政策，吸引欧洲各国技术劳动力大量转入和就业，这为西部的矿业开发带来了先进的生产技术和经验。在吸引劳动力转入的同时，美国也积极吸引欧洲资本转入，以促进西部矿业发展，这带动了美国西部地区一批矿业城市的兴起。在这一时期，美国政府还大力促进铁路发展，并推动西部与东部、欧洲的航运联系。这一产业转移过程使得西部地区获得了发展所需的资本、先进技术设备、劳动力，带动了美国的经济发展。以产业转移促进的产业升级与调整，也逐渐缩小了不同区域之间的发展差距。

美国国内产业转移也有一些经验可以借鉴。①美国联邦政府大力发展专业教育，为产业顺利转移提供了发展平台；针对区域工农业发展需要，建立各类农学院、农工学院，培养大量的专业技术人员，并推动其进行科学研究、技术创新，从而形成若干个科学研究和技术转移中心，在促进农业发展的同时，为承接现代工业奠定了技术与人才基础。②美国联邦政府以完善的法律体系，引导投资和规范市场秩序吸引技术移民。1862 年，美国制定了《宅地法》，规定免费赠予每个移居西部的成年人 160 英亩土地，之后的《育林法》规定凡愿植树 40 英亩者，可获土地 320 英亩。1864 年，美国政府还成立了移民局，到欧洲、亚洲和拉美各地招徕移民，由于欧洲各国拥有特定技术的工人和农民纷纷涌入，为西部的矿业开发带来了先进的生产技术和经验。同时，通过银行向中小企业提供创业费用、政府向教育和科技部门赠送土地等政策，吸引了大量技术移民来此就业。③以资本转移促进西部矿业发展。1860~1901 年，以英国为首的欧洲资本不断增加，自加利福尼亚淘金热后，英国商行在落基山区成立了518家股份公司。这些公司既有资本又有适于深矿作业的采矿机器和冶炼矿岩的专门技术，因而逐渐控制了整个西部采矿业，并带动了一批矿业城市的兴起。而且，铁路的发展推动了西部与东部乃至欧洲的航运联系，使欧洲的资本、先进的生产技术和设备及劳动力源源不断地流入西部矿区，推动了美国各区域的经济发展。

美国以承接第一次国际产业转移为历史前提，以领跑第二次科技革命为技术基础，才推动了工业的迅速发展，并在19世纪末崛起为世界第一工业强国，成为世界工业发展史上的第二个“世界工厂”。可以说，第一次国际产业转移浪潮推动了世界制造中心的第一次变迁。

第二次国际产业转移浪潮发生在20世纪50~60年代，产业转移的路径是从美国向日本和联邦德国转移。在20世纪50年代，第三次科技革命爆发，使得美国对其国内的产业结构进行了重大调整，将钢铁、纺织等传统产业转移到日本和联邦德国，进行海外投资和资本、技术输出。美国国内主要致力于集成电路、精密机械、精细化工、家用电器和汽车等资本和技术密集型产业的发展。美国凭借其科技和经济发展水平的全球领先地位，成为第一次国际性产业调整和转移浪潮中的推动者。第二次国际产业转移对世界经济的影响是深远的，“二战”的战败国联邦德国、日本通过承接转移产业，大大加快了本国的工业化进程，使工业产业的竞争力得以迅速提高。据统计，1950~1959年，日本引进的外国新技术达2332件，并从1955年开始扩大更新设备，使最新设备在全部机械设备中所占比重迅速超过当时的欧美发达国家。联邦德国、日本迅速发展成为世界经济强国和“世界工厂”。第二次国际产业转移，推动了“世界工厂”的第二次变迁。

第三次国际产业转移浪潮开始于20世纪70年代到80年代，产业转移的主要区域在东亚。日本经济快速发展，产业结构不断提高，和美国一起成为这一时期产业转移的主导国家，而亚洲“四小龙”是这次国际产业转移的主要承接地。第三次国际产业转移持续时间大约20年。20世纪70年代，日本已经成为世界制造大国，为应付世界石油危机的冲击以及日元汇率升值的影响，选择了对外投资、重构国内产业结构的国际产业转移之路。这一时期，美国、日本集中力量发展钢铁、化工、汽车和机械等出口导向型资本密集工业，同时注重发展电子、航天等部分高附加值技术、资本密集型进口替代工业，而把纺织、服装等轻纺类劳动密集型工业和部分耗能多、污染大的重化工业，逐渐转移到亚洲“四小龙”和部分拉美国家。在这一轮产业转移浪潮中，日本产业向外转移经历了三次小高潮：第一次发生在20世纪70年代初，为确立资本密集型的钢铁、化工、汽车、机械等国内产业的主导地位，而促使劳动密集型的纺织业等轻纺产业向亚洲“四小龙”转移。第二次发生在20世纪70年代中期的第二次石油危机之后，转移的产业主要是资本密集型的钢铁、化工、造船产业等，转移的目的地仍然是亚洲“四小龙”。第三次发生在1985年“广场协议”之后，转移的产业不再局限于在国内完全丧失比较优势的劳动密集型产业，而是扩展到汽车、电子等已经实现了技术标准化的资本、技术密集型产业，转移的目的地既有亚洲“四小龙”，也有东盟四国和中国内地。

日本抓住全球产业革命带来的大规模技术、产业转移的机遇，吸纳了大量国际剩余生产力，走外贸主导型之路，带动了国内产业链的发展与延伸，较大程度地吸收消化了国外先进技术，逐步建立起完善的工业体系。由日本所推动的东亚地区产业转移，引领了东亚地区的“雁阵飞翔”。直至20世纪80年代末，日本在这一“雁阵”中，无疑居于“雁首”的位置。第三次国际产业转移，催生了亚洲“四小龙”的经济发展奇迹，这些国家和地区获得发展劳动密集型加工产业的契机，逐步实现了由进口替代型产业向出口加工产业的过渡，成为新兴的工业化国家或地区。

第四次国际产业转移自20世纪90年代至今，这一次国际产业转移之所以独立于前一次国际产业转移，是因为这一次产业转移的输出地、输入地等方面都发生了较大的变化，具有了新的特征。20世纪90年代以来，在发达国家产业结构中，其制造业比重趋于下降，服务业比重不断上升，多数国家已然实现了由工业经济向知识经济的重大转型。发达国家的一般制造业的生产成本不断上升，产业竞争力趋于下降，推动了其产业国际转移的步伐明显加快。在这一阶段，部分新兴经济体也加入了国际产业转移的行列。20世纪90年代之后，国际产业转移的产业输出地有日本、亚洲“四小龙”、美国，承接的产业输入地有东盟四国，但主要是中国内地。在第四次国际产业转移过程中，亚洲“四小龙”起到了“二传手”的作用。亚洲“四小龙”通过承接第三次国际产业转移，加上原有的产业发展基础和资源禀赋，很快成为东亚地区崛起的一个新兴经济体增长群。但亚洲“四小龙”在经济进一步发展中面临着境内市场狭小与生产能力扩张之间的矛盾、生产要素成本上升和企业追求更多利润的矛盾，以及产业发展与资源环境“瓶颈”的矛盾。这促使了第四次国际产业转移浪潮。在这一阶段，美、日大力发展新材料、新能源等高新技术产业，将产业结构重心向高技术化、信息化和服务化方向发展，进一步把劳动、资本密集型产业和部分低附加值的技术密集型产业转移到海外。亚洲“四小龙”等新兴工业化国家或地区大量吸收发达国家的投资，承接美、日转移出来的重化工业和微电子等高科技产业，并且把部分失去比较优势的劳动密集型产业和一部分资本技术密集型产业转移到泰国、马来西亚、菲律宾等东南亚国家，也将很大一部分产业转移到中国内地，带动了这些国家和中国内地经济发展和产业结构的升级，促进了这些国家和中国内地的工业化进程。中国内地是第四次国际产业转移的最大受益者。除了承接亚洲“四小龙”的产业转移外，还以其广大的市场吸引了美、日、欧等世界主要经济体的大规模投资，制造业得以迅速发展，奠定了“世界工厂”的地位。①

从产业输出来看，20 世纪 80 年代，国际产业转移的主要输出国是美国、英国、日本、德国和法国，1982~1986 年，这些国家对外直接投资为 370 亿美元，占全球 FDI 总量的 65%，1987~1991 年，这些国家对外直接投资为 1270 亿美元，仍然占这一时期全球 FDI 总量的 65%。然而，1992 年后这五个国家的对外直接投资比重开始下降，其他发达国家也逐渐下降。

从产业承接来看，20 世纪 90 年代后，发展中国家承接的国际产业转移明显增多。1994~2005 年，FDI 流入发展中经济体、东欧和独联体的平均比重分别提高了 12 和 8 个百分点，其中东亚和南亚成为吸引 FDI 流向的主要地区。2005 年，东亚和南亚地区吸引的 FDI 达到 1650 亿美元，占全球的 18%，其中 2/3 流向中国内地和中国香港。

进入 21 世纪，发展中国家不断深度参与国际产业转移，其作为产业输出国的地位逐步提高。2000~2003 年，发展中国家的对外直接投资达到了 596 亿美元，占同期全球 FDI 流出总量的 7.65%，其中，亚洲的发展中国家和地区对外直接投资为 490 亿美元，在全球发展中国家 FDI 流出量中所占比重超过了 80%。2001~2003 年，新加坡对外直接投资占其国内资本形成的比重高达 36.3%，中国香港为 28.2%，印度和中国的这一比重也分别为 1.0%和 0.8%。

---

① 谢代银：《全球产业转移与区域战略抉择》，西南师范大学出版社 2008 年版。

从历次国际产业转移过程可以看出，产业的“迁徙”不仅是发达国家实现产业升级的动力，也使发展中国家在较短时间内获得了建立现代产业体系的重要外部支持。在主导产业的有序更替过程中，发达国家与发展中国家产业结构之间的互动性逐步加强。基于价值链上的产业分工已经成为国际分工的重要形式，从而大大提高了各个国家和地区之间产业结构的关联度和开放效应，形成了世界产业结构的大系统。国际产业转移的每一个阶段都与世界范围内产业升级有着密切的关系，具体地说：①国际产业转移一般由劳动密集型产业开始，逐步向资本、技术密集型产业推进；②国际产业转移的内容通常是已经标准化的技术和产品，或在转移国已经成熟的产业；③国际产业转移由加工装配开始，逐步向本土化生产过渡。然而，发达国家的产业转移目标总是从其自身的整体利益出发，而很少考虑转入国产业发展的大局。

世界经济发展的整体格局是一个不断演化的动态过程，也是一个从量变到质变的过程。从超级大国抗衡到日本、德国崛起，再到亚洲“四小龙”的腾飞，以及中国内地和东亚部分国家经济的快速增长，这些变化都是在世界经济运行的动态过程中形成的。在这一过程中，国际产业转移起到了至关重要的作用。从全球范围看，欧盟、北美、亚太经合组织是国际产业转移最明显的经济区域，这些区域内或区域间的产业转移深深地影响了区域自身及区域外经济的发展。[①]

从亚洲崛起的视角来看，国际产业转移促进了东亚经济的高速增长，使东亚地区迅速完成了工业化进程，从而彻底改变了近代史上东亚地区在国际分工格局中所处的不利地位。随着经济全球化和新一轮国际产业转移的发展，亚太地区逐渐形成了新的贸易分工格局。在新的贸易分工格局中，作为重要的加工生产基地，中国进出口迅速增长。这既扩大了世界商品市场的供给，也创造了巨大的需求，为推动世界各大区域间贸易发展发挥了重要作用。跨国公司以中国沿海大城市为核心，已经建立与全球生产链相连接的产业集群，国内、国际的资源和要素也已大量向珠江三角洲、长江三角洲和环渤海经济圈这三个地区集中，市场规模、生产链、企业群、城市群的良性互动越来越明显。随着新一轮国际产业转移的深化发展，中国将进一步强化世界制造中心的地位，在世界经济格局中的位置更

① 张自如、胡晖：《国际产业转移的演变及其对世界经济的影响》，《生产力研究》2007 年第 13 期。

为重要。

综合来看，国际产业转移是一个历史的动态过程，是世界各国之间因资源禀赋、区位、市场、产业配套环境、制度环境等因素的差异所形成比较优势动态发展变化的结果，其不仅代表物质资本运动的结果，还代表发达国家和发展中国家之间的经济关系变化，使国际经济关系建立在新的市场分工基础上，形成一种新产业贸易与投资的利益分配格局。归结起来，产品处于生产技术发展不同阶段对生产要素的需求量不同，形成的比较优势会随着产品生产要素密集度的变动而变化，促使某国的产业领先优势在科技知识密集的国家、资本和劳动力充裕的国家之间不断转移。国际产业转移使更多的国家和地区进入国际市场，从而扩大了国际商品交换的范围与规模，促进了世界贸易的增长。总结后的国际产业转移经验表明，在用户需求进入个性化阶段后，制造业就要从以“硬件（生产）”为中心转为以“软件（服务）”为中心。现代国际产业转移加快了世界各国产业结构的调整，促使工业制成品贸易在国际贸易中的比重不断上升，初级产品贸易的比重不断下降，并扩大了服务贸易的范围，国际服务贸易日趋复杂化、多样化和系统化，大大增加了服务贸易的增长潜力。[①] 国际产业转移促进了产业内分工的深化，产业内贸易可因此获得了迅速增长。

在更微观意义上考量，国际产业转移是企业战略性扩张的内在需要。国际产业转移主要是由跨国公司推动的，而跨国公司对外转移的资产并不仅仅局限于衰退产业。更多时候，跨国公司海外发展的决策更多的是基于战略层面的考虑，包括规模扩张、分散风险、在全球范围内发挥竞争优势以及与竞争对手争夺海外市场等。在微观视阈下，国际产业转移的主体是跨国公司，一方面，跨国公司为了在更大范围内发挥垄断优势，有必要进行水平型产业转移；另一方面，跨国公司为了维护其市场垄断地位，将部分生产工序和工艺迁到国外，从而形成了纵向转移。

如前所述，结合以上国际产业转移的实践和特征，我们可以总结出国际产业转移的一般规律：

（1）从类型来看，国际产业转移先是从劳动密集型产业的转移开始，进而到资本、技术密集型产业的转移。实际上，发达国家向发展中国家转移的首先是劳动密集型产业、产品、零部件，如轻纺、食品加工等，其表

① 白孝忠：《国际产业转移的新特点及其对全球经济的影响》，《江苏商论》2009 年第 5 期。

现是发展中国家出口加工区的普遍建立和“三来一补”贸易的发展，发展中国家出口商品结构也由初级产品为主转为劳动密集型产品为主。其后，发达国家向发展中国家转移资本密集型产业，如钢铁、机械、化工等，早期接受产业转移的国家和地位，成为新兴工业化国家，它们的现代工业部门已经大部分处于资本密集型阶段或重化工阶段。随着发达国家技术水平的提高和产业结构的知识化、高度化，发达国家在继续向发展中国家转移劳动、资本、技术密集型产业的同时，也开始向发展中国家转移成熟的中间型、非核心复杂技术工序和零部件生产。产业转移由劳动密集型产业转移为主向资本、技术密集型产业为主转变，产业转移在内涵上被赋予更多的技术含量。

（2）从主体来看，国际产业转移依次是从相对发达的国家转移到次发达国家，再由次发达国家转移到发展中国家和地区，是一种逐层推进的趋势。国际产业转移先以具备一定工业发展基础的国家和地区为重点，然后再扩展到其他国家和地区。赤松要的雁行经济发展理论就是对这一规律的形象描述，譬如以轻纺等劳动密集型产业为例，先是从美国转移到日本，又从日本转移到亚洲“四小龙”，接着又从亚洲“四小龙”转移到东盟四国和中国内地；再譬如消费类电子等技术密集型产业，先是美国凭借技术优势占据主导地位，接着日本迅速追赶，成为消费类电子产品的主要供给者，之后韩国紧随日本发展步伐，接替消费类电子产品的生产，目前中国内地的消费类电子产品的生产也已在世界市场上占据重要地位。

（3）从过程来看，国际产业转移通常都是从加工装配开始，经过资本、技术、管理经验等的积累，最终过渡到零部件和原材料的本地化生产，实现产业实体转移。纵观国际产业转移的发展史，发达国家向发展中国家的产业转移一般都是以加工贸易为开端，在发展中国家设立加工基地，输出装配技术和中间产品，再把最终产品销往世界各地。随着发达国家资本、技术、管理等要素向发展中国家的转移，以及发展中国家生产经营研发经验的积累，其技术水平不断提高，发达国家就会增加零部件和原材料等中间产品在本地的采购，这又刺激发展中国家零部件和原材料产品生产的发展，最终形成中间产品和最终产品都落户发展中国家的格局。此时，发展中国家可以说在真正意义上从发达国家手中接替了该产业，而且相关的技术、管理经验和市场渠道也实现了转移和接替，完成了产业的升级。此时，发达国家已压缩或淘汰了这个产业，发展了技术含量更高的新产业。

(4) 从技术来看，国际产业转移的技术水平通常都是进入标准化产业阶段的技术。此时产品的技术趋于稳定，研发投入很少，成本优势成为竞争能力的主要制约因素。从产品生命周期来看，一种产品的寿命可以分为三个阶段，即产品的“崭新”阶段、“成熟”阶段和“标准化”阶段。在产品的“崭新”阶段，企业具有选择在国内生产的倾向，因为这一阶段产品的需求价格弹性很低，企业具有垄断优势，在国内生产可以不断改进产品并保持同顾客和供应商之间的密切联系，对国外市场的需求主要采取出口贸易的形式；在产品的“成熟”阶段，由于生产技术趋于成熟，产品基本定型，产品出口量急剧增加，生产技术扩散到国外竞争者手中，仿制品开始出现，出口商品的边际生产成本加上运输成本逐渐接近并超过进口市场的预期平均生产成本，竞争开始转向了生产成本方面，因此创新国家的企业需要到与本国需求类型相接近的国家投资设厂，以降低生产成本，维护其占有的市场份额；在产品进入“标准化”阶段以后，企业所拥有的垄断优势已经消失，竞争的基础仅仅是价格的竞争，其结果是产品的生产或装配业务逐渐转移到劳动成本低的发展中国家，原来的发明国则转为从国外进口该产品。因此，当国际产业转移最终完成时，该产业的技术已经成为一种标准化的技术，产业转入国依靠的主要是低成本的竞争力，而发达国家则投资于新的产品研发。事实上，在产品处于“成熟阶段”和“标准化阶段”时，发达国家已经开始了进行其他新产品的创新和生产。

二、21 世纪以来的国际产业转移趋势

有别于传统产业转移，新经济时代的到来以及科技的发展和经济全球化的推进，使得 21 世纪的国际产业转移呈现出一些新的特点和趋势：

(1) 国际产业转移中对于第三产业的投资成为新热点。传统的直接投资，受追求低廉劳动力要素成本或质高价廉原材料、能源、中间性产品等动因驱使，或者是以获取更大幅度产品增加价值为基础的销售收益和资本收益最大化为直接投资目的，长期以来在传统产业直接投资指向上，无论是发展中国家、还是发达国家，大多以制造业和采矿业为对象。但 20 世纪 90 年代以来，随着发达国家的传统制造业向发展中国家转移过程的接近尾声，投资方式已经从以产业结构转换导向型投资和资源开发导向型投资为主向技术创新导向型投资和产业国际转移型投资转变，研究开发、高

端服务产业对外直接投资额迅速增加，投资比例大幅增加。[①]

（2）国际产业转移过程中已出现发展跳跃性。在过去的国际产业转移中，跨国企业的国际化的发展进程带有线性推进的特征。大多数企业都是遵循着产品生命周期的顺序开始其国际化的。但随着世界经济全球化的不断深入和竞争的驱动，越来越多的企业日益重视采用新的技术与新的市场进入方法。在跨国公司生产经营链条国际分工的前提下，价值增值链的任何部分均可安排在能为提高公司整体业绩做出最大贡献的区域。许多老牌制造业和服务业跨国公司通过缩短贸易、技术转让、投资转向等方式直接跃向对外直接投资，国际化进程加快。兼并和收购使跨国大企业跳跃式发展变得更为简便易行。实现国际化发展可以从跨国公司体系内的任何区域开始，不再仅限于母国。地处国外的子公司也可以从事发明和生产活动，其获得产品管理与营运的授权，为整个公司体系负责某一产品、产品群或企业行为（包括研究、开发与营销在内）的全部事项。

（3）国际产业转移中生产外包已经成为重要方式。在这一过程中跨国公司将非核心制造环节外包转移给具有专业能力的外部供应商，然后通过外购获得这些产品。从产品价值链看，跨国公司所控制的价值增值环节集中于少数具有相对竞争优势的核心业务，而把其他低增值部分及简单生产加工外包给发展中国家的供应商。20 世纪 90 年代以来，欧美企业生产外包规模年增长率达到 35%。越来越多的跨国公司通过外包将生产基地转移到发展中国家，譬如松下、西门子、飞利浦、可口可乐等。在生产外包中，最主要的是 OEM（原厂设备制造）的形式。从产品供应者角度来说，是按照对方的要求生产对方品牌并由对方负责销售的交易形态；从产品购买者角度来说，是外包生产并以己方产品形式提供给市场的行为。OEM 将供应方的制造优势与购买者的销售网络、品牌优势等结合起来构成了产品的整体竞争优势，给产品供求双方都带来了实际利益。在这种形式的国际产业转移中，日本与欧美企业 OEM 交易的对象主要是技术密集型、高附加值的产品，而且产品的流动是双向的、交互的；日本与亚洲“四小龙”之间 OEM 的交易对象主要以中等技术含量、标准化生产产品为主；日本与东盟国家以及东亚后发展国家和地区之间 OEM 的交易对象则是一些劳动密集型、标准化生产的产品，且产品流动是单方面流向日本的。

① 原小能：《国际产业转移规律和趋势分析》，《上海经济研究》2004 年第 2 期。

（4）国际产业转移过程中出现产业供给链整体搬迁的趋势。由于跨国公司社会化协作程度高，横向联系广，一家跨国公司的投资往往会带动一批相关行业的大量投资。随着竞争的加剧，跨国公司不再遵循传统的产业转移时间阶段进行投资，而是主动地带动和引导相关投资，鼓励其海外供货商到东道国投资，加大零部件供给当地化战略的实施力度，发展配套产业并建立产业群，将整条产业供应链搬迁、转移到发展中国家。除此以外，为了充分利用东道国的各种资源，同时使自己的生产充分适应全球市场的不同需要，跨国公司除了转移传统的制造业外，对其他生产经营环节如研究与开发、设计、中试和公司总部等，也开始向其他地区转移。譬如，自 2000 年以来，赴中国大陆投资设厂的台湾半导体厂商，从上游设计，到中游制造，到下游封装测试，再到 IC 的通路模组，关联产业都已相继投资大陆，形成了完整的产业链和供应链体系。这种新的产业转移趋势是伴随企业规模的不断扩张以及区位条件的变化而出现的，它将有利于提高企业的资源配置效率，提升产业整体的市场竞争力。

（5）国际产业转移正逐步演变为增值环节的梯度转移。作为国际产业转移的主体，跨国公司的生产链条不仅限于制造过程，而是广义的增值过程。在制造业领域，这种增值过程包括从研发、制造、销售到售后服务的各个环节；在服务业中，增值过程更是贯穿于提供服务的全部阶段。当前，跨国公司的产业转移是基于其全球价值链进行的，全球价值链分为三个环节：一是技术环节，包括研究与开发、创意设计、生产及加工技术的提高和技术培训等分环节；二是生产环节，包括后勤采购、母板生产、系统生产、终端加工、测试、质量控制、包装和库存管理等分环节；三是营销环节，包括销售后勤、批发及零售、广告及售后服务等环节。在价值链分解的基础上，每一个企业只能根据自己的核心能力和优势资源，从事价值链上的某一环节或某一工序。在生产全球化的背景下，跨国公司要在全球范围内寻求资源的最佳配置，它们必然寻求在成本最低的国家或地区去组织生产，因此就会按照不同国家彼此之间的特点和优势，分别把各个环节转移到最能增强其竞争优势的国家和地区中去。

大量实践表明，国际产业转移的发展为国际分工的延伸和扩展创造了更为有利的条件，同时又对国际分工方式提出了更高的要求。新一轮国际产业转移突破了要素和产品的传统界限，增加了价值链的分工环节，国际分工也随之不断深化。同时，国际产业转移促使国际分工转向企业内部产品分工和要素分工，呈现出产业间分工、产业内产品分工和要素分工并存的新模式，跨国公司成为国际分工的微观主体。在国际产业转移过程中，发达国家凭借先进的技术和完备的创新体系优势，在国际分工格局中掌握主动，而发展中国家主要以劳动要素参与国际分工，致使其对外来的资本和技术有着较强的依赖性。

在金融危机、债务危机影响下，全球国际产业转移规模大幅缩减。自2008年美国金融危机爆发以来，全球国际直接投资大幅度下降。据联合国贸发组织的数据显示，2008年，全球FDI（对外直接投资）流入量为1.697万亿美元，比2007年下降了14%。2009年，全球FDI总额为1.04万亿美元，同比下降38.7%。发达国家吸收FDI下降41.2%，发展中国家下降34.7%。根据OECD（经济合作与发展组织）的统计，2009年全球企业跨国并购总额仅为6000亿美元，比2008年下降56%，为1995年以来的最大降幅。2009年，全球新设立外商投资企业同比下降14.83%；实际使用外资金额900.33亿美元，同比下降2.56%。

长期以来，美国、中国是吸引外商直接投资排在全球前两位的国家，受金融危机影响，中国也出现了FDI存量减少的情况，但受影响程度明显低于其他国家。从2008年10月开始，中国FDI连续出现长达10个月的环比负增长，外商撤资现象在东部沿海地区比较严重。

金融危机后，国际产业转移的主要趋势包括以下方面：

（1）国际产业转移更重视转入国市场消费需求。金融危机爆发后，发达国家超前消费力量的消失，导致世界生产加工能力过剩。各国纷纷采取刺激消费政策，但是又防止本国的消费力量被外国占据。中国等新兴工业化国家由于城市化进程加快，具有庞大的消费潜力和市场规模，因此成为各国扩大消费出口的焦点。未来几年，国际产业转移将以满足转入国消费市场需求为主要特点，将大量生产满足消费需求的最终产品，国际产业转移的最终产品特征日益明显。

（2）研发中心伴随国际产业转移。研发和创新在市场竞争中的地位日益重要，转入国竞争优势的增强，迫使国际产业在转移过程中，加强研发和创新能力的转移。随着竞争日趋激烈，研发中心的研发能力和层次需不断提高，才能立足于转入国，并成为转入国创新体系的重要组成部分。从短期来看，一些跨国公司为控制成本而将主要研发机构撤回本国，但从长期来看，随着这些跨国公司以满足转入国市场消费为目标的生产再次转移，更多地开展前沿技术和基础研究，更具有核心竞争优势和技术含量的研发机构将再次向转入国转移。

（3）新兴产业成为国际产业转移的热点。20 世纪 90 年代以来，围绕传统产业的国际产业分工体系已经基本完成，国际产业转移的新增长需要依靠新兴产业。国际产业转移领域呈现两个特征：第一，受到市场因素影响，传统产业国际转移总体规模不会有大的变化，但是由于世界传统制造业成本条件的变化，将呈现从发展中国家再向后发国家转移的态势。第二，围绕新兴产业发展进行全球布局，新兴产业的国际转移将成为新热点。以获取和利用技术为特点的产业转移更加明显，高技术以及新兴产业成为外资并购热点领域之一。

随着经济全球化的不断深入，为把创新优势迅速转化为产业竞争优势，世界各国都把突破核心关键技术、推动新兴产业发展，作为培育新的经济增长点和掌握未来发展主动权的调整战略。发达国家和新兴经济体都确定了新兴产业的重点领域。尽管很多新兴产业还处于科技突破和推广应用的重要阶段，但各国围绕新兴产业的国际布局和争夺已逐渐展开。战略性新兴产业的国际转移，以加工基地转移为主要特征。从实际来看，在高技术产业方面，外资在我国高技术产业的并购主要集中在电子、IT 和医药制造业等规模较大、发展迅速的领域。经过连续几年的高速增长，我国已成为全球最大的太阳能电池和组建生产国，以及世界最大的风力涡轮机生产国。2009 年，太阳能光伏电池产量占世界太阳能光伏电池总产量的 39%。因此，我国在承接新兴产业加工制造环节的转移方面具有优势。

（4）更多地围绕能源和原材料优势进行产业转移。能源和原材料作为要素成本，一直是影响国际产业转移的重要因素。金融危机爆发后，虽然原材料和能源价格下降，但是，围绕原材料和能源的争夺却更加激烈。全球各国都认识到原材料和能源对于产业发展的重要意义，因此围绕能源和原材料控制的博弈进一步加强。从原材料出口国来看，对提高产品附加值的需求日益迫切，客观上存在相关加工产业向这些地区集聚的趋势。①

在后金融危机时代，美国、日本和德国、法国为代表的欧洲国家，先后实施再制造业化战略，力图在技术装备、高附加值、高科技含量产品生产上进一步扩大与中国这样的发展中国家的差距。与此同时，以互联网、

① 陈宝明：《国际产业转移新趋势及其对策》，《学习时报》2010 年 10 月 18 日。

新能源为代表的第三次工业革命正在兴起，发达国家可以凭借自身的优势，进一步扩大与新兴市场经济体的差距。

在可以预见的未来，全球制造业领域中，高端制造业的竞争会越来越激烈，欧美走向“制造业回归”；中国将从中低端制造业往高端发展；日韩也会加强高端制造业。在中低端制造业上，迫于成本压力，企业会向人力、土地等成本更低的地方转移，比如向中国的中西部或成本更低的东南亚地区。未来欧美将通过加强高端制造业，如新信息技术、飞机制造、新能源等领域，依靠创新，达到重振制造业的目的。目前，部分欧美发达国家已经出台了以上领域的产业振兴规划，成功的关键是打造新的工业化模式，抢占战略性新兴产业模式的制高点。

目前，中国制造业的主体是代工企业，长期以来没有形成自己的核心竞争力。随着世界经济范围内外部冲击的影响，中国制造业在全球的地位可能会被动摇。因此，需要中国的产业建立起企业主导技术创新的体制机制，建成更臻完善的技术创新体系，大幅度提升企业创新能力，培育一批创新能力、规模与品牌位居世界前列的创新型领军企业。

世界经济增长放缓的趋势促使各国加快结构调整，这使得中国产业发展面临着更为严峻的外部挑战。中国的产业要缩小与制造业发达国家在生产技术方面的差距，必须加快技术创新。现阶段，中国产业面临的问题，主要在于产业结构不合理，三产比重过低，以及产业分布地区不均衡。目前，中国产业升级面临四大挑战，即缺乏自主知识产权的关键技术、产业转型面临较大国际竞争压力、正确处理产业结构升级与就业的关系存在较大难度、产业结构升级面临的体制机制障碍。

全球范围内产业结构调整加快亦为中国产业升级带来机遇。受金融危机的影响，全球产业链开始出现新的变化：新一轮产业转移，与前几次的产业转移都是单方向由上往下的转移，即由经济发达国家向新兴发展国家的转移不同，本轮转移出现了双向的转移。在这种情况下，新技术、新产业不断出现，国际产业转移呈现一些新趋势，中国产业升级在这一过程中有着机遇与挑战。

在宏观视角上审视，当前的国际分工格局中，发展中国家处于十分不利的处境，而且随着世界范围的产业结构调整和产业转移的深入发展，未来国际分工的基本格局不会发生根本性变化，发达国家在即将到来的知识经济时代仍然将在信息产业、新材料产业、生物技术产业和新能源工业中占有技术上的优势，从总体上看广大发展中国家在这些领域仍然无法同发达国家抗衡。在新型国际分工格局下，国际产业转移进程中一个国家或地区国际分工地位的提升，将主要表现为产业链条或产品工序所处地位及增值能力的提升上。发展中国家应在这一方向上不断努力，改变在国际产业转移中的不利地位。发展中国家在将发达国家转移的产业与本国的比较优势相结合，大力发展当前本国优势产业的同时，要主动发展本国独立的创新体系，挖掘本国潜在的比较优势并着力使其变为现实的比较优势，既要实现本国现实比较优势，又要利用 FDI 帮助本国挖掘潜在比较优势，以实现本国产业结构的持续优化和创新发展。

随着经济全球化的不断扩张和国际产业转移的深入进行，国际产业转移中多国家、多层级、多领域转移的趋势日渐明显，发达国家和新兴工业国共同成为向外进行产业转移的主体力量，国际产业转移的整体层次不断提高，产业转移中的结构高度化趋势加强。与之相对应，在后金融危机时代，还出现了处于产业梯度顶端的国家进行产业转移后容易出现产业升级停滞，发达国家对制造业保护有所抬头，污染性产业的转移等系列问题。这些国际产业转移发展的新趋势和新特点，以及 SA8000 标准认证在全球范围内实施的影响、出口退税率调整对出口结构及产业结构优化的影响、高级技工等熟练劳动力存在较大缺口、市场饱和态势对我国承接国外产业转移产生不利影响等新问题，都会对我国制造业参与国际产业转移产生诸多影响，对以上问题必须予以充分关注和重视。

第二节　国际产业转移的经验借鉴

一、日本的经验

“二战”后，日本的经济腾飞奇迹为世界各国所瞩目。究其原因，日本能在短短几十年时间里以后发优势赶超发达国家，除了选择适合日本本国经济发展的主导产业外，就是从 20 世纪 60 年代开始，在主导产业更替过程中将国内的“边际产业”转移到东亚其他发展中国家，为本国的新主导产业腾出空间。从现实来看，随着日本主导产业依次由劳动密集型向资本密集型、技术密集型及知识密集型过渡，东亚地区产业呈梯度转移的格局与日本的产业梯次传递密切相关。在20世纪50年代的国际产业转移浪潮中，美国在其确立了全球经济和产业技术的领先地位后，率先进行了产业结构的调整与升级。这一时期美国积极发展资本密集型重化工业，同时对日本、西德、加拿大等国进行海外投资和资本、技术输出。日本则承接美国资本密集型产业的转移，在技术引进的基础上不断改进、创新，加快了经济的高速增长，大大加快了工业化进程，工业产业的竞争力迅速提高。日本通过承接产业转移发挥后发优势，使其成为东亚国家摆脱贫困的“领头雁”，形成了东亚产业的梯度传递，创造了“东亚奇迹”，是从国际产业转移中受益最大并由此跃入发达国家行列最具代表性的国家。

从日本承接国际产业转移的实践来看，其立足本国实际，制定持续性的产业政策，以准确选择并适时更替理想的主导产业是一个最基本的经验。在承接欧美产业转移过程伊始，日本处于工业化初期，整体工业都比较落后，而劳动力成本则较低，因此制定合理的产业政策，承接了发达国家转移出的劳动密集型产业，并在生产规模扩大、生产成本下降后，成为世界市场劳动密集型产品的主要供给者。在这一时期，日本先后通过承接劳动密集型、资本密集型和技术密集型产业转移，并在“二战”后的几十年中崛起成为世界经济强国。20世纪80年代，日本经济快速发展，国内劳动工资和生产水平迅速提高，劳动密集型轻纺工业在国内逐步失去发展的优势，因此日本开始通过对外直接投资把劳动密集型轻纺工业转移到劳动力成本比本国更低的韩国、中国台湾等周边发展中国家和地区，而在国内着重发展重化工业。这一时期日本国内产业结构则从劳动密集型轻纺工业为主向以重化工业为主逐渐转变。20世纪90年代，欧美发达国家已处于工业化后期，部分国家开始进入工业经济向知识经济转型阶段，产业结构发生变化，第二产业在国内生产总值中比例下降，第三产业在国内生产总值中比例明显上升。在第二产业内部，传统重化工业中的钢铁、化工、汽车、机械等行业开始进行国际转移，而技术密集型的计算机、通讯设备、生物化工等高技术产业在国内迅速发展。同期的日本则实现产业政策的导向转变，经过资本积累和技术赶超，大力发展微电子、信息技术等技术密集型产业和第三产业，使国内经济结构从以工业制造业为主向以第三产业为主的结构转变，并把化工、机械、电子等产业转移到亚洲“四小龙”。综合来看，无论是日本经济的成长还是日本制造业的发展，都与参与国际产业转移的产业政策密切相关。

从日本承接国际产业转移的经验来看，产业政策的导向作用非常重要，其对于一国产业结构调整和优化起着重要作用。产业政策的导向变化要符合国际产业转移的现实需要，譬如20世纪50~70年代初日本的产业政策以吸引、承接美国产业转移为主，而20世纪70年代后则以向亚洲“四小龙”、中国内地、东盟等国家或地区进行产业转移为主。我国应借鉴日本的经验，在产业转移中充分发挥产业政策的引导作用。我国应根据国际产业转移的新趋势和特点来制定产业政策，理清产业转移对接的重点。一是对于我国具有“比较优势”的制造产业，要大胆实施“走出去”的发展战略，使之尽快成长为具有国际竞争优势的全球性产业，譬如对于服装纺织产业和消费类电子产业等劳动密集型产业来说，我国不仅有着劳动力成本的优势，而且还有一定生产技术和产品质量的优势。因此，要在大力推动企业跨国经营、扩大产品出口的同时，积极鼓励企业在国外办厂，开展境外加工贸易，使这类产业逐步成长为具有国际竞争优势的全球性产业。二是对于我国具有高成长性和较大市场空间而又缺乏技术优势的产业，要更大胆地实施“引进来”的发展战略，把引进国外先进技术和自主创新结合起来，实现我国制造业的跨越式成长。三是对于我国飞机制造、半导体、计算机及信息通讯类产品等技术密集型产业来说，要在引进产品的同时重点引进相关产业和技术，逐步引导国际跨国公司在我国设立制造基地和研发中心。要充分利用好国外资源，最大限度地吸收国外制造业的一切先进技术成果，集中优势力量在重点领域进行突破，加快培育一批高端新兴制造产业和新经济增长点。

日本承接国际产业转移的经验还在于，在经济全球化背景下，我国应充分利用国际产业转移规律，抓住全球产业结构调整和转移的机遇，主动承接国际产业转移，并根据比较优势的变化适时向国外进行产业转移，这是未来我国制造业发展的必然选择。从实践来看，产业跨国转移已成为世界经济发展和各国产业结构升级的必然趋势和重要动力，也是我国制造业优化结构、提升产业竞争力的必要途径。当前我国正处于工业化中期阶段，制造业门类众多，技术和产业梯度水平各异，因此，我国应充分利用本国制造业与发达国家、发展中国家的产业梯度差距，把握重要的战略机遇期，更加积极主动地承接国际产业转移，并逐步加快向国外进行产业转移。

二、韩国的经验

在经济起飞之前，韩国国土面积狭小、资源储量匮乏、资本资金短缺、工业基础薄弱，是一个典型的农业小国。在 20 世纪 60 年代初，韩国的人均国民生产总值只有 83 美元，处于最不发达国家之列。但经过 20 世纪 60~80 年代的高速发展，韩国完成了英、美、日等发达国家需要半个世纪乃至一个世纪才能实现的工业化进程，世界各国誉之为“汉江奇迹”。

韩国能够快速实现工业化的深层原因在于其国内产业的不断升级，而这种升级则是依靠日本、美国等发达国家不断向其转移已失去比较优势的产业来推动的。在 20 世纪 60~80 年代，韩国大规模承接了国际产业转移，通过产业承接带动了国内的产业升级和经济腾飞。韩国承接国际产业转移主要分为三个阶段：第一阶段主要集中在 20 世纪 60 年代，韩国承接产业主要是以劳动密集型轻纺工业，重点是引进劳动密集型产业的设备和技术，外商直接投资则很少，属贸易主导型的产业承接，这一时期外国政府的技术援助也发挥了重要作用：仅 1962~1966 年 5 年间，美国提供的技术援助便达 12 项，日本提供的技术援助也达 10 项，多为劳动密集型的轻纺工业项目，也属于国际产业转移的范畴。第二阶段主要在 20 世纪 70 年代，韩国承接产业门类以资本密集型重化工业为主，涉及钢铁、造船、石化等重化工业，以引进设备、技术为主，外商直接投资为辅，总体看仍属贸易主导型产业承接。第三阶段则在 20 世纪 80 年代，韩国承接产业门类以兼具资本和技术密集型的产业为主，包括电气电子、化工、运输机械等产业，技术、设备引进与外商直接投资并重，助推了外商直接投资逐渐占据主导地位，使之成为韩国承接国际产业转移的主要途径。

综合来看，韩国承接国际产业转移的经验主要有以下方面：

（1）把握重要战略机遇，选择适宜主导产业。韩国及时把握了国际产业转移的动向，做到与全球产业结构的调整、升级紧密相连。20 世纪 60~80 年代，全球经济的分工和产业结构发生重大变化，譬如 20 世纪 60 年代美、日等国家将纺织、服装等轻纺类劳动密集型产业或部分耗能多、污染严重的行业向国外转移；20 世纪 70 年代石油危机冲击下，发达国家开始发展能源消耗较少的知识和技术密集型产业，化工、造船等重化工业则向国外转移。韩国则抓住了这些机会，先后承接了国际产业转移，实现了国内产业结构的升级。除此之外，随着国际产业转移承接逐步深入、国内相关产业的壮大及产业结构的优化，韩国及时将在本国市场上已无优势的产业向东盟等周边国家转移，使产业转移呈现区域间双向互动的局面。

（2）强化基础设施建设，配套完善健全的物流服务体系。在实践中，一国的物流配套服务在产业转移承接和经济发展中具有重要地位。20 世纪 60 年代以来，韩国政府投入大量资金用于铁路、公路、港口、电力和通讯等基础设施建设，使基础设施建设得到迅猛发展。1961~1991 年，韩国国内铁路里程增加 40%，公路里程和港口吞吐量实现成倍增长，电力和通讯设施的改善更是巨大。这些都为承接国际产业转移创造了良好的基础条件。除此以外，为节约基础设施建设、解决物流成本高的问题，韩国政府还实施工业联合体政策，即按照现代化、集约化、专业化的要求，为大多数企业提供特定生产区，在这一时期韩国共建成了 9 个工业联合体，在承接国际产业转移过程中发挥了重要的载体作用。

（3）大力提升本国劳动力素质，为产业转移提供充足智力保障。承接国际产业转移离不开智力支持，在提供智力支持方面，韩国政府主要采取以下措施：一是在财政资金非常紧张的情况下，仍重视教育投资，努力确保教育投资增长速度超过经济发展速度。1960 年韩国政府的教育投资占国民生产总值比例为 2.6%，1970 年增至 2.9%，1980 年达 3.3%；1960~1970 年政府教育投资弹性系数为 1.12，即国民生产总值每增长 1%，教育投资增长 1.12%；1970~1980 年，政府教育投资弹性系数与 60 年代相比有所增长，为 1.14%。二是在不同阶段确定不同的教育投资重点。譬如在 20 世纪 70 年代，为满足发展重化工产业对人才的需求，政府扩大了理工院校的入学人数，从 1973 年的 26000 人增加到 1980 年的 58000 人，中等专业学校的入学人数翻了一番，高等专业学校的入学人数增长了 5 倍。

（4）制定落实得力政策，为产业转移提供综合政策支持。在承接国际产业转移过程中，韩国政府的政策导向与行政功能发挥了极为重要的作用。为提高行政管理效率、降低政府的行政成本，韩国于 1961 年 7 月成立了经济企划院，由一名主管经济计划的副总理领导，集合了经济、法律、公共管理等方面专家，专门负责经济发展计划和政策制定，强化政府对经济发展的协调、组织和领导，并于 1962 年开始连续实施了六个“经济开发五年计划”，结合国情及国际产业转移的动向，从宏观上为产业承接和发展提供有力指导。韩国的对外引资政策主要包括引资方式、外资投向、相关优惠政策等，政府通过各阶段实施不同的外资政策，确保外资的投向准确地体现政府的政策意图。在经济发展初期，韩国政府在引进外资方面非常重视“自立化”问题，20 世纪 60~70 年代以借款为主，到 80 年代以后外商直接投资才开始占据主要地位。在外资投向上，一般以政府经济开发计划规定的重点行业、产业、产品为主。在外资立法与优惠政策方面，韩国 1960 年 1 月第一部《外资引进促进法》对外资的引进和使用从政策与法律上进行规定，明确了外商直接投资的免税期、与国内企业的平等待遇及汇付利润和撤资的担保等条件。韩国 1966 年又公布了新的《外资引进法》，鼓励外商以直接投资或合作投资的方式来韩国投资。20 世纪 80 年代，韩国政府在引资方式上倾向于吸引外商直接投资，因此通过修改外资立法，提高了外资的投资比例，大大扩展了外国人可投资的领域，而产业导向则更加明显，取消外资统一税收优惠政策，只对高科技或引进大规模资金的企业、设在自由贸易区符合要求的企业给予税收优惠。从实际来看，韩国政府外资政策的不断调整和完善为顺利承接国际产业转移提供了政策支持。

（5）协调对外引进与自主创新良性互动。韩国对国际产业转移的成功承接很大程度上得益于引进发达国家的通用化或标准化技术。在这方面，韩国政府妥善处理了技术引进与创新的关系，使本国企业从模仿起步，逐步实现从技术追赶到自主创新的跨越，进而推动了国内产业的升级。20 世纪 60 年代，由于韩国国内企业自主创新能力很低，政府制定的科技政策主要着重于技术引进、消化和使用。20 世纪 70 年代，韩国政府对技术研发给予高度重视，譬如政府投资 48 亿美元于 1974 年开始建设“大德科学城”，为研究机构提供配套的基础设施服务，创造一个科技人员交换信息的知识社区。20 世纪 80 年代，韩国又提出“科技立国”战略，通过财政和税收等政策来支持企业的技术创新。韩国于 1981 年修改了商业税法，规定私人企业用于研究开发的费用可减免 10%的税额；为科研活动购买的房地产可免征地方税，在韩国工作的外国技术人员可免缴所得税，为科研进口的设备和物资可降低关税，降低新技术产品的消费税等。这些措施协调处理了韩国对外引进与自主创新良性互动的重要关系，产生了良好的国际产业转移效果。

通过以上分析可以看出，韩国承接国际产业转移的诸多经验给我国带来以下方面的启示：

一是在项目选择上以承接高科技产业为主、劳动密集型产业为辅。一方面，我国应紧密围绕新一轮国际产业转移的核心——高科技产业进行承接，有重点地选择东部发达地区部分城市，将其培养成为电子信息产业和生物药业等高科技产业集聚基地。另一方面，我国中西部地区由于劳动力资源相对丰富，因而承接劳动密集型产业仍将是今后一段时期的重点。除此之外，下一轮技术革命的突破口很可能是生物或纳米技术，并将引发新一轮产业革命，创造新的市场需求和产业转移。因此，对生物或纳米技术产业的承接，我国应在产业规划上体现出超前的远见。

二是以物流配套服务有效降低物流成本。韩国的经验表明，良好的物流配套服务是承接国际产业转移的基础条件。因此，我国应继续加大投入，完善基础设施建设。在投资方式上可采取多种形式，譬如独资、民间融资、土地置换等，通过加强以交通、通讯为重点的基础设施建设，全面构筑铁路、公路、航空、水运等立体式国际化交通网络，降低产业转移和产业发展成本，增强对经济长远发展的支撑和保障能力。除此之外，在借鉴韩国工业联合体建设经验的基础上，我国地方政府应按照“行政效率最高、社会服务最优、交易成本最低”的标准建设与完善各类园区，使区域空间上的产业转移示范园区成为承接产业转移的重要载体和平台。

三是努力提高经济主体素质，为承接国际产业转移提供良好的人才基础。我国应继续加大对产业发展中的基础教育和职业教育的投入，加大对劳动力的培训力度，不断提升各地区的人力素质。还应进一步创造人才流动的良好机制，对企业急需的各类人才，应实施灵活多样的引进机制，以技术咨询、科技合作、技术援助等方式，并辅以人才引进的“绿色通道”，吸引大批国内外人才的流入，从而为承接国际产业转移提供充足、坚实的智力基础保障。

四是根据国际市场变化不断创新引资方式。日趋激烈的国际市场竞争已由国与国之间的企业竞争演变为整个生产体系、供应链间的竞争，在实践中表现在国际产业转移时，呈现出产业组团式、系统转移的特征。因此，我国在招商引资时，应充分考虑新一轮国际产业转移的特点，创新区域经济发展引资方式，努力推动组团式引资和产业链整体引资，实现引资的灵活性和吸引力。我国已有的部分引资优惠政策也应逐步转型，只对高新技术等确实需要的重要产业或项目给予真正意义上的优惠待遇，并使之与项目效益结合起来，真正发挥引资优惠政策的功能。

五是努力促进国外技术引进与企业自主创新同步进行。韩国在承接国际产业转移时，经历了一条从技术引进、模仿到独自研发、创新的道路，为技术起点低的国家和地区提供了技术升级的经验支撑。我国应通过制定新的科技政策明确技术引进的相关规定，对产业转移中涉及的低档次技术，应以企业自主研发或改良、提升为主；在引进高层次技术的同时，要鼓励企业尽快吸收、消化，进而实现独自研发和创新。基于此，我国中央和地方政府要加大对企业研发的支持力度，鼓励企业组建技术研发中心，促使企业逐步成为技术研发的主体；同时，加强对国内重要科研院所的扶持，并与企业共同进一步提升“产学研”一体化建设的水平，实现优势互补，不断强化本土企业的研发和创新能力。

结合韩国承接国际产业转移的经验，我国在吸收国际产业转移过程中，要根据比较优势的变化不断调整参与国际产业转移的定位。当前国际产业转移较之以往的不同之处是：发达国家在继续向发展中国家转移劳动密集型产业的同时，开始向发展中国家转移资本密集型和部分技术密集型产业，尤其是向少数发展中国家转移高技术产品生产过程中某些工序，这样的现象并不少见。因此，我国应充分发挥劳动力资源丰富的比较优势，把一部分具有优势的制造业以新技术进行改造、提高，逐步提升劳动密集型产品的技术含量，形成新的制造业技术优势；同时，大力发展技术含量高的资本密集型产业，以及高新技术产业中的劳动密集型生产环节。在发挥比较优势的同时，又不能被比较优势和要素禀赋条件所束缚，要具备长远的战略眼光，发挥后发优势，打破对国际比较优势条件的被动适应和对产业结构的被动调整，通过吸收国外产业转移和跨国投资，与有资金、有技术的大型跨国公司合作，把国外成熟的高技术和资本密集型产业吸引进来，逐步向核心技术领域推进，使国内高新技术产业跟得上国际市场技术更新发展的潮流，实现我国在国际分工体系中的新的制造业比较优势。

第三节　国际产业转移引致的区域福利效应

一、发达国家产业转移的区域福利效应

20 世纪 50 年代，美国凭借其科技和经济发展水平的全球领先地位，积极发展资本密集型重化工业，同时对日本、联邦德国、加拿大等国进行

海外投资和资本、技术输出。在这一阶段，日本、联邦德国因为承接到美国的传统产业，加快了本国的工业化步伐，建立起比较完善的国民经济体系，经济获得空前发展，国民福利走出了“二战”以来的低水平、低层次，实现了向高水平、高层次的跨越。

20 世纪 50~60 年代，日本通过承接美国转移的纺织业等劳动密集型产业，大幅度增加了本国就业人数，提高了家庭月平均收入。从表 3-1 可以看出，1965~1970 年，日本的家庭户均月收入增加了 79.7%，家庭户均月工资收入增加了 73.6%，家庭户均月社会保障收入增加了 66.4%，家庭福利水平得到了很大的提升，增速远远快于“二战”后的初期水平。

表 3-1 日本家庭月平均收入

单位：日元

类型＼年份	1965	1970	1975	1980	1985	1990
家庭平均人口数	4.13	3.90	3.82	3.83	3.79	3.70
家庭户均月收入	96096	172694	364774	563465	753309	926965
家庭户均月工资收入	60739	105468	222455	330587	419610	490625
家庭户均月社会保障收入	396	659	1586	3375	6171	12826

资料来源：历年《国际经济统计年鉴》。

随着产业的转入、经济发展水平的提高，日本的财政收入也随之大幅增加，政府福利得到明显改善，如表 3-2 所示。

表 3-2 日本政府财政收入

单位：十亿日元

类型＼年份	1980	1985	1988	1989	1990
总收入	27893	40262	52082	55762	62146
经常收入	27831	40104	51928	55486	61961
税收收入	26392	38190	49024	52337	58730
公司利润	19722	26963	34762	39472	42859
财产税	665	1601	3861	3493	2793
货物和服务税	5796	7558	7763	6661	10471
国际贸易税	656	668	727	736	827
其他税	840	1400	1911	1975	1780
非税收收入	1439	1914	2904	3149	3231
资本收入	62	158	154	276	185

资料来源：历年《国际经济统计年鉴》。

20 世纪 50~60 年代，日本的重要主导产业——纺织业，属于典型的劳动密集型产业，对于劳动力的需求量比较大。当时，由于人口自然增长率逐渐下降，而且重工业已经在高速增长期吸收了大量的劳动力，所以日本国内出现劳动力短缺的局面；1960 年，日本政府又制订和出台了国民收入倍增计划。这些因素大大提高了劳动力的价格，使得日本国内工资水平上升较快。

二、发展中国家产业转移的区域福利效应

20 世纪 60 年代的国际产业转移过程中，美国、日本把纺织、服装等轻纺类劳动密集型工业和部分耗能多、污染大的重化工业，逐渐转移到亚洲“四小龙”国家和地区。这些国家和地区获得了相对先进的技术和工业化机会，弥补了经济发展中的资金缺口，使其丰富的自然和劳动力资源得到了充分利用，实现了经济的快速起飞。东亚经济的高速增长，使东亚地区迅速完成了工业化进程，经济高速增长，居民收入水平、社会保障、政府服务等福利水平有了层次上的提高，基本达到了发达国家的福利水平。

20 世纪 80 年代以后，亚洲“四小龙”等新兴工业化国家或地区大量吸收发达国家的投资，承接美、日转移出来的重化工业和微电子等高科技产业，并且把部分失去比较优势的劳动密集型产业和一部分资本技术密集型产业转移到泰国、马来西亚、菲律宾等东南亚国家，带动了这些国家经济发展和产业结构的升级，促进了这些国家的工业化进程。部分亚洲国家就业量变化情况和制造业工人人均劳动报酬指数分别如表 3-3 和表 3-4 所示。

表 3-3　部分亚洲国家就业量变化情况

单位：万人

国家 \ 年份	1971	1975	1980	1985	1990
韩国	1006.6	1183.0	1370.6	1497.4	1803.6
新加坡	47.7	83.4	106.9	123.5	153.7
菲律宾	1224.5	1414.3	1715.4	2032.7	2253.2
泰国	1050	1417.1	2252.4	2585.3	3084.4

资料来源：历年《国际经济统计年鉴》。

表 3–4 部分亚洲国家制造业工人人均劳动报酬指数

1987 年=100

国家 \ 年份	1970	1975	1980	1985	1990
韩国	30.1	41.2	68.8	85.7	144.0
新加坡	49.8	55.1	68.2	104.9	120.0
菲律宾	106.6	87.3	73.7	80.3	118.8
泰国	68.2	63.1	67.0	83.8	106.0
马来西亚	64.2	59.7	76.3	102.8	98.7
印度尼西亚	41.9	51.6	69.9	96.5	114.4

资料来源：历年《国际经济统计年鉴》。

从表 3–3 和表 3–4 可以看出，20 世纪 70 年代初至 80 年代末，亚洲“四小龙”中的韩国、新加坡通过承接美国、日本的纺织、服装等劳动密集型产业，增加了就业人数，提高了劳动者的工资水平。韩国和新加坡的劳动力不断被吸纳进劳动密集型产业就业，就业率大幅提高，制造业工人人均报酬指数也不断上升：1971~1990 年，韩国就业人数由 1006.6 万人增加到 1803.6 万人，增长了 79.2%，新加坡就业人数由 47.7 万人增加到 153.7 万人，增长了 222%，就业水平大幅提高；1970~1990 年，韩国制造业工人人均报酬指数由 30.1 增加到 144.0，增长了 378%，新加坡制造业工人人均报酬指数由 49.8 增加到 120.0，增长了 141%，劳动者的福利水平得到明显改善。

从表 3–3 和表 3–4 可以看出，20 世纪 80 年代中期至 90 年代末，菲律宾、泰国、马来西亚、印度尼西亚等东南亚国家通过承接亚洲“四小龙”的产业转移，发展了本国劳动密集型产业，促进了就业量和国民福利的提高。1985~1990 年，菲律宾、泰国的就业人数有了明显增加，分别增长了 11%、19%；工资有了显著提高，制造业人均报酬指数分别增长了 48%、27%。这些指标的增速均超过了承接产业转移前的水平。

韩国、新加坡承接国际产业转移过程中，形成的比较优势使得两国产业在对外贸易中获得了大量利润，这也使得政府的财政收入大幅提高，政府福利得到显著改善。表 3–5 和表 3–6 分别是韩国和新加坡 1980 年和 1990 年的政府财政收入对比情况。

表 3-5 韩国政府财政收入对比情况

单位：十亿韩元

项目 \ 年份	1980	1990
总收入	6834	32089
经常收入	6738	31322
税收收入	5898	28363
公司利润	1504	10643
社会保障缴款	73	1450
雇员支付	—	441
雇主支付	73	1009
财产税	37	674
货物和服务税	3093	10880
国际贸易税	1014	3685
其他税	177	1023
非税收收入	840	2969
资本收入	96	757

资料来源：历年《国际经济统计年鉴》。

表 3-6 新加坡政府财政收入对比情况

单位：百万新加坡元

项目 \ 年份	1980	1990
总收入	6620	21636
经常收入	6365	17827
税收收入	4396	10254
公司利润	2068	4577
财产税	586	1181
货物和服务税	1005	2859
国际贸易税	437	357
其他税	186	1280
非税收收入	1969	7618
资本收入	255	3764

资料来源：历年《国际经济统计年鉴》。

由表 3-5 和表 3-6 可以看出，1980~1990 年，韩国财政收入增长了 370%，其中税收收入增长了 321%；新加坡财政收入增长了 227%，其中税收收入增长了 182%。承接产业转移形成的出口优势带动了政府福利的大幅度提高。

政府财政收入的增加也促使政府用于公共产品的支出增加，使得国民的公共福利得到明显改善，表 3-7 和表 3-8 分别是韩国和新加坡 1980 年和 1990 年政府主要公共产品支出对比情况。

表 3-7 韩国政府主要公共产品支出对比情况

单位：十亿韩元

支出情况＼年份	1980	1990
教育支出	1123	5647
卫生事业支出	80	566
社会福利支出	417	2615
住房、通信支出	74	433
文化、娱乐支出	50	165
公共交通支出	297	266

资料来源：历年《国际经济统计年鉴》。

表 3-8 新加坡政府主要公共产品支出对比情况

单位：百万新加坡元

支出情况＼年份	1980	1990
教育支出	735	2828
卫生事业支出	350	652
社会福利支出	68	300
住房、通信支出	314	870
文化、娱乐支出	72	174
公共交通支出	508	710

资料来源：历年《国际经济统计年鉴》。

由表 3-7 和表 3-8 可以看出，1980~1990 年，韩国教育支出增长了 403%，社会福利支出增长了 527%；新加坡教育支出增长了 285%，社会福利支出增长了 341%。其他主要公共支出也大幅度增加。可以说，通过承接产业转移，提高了政府福利水平，使公共产品的质量和水平也随之提高，从而奠定了韩国和新加坡在亚洲国民高福利水平的基础。

需要特别指出和注意的是，发达国家和地区通过国际经济合作、国际投资或跨国公司经营等直接投资途径，将一些高耗能、高物耗、高污染、劳动密集型的“夕阳产业”转移到发展中国家和地区，甚至把垃圾场都建在那里，直接夺取它们的土地、劳动力、自然资源，污染洁净的空气和干净的水源，从而实现环境污染密集型产业的转移，即通过直接投资渠道（FDI）向发展中国家转移污染密集型产业。跨国污染密集型产业转移主要通过三种形式进行：

（1）将具有高污染性的产业转移。发达国家由于国内严格的环境标准，使得某些具有污染的产业处于不利的竞争地位。为了逃避本国环保法的制裁和高昂的环境治理费用，促使其利用发展中国家急切发展经济的心理，将高污染的“夕阳产业”转移到这些国家和地区，然后再向这些国家和地区输入治理技术和环保设备，从而力图实现“双盈利”。

（2）将产业废弃物出口到发展中国家和地区，形成新的污染密集产业链，从而达到污染密集型产业转移的目的。发展中国家的沿海地区是危险废弃物的主要进口地，污染性垃圾大量进口加剧了本区域的生态环境生态危机。危险废弃物堆放、拆卸、处置严重污染了本区域的水质、大气、耕地，危害人的健康。更为严重的是，由于这些国家和地区的当地环境管制较松，加之居民文化素质低，经济落后，使当地居民将这些污染性垃圾重新形成一种产业链，由此导致污染密集型产业的真正转移。

（3）直接将有害技术设备进行转移。根据国际投资理论，产业转移势必按照梯度由高到低进行。对发达国家和地区来讲，这是一个将淘汰、过时的技术设备进行转移的过程；对发展中国家和地区来说，则是其引进自认为“先进”的产品技术设备的过程。然而，由于经济发展水平的巨大差别，发展中国家和地区始终处于被动的局面，为了促进经济增长则会盲目引进一些发达国家和地区所不允许使用的有害的技术设备，损害了本区域的环境福利。①

三、中国承接国际产业转移的区域福利效应

中国是第四次国际产业转移的最大受益者。20 世纪 80 年代，中国东部沿海地区从承接亚洲“四小龙”及发达国家地区劳动密集型产业开始，经济迅速发展，形成了珠三角经济圈和长三角经济圈等东部沿海发达经济带；除承接亚洲“四小龙”的产业转移外，中国内地还以其广大的市场吸

① 杨英：《基于 FDI 的污染密集产业转移与环境福利效应研究》，浙江大学硕士学位论文 2005 年。

引了美、日、欧等世界主要经济体的大规模投资，制造业得以迅速发展。

改革开放以来，中国与世界联系越来越密切，经济也日益融合到世界经济中。我国对国际产业的吸引力不断增强，而发达国家进行产业转移的内在动力也不断增大，在这种情况下，国际产业向中国转移的速度加快，我国已成为国际产业转移的主要承接国。我国承接国际产业转移的历程经历了三个阶段：

第一阶段：1979~1991 年。这一阶段我国承接国际产业转移处于起步阶段，亚洲“四小龙”向外转移其轻纺产品为代表的劳动密集型产业，我国抓住这一历史机遇，承接以轻纺工业为代表的轻工业，主要是玩具、服装、鞋帽和家用电器等，我国的轻纺产业升级换代步伐得以加快。这一时期外商在华投资还处于试验性阶段，投资规模小，我国引进的外资较少，FDI 更少，主要是对外借款，主要承接方式是加工贸易。广东在我国承接国际产业转移中占得先机，利用改革开放后国家给予的灵活措施、优惠政策，充分发挥其地理优势，积极利用外资，大力发展外向型经济，促进广东经济的腾飞。

第二阶段：1992~2001 年。在这一阶段我国进入承接国际产业转移的快速发展阶段，使得抓住国际产业结构转移和调整的良好机遇，承接劳动和资本密集型相结合的产业，使得机电产业得以发展，出口增加。这一阶段承接产业转移的方式多样化，外商投资特别是跨国公司开始在中国进行系统化、大规模的投资。1992~1995 年，中国吸引的外资规模每年成倍增长；1996~2001 年，中国实际利用的 FDI 数额一直维持在 400 亿~500 亿美元的水平，FDI 成为我国引进外资的重点，跨国公司投资主要集中在环渤海地区和华东沿海，特别是上海、华南地区的投资偏多。上海加快承接国际产业转移的步伐，极大地促进了经济发展。

第三阶段：2002 年至今。进入 21 世纪以来，欧美等发达国家发展债务型经济以及超前消费，带动全球进入新一轮快速经济增长阶段。在这种消费增长模式下形成的国际分工体系，是发达国家把发展中国家作为加工厂，进行产业链的布局，形成加工基地。跨国公司在全球范围内建立零部件的加工制造网络，自己负责产品的总装与营销。我国则成为世界的加工厂，通过承接国际产业转移促进了经济快速增长。

这一阶段中国市场更加开放，经济持续高速增长带来了巨大的市场发展空间，对国际产业的吸引力进一步增强，成为 FDI 的首选地之一。到

2005 年全球 500 强企业在中国投资的已有 450 家，跨国公司更加重视中国的战略地位。中国进入承接国际产业转移新的高速增长阶段，2002 年利用外资尤其是 FDI 突破 500 亿美元，2006 年接近 700 亿美元，2009 年达到 900 亿美元，中国已成为世界上吸引 FDI 最多的国家之一。外商投资增资的方式之一是现有企业从单环节、单产品的加工生产延伸到下游产品和相关产业。发达国家已将成熟的资本密集型、技术密集型产业大规模地向中国东南沿海转移。以信息产业为代表的高新技术产业生产环节向我国大规模转移，珠三角、环渤海、长三角等地区已初步形成各具特色的信息产业基地。

加工贸易在促进贸易发展、增加就业、保持外汇平衡、经济增长等方面做出了巨大贡献，我国早期的加工贸易以鞋帽、纺织、服装、玩具等劳动密集型产品为主，随着越来越多的外商投资企业来中国从事加工贸易，机电产品在加工贸易中所占的比重越来越高。从加工贸易的发展过程看，我国加工贸易不断升级转型，经历了从“两头在外”的作坊式生产到外商投资企业为主体，从简单技术加工装配到机电，从“三来一补”到进料加工、高新技术产品加工贸易为主的结构转换过程。① 中国承接国际产业转移的方式主要是通过新设投资的方式，并购方式占 FDI 的比重很小，只有约 5%。中国承接国际产业转移的方式主要有中外合资、中外合作和外商独资三种，以中外合资和外商独资为主，中外合作为辅。2003 年以后，独资方式逐步成为主要方式。近年来，随着股权限制不断放开，并购、重组、股权合作等方式也逐步成为中国承接国际产业转移的重要方式。

2006 年以来，中国的中西部地区在承接国际产业转移中的重要性日益提高。随着国际产业转移向消费类型的转变，中国承接国际产业转移的主要地区将出现由东部地区向中西部地区转移的态势。在金融危机冲击下，东部地区受到外部需求减少的影响，经济增长速度下降，同时东部地区所具有的原材料、劳动力成本相对劣势，使其在承接以满足国内市场需求为主的国际产业转移竞争中不具有明显优势。2008 年，中国中部地区利用外资的发展速度比全国平均水平高出 12.8%，西部地区更是高出 56%。中西部地区对 FDI 吸引力加大，外资向中西部地区梯度转移趋势日益明显。2009 年，西部地区国内生产总值（GDP）同比增长 13.5%，分别高于各地

① 熊雅芬：《国际产业转移与我国产业结构优化研究》，河南大学硕士学位论文 2001 年。

区加总平均水平和高出东部地区 1.9、2.8 个百分点，增速连续 3 年高于东部地区。

总体来看，国际产业转移对中国产业成长、技术进步、结构调整以及出口竞争力的提升都产生了积极作用。通过承接国际产业转移，中国主导产业部门的生产能力得到了大幅度提升，有些产品的产量甚至实现了几十倍的增长，而且产品质量、品质都有了较大改善。通过承接国际产业转移，不仅有利于中国传统产业改造升级，不断提升制造业水平，继续发挥劳动密集型产业的竞争优势，而且将有力地促进我国高新技术产业的发展。

1992~2008 年这一时期是中国承接国际产业转移的快速发展时期，FDI 成为引进外资的重点，国外产业对国内产业的投资大量增加，中国已成为世界上吸引 FDI 最多的国家之一，这促进了中国沿海地区劳动密集型产业的发展和就业人数的快速增加。国际产业转移到中国，生产经营的主要形式为外资企业、民营企业等非国有企业，1990~2008 年，全国城镇非国有企业就业人数从 6.6 万人增加至 7904 万人，这其中主要的贡献就是沿海地区的非国有企业快速发展，就业人数剧增。表 3-9 是全国城镇非国有企业 1995~2008 年就业人员平均劳动报酬及指数。①

表 3-9 全国城镇非国有企业就业人员平均劳动报酬及指数

类型 \ 年份	1995	2000	2005	2008
平均劳动报酬（元）	7728	11238	18362	28552
劳动报酬指数（上年=100）	119.9	110.8	111.2	117.6

资料来源：《中国人口和就业统计年鉴 2009》。

比较优势的建立，带来出口利润的剧增，尽管就业人数在大量增加，但人均劳动报酬仍然有了较大幅度提高。从表 3-9 可以看出，与 1995 年相比，2005 年的非国有企业人员平均劳动报酬由 7728 元增至 18362 元，增长了 137.6%；2008 年又有了较大幅度提高。承接国际产业转移，引进国外直接投资，发展劳动密集型产业建立出口比较优势，不仅提高了国内就业水平，也在很大程度上实现了劳动者工资的快速增长和福利的明显改善。

然而，我国东部沿海地区在承接国际产业转移过程中，其工业化发展

① 《中国人口和就业统计年鉴 2009》，中国统计出版社 2010 年版。

所带来的环境负外部性也给区域福利带来了损害。区域环境福利损失主要包括：生产过程中对工人的生命和健康产生威胁及对生态环境的危害，为减少污染所花费的成本上升，导致出口遇到威胁等方面。

（1）直接破坏产业转入地区的生态环境，损害了居民身体健康。我国承接国际产业转移过程中，发达国家和地区在东部沿海投资主要集中在某些行业的部分环节上，高科技行业尤其如此。以 IT 产业为例，长三角地区是全球重要的 IT 产品制造和出口基地，如苏州 2003 年笔记本电脑产量就占全球 1/4。然而，跨国公司仅仅是将生产和制造基地设在该地区，无污染的研发部却在投资国。这样就将组装中的易耗能、易产生污染的环节留在了我国东部沿海地区，其生产电脑的过程中产生了大量的废弃物，还产生了不可燃烧的化学物质和铅等重金属。以火电行业为例，除了发电过程会产生污染外，如果不引进配套的脱硫装置，还会造成空气中二氧化硫过多，形成严重的酸雨。20 世纪 80 年代以来，中国环境科学研究院、中国社会科学院环境与发展研究中心、世界银行等机构的研究人员都对污染损失的计量进行过研究，陆续得出的结论认为，由于产业转入、经济发展过程中水污染、大气污染和固体污染都相当严重，其造成的经济损失总和一直呈持续上升态势。可以说，这是增长的代价，是对环境福利的重大损害。

此外，产业转入过程中引进的有害技术设备和产品会直接损害居民身体健康。据调查，在我国，外商投资企业中 70%引进的为中低档技术设备，少数合资企业引进了很久以前被投资国遗弃的工艺设备，如用液态汞生产日光灯，导致车间空气汞浓度严重超标，严重损害了生产工人的身体健康。一些外商投资企业很少考虑职工的身体健康，不配套引进环境保护措施和劳动保护设施。据广东对特区的调查，有配套防护设施的项目仅占 28.4%，恶性中毒事故屡有发生，这种做法极大地损害了职工和居民的健康。

（2）增加产业转入地区的环境治理成本。在外资企业出口贸易迅速增长的同时，环境污染程度也在上升，这增加了我国环保部门的治理难度。我国东部沿海地区的外资企业在每年出口额不断上升的同时，废水排放量也逐年上升，其中上升幅度较大的是化工原料、纺织业、化学制品和黑色金属冶炼行业。与此同时，废气排放量和固体废物产生量也呈上升趋势。以纺织行业为例，其是我国排放工业废水量较大的部门之一，每年排放废水达 9 亿多吨，位居工业废水排放行业的前列，其中印染废水排放量占了纺织工业废水排放量的 80%，而且印染废水还具有脱色困难、含有机物浓度高等特点。因此，印染废水就成了污水处理中的重中之重。印染废水治理以集中处理为主，但由于各地达标排放标准不同，水环境功能要求也不一样，经处理后排放的印染废水仍对当地环境造成了不同程度的影响。由于新工艺、新原料、新染料、新助剂的不断开发和应用，使得生产过程中排放的废水中污染物变得越来越复杂，处理难度也在不断增大。我国印染行业集中在东部沿海地区，截至 2010 年年底，浙江、江苏、广东、山东、福建 5 省的印染布产量已占全国印染布总产量的 90%，而浙江、江苏又是重点流域——淮河、太湖所在地，水污染防治形势严峻。由于污水治理成本不断增加，我国东部沿海地区的部分印染企业正在向小城镇转移，这将会给当地的环境带来新的威胁。

（3）对产业转入地区的出口构成潜在威胁。跨国污染产业转移对我国东部沿海地区的出口造成的负面影响主要体现在两个方面：①贸易条件恶化。发达国家通过直接投资转移的污染密集型产业，大部分是本国已淘汰、高耗能、低附加值的边际产业，致使产业转入地区出口的制成品档次低、附加值低，在国际市场上弹性也较低，而发达国家和地区则出口竞争力较强的高科技产品，从而导致我国贸易条件恶化。②出口产品遭受“绿色壁垒”。目前，不少产品出现出口量减少的趋势，主要集中在石油化工、纸浆机纸张、纺织印染、洗涤用品、化肥等产品上。由于技术上的落后，我国东部一些地区承接污染产业转入，更加剧了各种“绿色壁垒”对这些地区出口产品的限制。产业转入地区如果在引资过程中引进了污染密集型产业，就会造成整个地区环境标准下降，出口产品环境标准达不到发达国家和地区的贸易要求，从而使出口受阻。①

以广东省为例，其是我国最早承接国际产业转移的沿海地区。20 世纪 80 年代中期，广东省承接亚洲“四小龙”转移的玩具、鞋帽、家电等劳动密集型产业，先是通过加工贸易，之后通过吸纳 FDI 来发展出口导向型经济，提高了在广东省制造行业工作的劳动者的就业水平和工资水平。从表 3-10 可以看出，在广东承接国际产业转移发展较快的时期，即 1991~1995 年，非国有企业就业人数增长 288%，国有企业就业人数增长 10%，1995~2000 年，非国有企业就业人数增长 99.7%，国有企业就业人数增长-16.7%。国际投资带动的就业人数增加远快于国有企业吸纳就业的人数。从人均工

---

① 杨英：《基于 FDI 的污染密集产业转移与环境福利效应研究》，浙江大学硕士学位论文 2005 年。

资来看，1991~2000 年，非国有企业的人均工资增幅稍慢于国有企业，但是非国有企业的人均工资水平都高于国有企业人均工资水平。广东省通过承接国际产业转移带动了地区就业水平和人均平均工资的提高。

表 3-10　广东省企业吸纳就业人数和人均工资增长情况

企业类型 / 年份	国有企业职工人数（万人）	非国有企业职工人数（万人）	国有企业职工人均工资（元）	非国有企业职工人均工资（元）
1991	827.58	19.58	3383	4558
1995	911.90	76.00	8540	9546
2000	759.21	151.74	14387	15240

资料来源：《广东省统计年鉴 2009》。

广东省承接国际产业转移，其劳动密集型产业发展迅速，出口增长也较快，带动了广东省政府财政收入的快速增长。从表 3-11 可以看出，广东省的财政收入，1985~1990 年增长了 89%，1995~2000 年增长了 138%，这一时期的财政收入得到了飞速的提升，政府福利大为改善。

表 3-11　广东省政府财政收入增长情况

单位：亿元

年份 / 财政收入	1985	1990	1995	2000	2005	2008
财政一般预算收入	69.27	131.02	382.24	910.56	1807.20	3310.32

资料来源：《广东省统计年鉴 2009》。

政府财政收入的快速增长直接提高了政府工作人员的工资水平，从表 3-12 可以看出，1987~1996 年，工资总额增长了 7.4 倍，人均工资增长了 4.4 倍，政府工作人员福利水平明显提高。

表 3-12　广东省政府工作人员工资增长情况

年份 / 项目	1987	1988	1990	1995	1996
工资总额（亿元）	22.88	29.52	45.46	162.38	191.89
人均工资（元）	1784	2169	2899	8552	9596

资料来源：《广东省统计年鉴 2009》。

政府财政收入的快速增加，也直接提高了广东省的社会福利支出和公共产品支出。从表 3-13 中可以看出，广东省的最低生活保障支出、社会救济支出、自然灾害救济支出都有较大幅度的增长。以最低生活保障支出为例，2005年比2000年增长了320%；社会救济支出，1995年与1990年相比增长了196%，涨幅惊人。这些社会福利支出的大幅增加使得居民的社会福利水平明显提高。

表 3-13 广东省社会福利支出增长情况

单位：万元

项目＼年份	1990	1995	2000	2005	2008
最低生活保障	—	—	19334	81255	199231
社会救济费	6418	18975	61538	120143	320019
自然灾害救济费	2679	10356	8456	35257	44314

资料来源：《广东省统计年鉴2009》。

从表3-14可以看出，1995~2002年，广东省政府在一般公共服务、教育、科学技术、文化体育与传媒、医疗卫生、城乡社区事务、农林水事务等方面的支出，分别增长了193%、176%、910%、112%、130%、248%、201%，增长速度惊人。这使得广东省居民能享受到更充分、更完善的政府公共产品和公共服务，居民福利明显改善。

表 3-14 广东省政府部分公共产品和公共服务支出增长情况

单位：亿元

项目＼年份	1995	2000	2002	2008
一般公共服务	72.23	153.35	211.53	629.02
教育	84.56	144.39	233.12	703.32
科学技术	3.73	21.47	37.69	132.52
文化体育与传媒	16.48	26.33	34.90	33.72
医疗卫生	28.04	47.64	64.42	201.15
城乡社区事务	42.90	100.95	149.38	283.29
农林水事务	14.03	33.40	42.88	192.40

资料来源：《广东省统计年鉴2009》。

但是，广东省在承接国际产业转移的过程中，虽然就业水平、居民福利、政府福利依托出口导向型的劳动密集型产业的发展得到了极大改善，但其工业化发展所带来的环境负外部性也给区域福利带来了损害。广东省1990年二氧化硫排放量是39.64万吨，1997年增至80万吨，火电厂排放的二氧化硫占总量的47.5%。广东省电力生产居全国第一，利用外资也名列前茅，但全省没有建成一个脱硫装置设备，结果导致1997年全省PH平均值达4.80，酸雨频率为51%，有四个城市超过70%，每年因此造成的经济损失达40亿元。随着粗放型产业的不断发展，工业废水、废气等污染物排放量也大幅度增加，从表3-15可以看出，1990~2005年，工业废水、工业废气的排放量分别增长了65%、275%，二氧化硫排放量增加了226%，这些环境污染物的大量增加损害了当地的区域福利，给广东省的居民造成了严重的环境负外部性。

表3-15　广东省环境外部性变化情况

类型＼年份	1990	1995	2000	2005	2008
废水（万吨）	251262	381657	447543	638403	677352
生活废水（万吨）	111012	212369	333488	406835	464038
工业废水（万吨）	140250	160979	114055	231568	213314
工业废气（亿立方米）	3588	8510	8326	13447	20510
燃烧废气（亿立方米）	1938	4570	5169	9213	13202
工艺废气（亿立方米）	1650	3940	3157	4234	7308
二氧化硫排放量（万吨）	39.64	75.31	90.47	129.4	113.6

资料来源：《广东省统计年鉴2009》。

因此，无论是国际产业转移，还是我国中西部地区承接东部地区产业转移，一定要避免将高污染、高消耗的产业引入目标区域，这样才不致引起严重的环境负外部性而损害当地的居民环境福利水平。这一问题应该引起各地方政府的高度重视并成为政策把握的重点，避免以往产业转移中的教训重现。

第四章　中国国内产业转移的区域福利效应

随着中国经济的增长和产业结构的调整，东部沿海发达地区的土地、劳动力等要素成本上升，企业商务成本居高不下、资源环境约束矛盾日益突出，这些问题使得部分劳动密集型产业和加工贸易企业开始出现加快向中西部地区转移的趋势。中西部地区与东部地区相比，在居民福利、企业福利、政府福利方面均存在较大的差距，如何利用产业转移这一契机缩小与东部地区的区域福利差距，是中西部地区下一步面临的问题。从实证分析来看，当前中西部地区承接东部产业转移有所提速，并产生了较为明显的区域福利效应，但通过产业转移带动各个区域之间协调发展的效应不明显；产业转出尚未导致东部地区出现区域福利负效应，表明产业转出还未形成较大规模，对于东部地区的影响尚处于短期内的初始阶段。

第一节　中国国内产业转移现状与区域福利差距

一、中国国内产业转移的总体趋势

在不平衡区域发展战略下，我国经历了从重点发展珠江三角洲、长江三角洲、京津塘及渤海三角地带，到实施西部大开发战略、东北振兴战略，再到实施中部崛起战略的发展阶段，逐步形成了分层次、纵深、梯级发展的战略格局，布局完整、协调发展的态势基本显现。基于此，从沿海到内地的产业转移，也将成为我国在工业化中后期实现东中西部三大区域协调发展目标的主要路径选择。

20世纪80年代，我国东部沿海地区承接亚洲“四小龙”及发达国家地区劳动密集型产业的转移，带动了地区经济的快速增长，形成了珠三角经济圈和长三角经济圈等东部沿海发展经济带。经过30多年的发展，目前东部沿海发达地区已进入工业化中后期，经济发展已接近世界新兴工业国发展水平，但是东部沿海地区要素资本相对饱和，本地市场已难以满足资本增值的需要，随着土地、劳动力等要素成本上升，加之企业商务成本居高不下、资源环境约束矛盾日益突出等问题，使得东部沿海地区一些产业特别是劳动密集型产业的边际收益下降，产业升级、转型的压力和产业转移要求日益增强，东部地区产业结构调整和转型升级成为必然，并已开始显现出新一轮加快承接国际先进制造业和现代服务业的迹象。演化经济学认为，一个具有适应性的个体（企业）与环境需求之间存在着某种适应的关系。在当前的东部沿海地区，企业群（产业集群）与当地市场环境的原有适应关系正在逐渐被打破，市场环境的变化使得产业的生存和发展压力不断增加。这些产业要么适应变化的市场环境，要么转移到新的可适应的市场环境，要么就是被市场环境所淘汰。

改革开放以来，尤其是西部大开发和中部崛起战略实施以来，我国中西部地区的交通运输、服务配套等基础设施条件得到完善，政策条件、人文环境得到进一步优化，具有明显的低要素成本优势，是东部产业迁徙和转移的良好市场环境。东部地区实施的“腾笼换鸟”和中西部地区的“筑巢引凤”，以及国家促进的“万商西进”等工程，使东部一部分劳动密集型产业和加工贸易企业开始出现加快向中西部地区转移的趋势。产业转入新的市场环境，自身面临的成本提高等生存压力得到很大缓解：若把我国劳动者工资水平设为1，则目前我国东部劳动者工资水平约为1.31，大约为1300多元，而西部地区为0.91，约为1000元，西部地区的低劳动力成本优势吸引了东部企业的转入。[①] 当前，我国东部沿海地区占全国80%左右份额的加工工业，受土地费用、劳动力成本、环境容量等因素制约，正在向中西部地区加快转移。

① 杜传中：《后金融危机时期加快我国区域产业转移的思路及对策》，载李平等：《2011中国区域经济学前沿》，经济管理出版社2011年版。

资本是欠发达地区最为稀缺的要素之一，我国中西部地区也是如此。产业转移首先是资本的转移，是区域空间上资本的重新配置。在经济学理论上，资本形成是增加给定资本存量的过程，将此过程视为一个连续的过程，笔者将资本存量表示为时间的函数 K（t），并以 dK/dt 表示资本形成率，时间 t 的资本形成率与以 I(t) 表示的净投资率相等。因此，得到：

$$\frac{dK}{dt}=I(t) \quad (1)$$

$$K(t)=\int I(t)dt=\int \frac{dK}{dt}dt=\int dK \quad (2)$$

其中，资本 K 是一个存量概念，而净投资 I 是一个流量概念，是一个不变流量，也可以是一个可变流量，因此，对于转移的产业资本而言，对于投资率 I(t)，在时间区间［0，t］的资本积累数量，可以表示为：

$$\int_0^t I(t)dt=K(t)-K(0)\text{，亦为 }K(t)=K(0)+\int_0^t I(t)dt \quad (3)$$

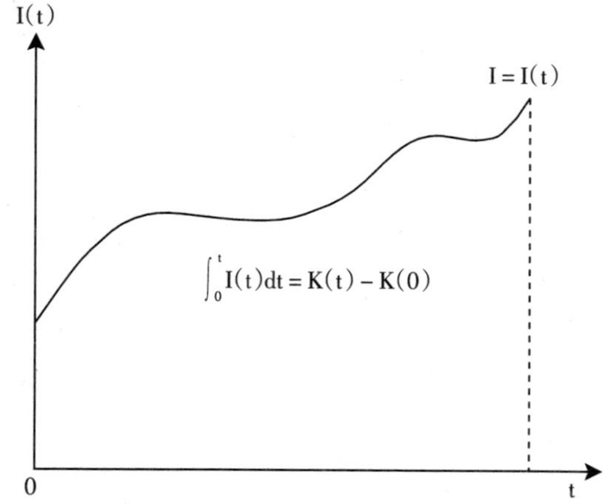

图 4-1　区域产业转移资本形成的数理过程

图 4-1 刻画了一个区域产业转移资本形成的数理过程，即资本区域投资发挥功效的路径，这个过程亦是一个演化经济学范式下适应度动机驱动下的产业迁移过程。

早在 2002 年的一项对东部 105 家制造业企业的调查显示，有近 60% 的企业表示会在几年内进行扩张和转移。近几年来，资源供给变化和产品需求条件的不断变化，特别是劳动力、能源和原材料等要素价格的上涨，使得沿海发达地区的企业为了寻求生存空间，纷纷选择向中西部地区转移，目前的产业转移已经达到了一个比较活跃的阶段，而且已经成为一个重要的经济问题，并且会对企业发展和区域产业结构调整和区域经济发展产生越来越重要的影响。

国家实施西部大开发战略以来，2000~2007年，东部沿海地区到西部投资经营的企业累计已有20万家，投资总额15000多亿元，其中，仅上海企业在西部投资就达1700多亿元，浙江、福建企业也均达到了1300多亿元。东部地区向西部欠发达地区的产业转移初步形成规模。2007年以来，国家陆续批复了三批加工贸易梯度转移重点承接地[①]和皖江城市带、广西桂东、重庆沿江三个承接产业转移示范区，中西部地区承接产业转移的优势迅速增强，大规模国内资金加速跟进。

2008年，全球金融危机的负面影响冲击到我国沿海出口导向型制造产业，作为“世界工厂”的珠三角、长三角地带面临着前所未有的挑战（如众多企业出口订单减少、劳动者工资上涨、民工返乡创业现象增多等），巨大压力直逼珠三角中小企业，促使东部的企业向中西部欠发达地区迁移，寻找新的产业发展洼地。截至2008年底，我国东部地区10个省市拥有全国86.02%的纺织企业，但是亏损面达到24.92%，超过了全国的平均水平，特别是浙江省纺织企业2008年利润额较2007年减少了39亿元，东部纺织产业开始出现由沿海向内陆梯度转移的趋势。[②]交通较为便利、市场化已有一定基础的中部地区，已经成为东部劳动密集型制造业产业转移的重要区域。浙江温州大量企业向湖南株洲转移，广东汕头、广州、东莞诸多中小型企业也正向湖南、江西等省迁移，而目前东部地区向西部欠发达地区的产业转移尚未全面展开。[③]

2009年以来，在人民币汇率不断升值、能源和原材料价格不断攀升的市场环境下，成本的全面提高使得广东、浙江等地一些劳动密集型企业利润空间被大幅压缩，导致部分中小企业停产或半停产甚至倒闭，向外转移

① 2007年4月，商务部授予南昌、赣州、郴州、武汉、新乡、焦作、合肥、芜湖、太原9座中部城市为“第一批加工贸易转移重点承接地”；2008年4月，商务部认定重庆等22个地区为“第二批加工贸易梯度转移重点承接地”；2010年11月，商务部、人力资源社会保障部、海关总署认定锦州市等13个地区为“第三批加工贸易梯度转移重点承接地”。

② 李廷、陈淑英：《中国东部地区纺织企业产业转移实证分析》，《生产力研究》2011年第7期。

③ 张婷婷、高新才：《我国欠发达地区承接产业转移实证比较研究》，《青海社会科学》2009年第1期。

步伐开始加快。

2010年，中部地区、西部地区接收的省外到位资金分别达到1.28万亿元和1.53万亿元。安徽、重庆、陕西承接境内省外到位资金分别为6863.7亿元、2638.3亿元、2414.9亿元，分别是2005年的8.6倍、12.8倍、8.9倍。

2011年1~7月，为控制通货膨胀预期和抑制房地产投机，我国中央银行实施紧缩的货币政策，连续6次上调存款准备金率，银行银根收紧并惜贷，东部沿海地区广大企业尤其是中小企业从商业银行获得贷款极其困难。商业银行更愿意把有限的资金贷给有发展潜力和发展前景的新兴产业，传统企业尤其是中小企业遭遇到强有力的资金约束，生存和发展面临前所未有的困境。在这种背景下，传统企业只能转型或是转移，但转型并不容易，而转移到中西部地区则是较好的走出困境的捷径。比如，受国内外经济环境的影响，广东东莞市中小企业群面临了巨大的生存压力，外需不振订单减少、劳动力和原材料成本飙升、人民币汇率攀升的“三座大山”挤压着中小企业的微薄利润空间，全国工商联作出了“生存困难超过了2008年金融危机初期”的结论。[①] 2011年9月，广东佛山等地出现“电荒”，绝大多数陶瓷企业用电成本占总成本的比重大幅上升，由2%上升至20%。为了减轻生存的负担，扩展利润空间，广东制造业企业不得不选择向外迁移。

从产业转移的大方向来看，主要是从长三角、珠三角等东部沿海发达地区向中西部地区转移。目前我国东部地区向中西部地区转移的产业行业类型主要有：传统劳动密集型产业，如服装、五金、玩具、制鞋、包装等；资源型产业，如陶瓷、水泥等建材工业；家具产业、再生金属冶炼产品、有色金属合金冶炼或压铸产品等有色金属工业；资本密集型产业中的加工制造环节，如IT产品制造、家电制造等产业；对转入地其他产业带动功能较弱的产业，如农产品加工等产业；在转入地存在主要的原材料供应基地的行业，如塑料制品、涂料、油漆等石化产业下游产品行业；在转入地存在比较成熟的产业集群或者生产基地的行业，如工艺玩具、音像制品生产、食品生产等行业。[②] 从转移方式来看，一是外资或东部地区的民营资本在中西部地区直接投资设厂；二是由东部接单，在中西部地区设立加工企业，实行联合接单加工贸易；三是引导中西部企业进入跨国公司和

① 王长风、王超：《聚焦东莞中小企业倒闭潮特别报道》，《中国产经新闻》2011年8月8日B1版。
② 朱坚真、周映萍：《我国东部向中部地区产业转移的态势、问题与建议》，《江南大学学报》（人文社会科学版），2009年第6期。

东部沿海企业的营销网络；四是东部和中西部联合进行园区建设。

显然，随着经济发展水平的提高，各种要素成本上涨不可避免，市场环境带来的生存发展压力迫使沿海企业向西迁移。积极引导和推进沿海企业向中西部转移，不仅有利于在中西部创造更多的财政收入、企业利润、就业机会，提升中西部地区政府、企业、居民的福利水平，推动西部大开发和中部崛起，促进区域经济协调发展；而且，有利于沿海地区集中精力发展先进制造业和高新技术产业，促进产业结构升级，提高参与国际竞争的档次，还可以避免沿海企业和外商投资转移到东南亚地区所带来的资本流失。①

综合来看，随着时间的推移，我国中西部承接东部地区产业转移取得了良好的效果，主要有以下方面。

1. 承接规模高速增长

2005~2010 年，中西部地区吸收的省外资金增长了 2.5~12.8 倍不等。其中，2010 年安徽、四川、广西吸收的省外资金分别高达 6864 亿元、5336 亿元、3491 亿元，分别是其 2005 年的 8.6 倍、7.5 倍、8.4 倍；据有关方面预测，2010 年，仅广东、上海、浙江、福建四省市转出的产业产值就达到 14000 亿元左右，这在一定程度上说明当前我国的区域之间承接产业转移进入了高速增长阶段。如表 4-1 所示为中西部典型省份境内省外到位资金发展状况。

表 4-1 中西部典型省份境内省外到位资金发展状况

单位：亿元

年份＼省份	中部			西部						
	安徽	河南	湖南	云南	广西	重庆	四川	陕西	宁夏	青海
2005	801	504	702	262	415	206	716	273	90	94
2010	6864	2743	1733	1387	3491	2638	5336	2415	899	189
倍数	8.6	5.4	2.5	2.5	8.4	12.8	7.5	8.9	8.9	8.9

资料来源：各省市各年国民经济和社会发展统计公报，各省市商务厅数据。

2. 承接产业区域聚集

中国区域间产业转移是一种聚集式转移，承接区域集中度不断提高。承接地接收省外资金的标准差由 2005 年的 264 提高到 2010 年的 2032。接收省外资金较多的省份集中在安徽、四川、广西、河南、重庆、陕西等省市区。

① 魏后凯：《东部产业西移正当其时》，《中国经济导报》2008 年 9 月 2 日 B01 版。

3. 承接产业等级提升

尽管从总量上看，制造业和房地产业仍然是省外资金投资的主要领域，但从投资产业的层次看，正逐步由劳动密集型产业向资本密集型、技术密集型产业转化。第三产业正在成为投资的主要领域，如安徽省，投资于第三产业的省外资金比重由 2007 年的 37.7%提高到 2010 年的 41.9%。另外，重庆第三产业已经成为吸引内资最大的领域。如表 4-2 所示为 2010 年中西部地区产业转移典型省市承接资金结构。

表 4-2　2010 年中西部地区产业转移典型省市承接资金结构

省市 \ 项目及比重	制造业（亿元）	房地产（亿元）	比重（%）
安徽	2918	1337	62.0
重庆	770	984	66.5
陕西	755	532	53.3

资料来源：各省市商务厅数据。

4. 产业来源相对集中

随着东部地区尤其是北京、长三角、珠三角、闽三角劳动力成本、土地成本、资源成本的上升，部分产业加速向中西部转移。与此相对应，中西部地区接收的资金也主要源于上述地区。

表 4-3　2010 年产业转移典型省市接收资金来源地

省市 \ 来源及比重	前三位的省市	前三位省市资金（亿元）	比重（%）
安徽	浙江、江苏、上海	3581	52.2
重庆	北京、广东、浙江	1301	49.3
陕西	北京、广东、上海	1275	52.8

资料来源：各省市商务厅数据。

近年来，东部产业向中西部地区转移呈现出以下特征：

（1）产业转移的投资规模越来越大，大项目不断增多。

（2）产业转移涉及的领域不断拓宽，产业层次也在不断提高。从以劳动密集型加工制造业为主，逐渐向资本密集型乃至技术密集型产业转变，污染严重的项目得到控制。

（3）产业转移的投资主体多元化，但转出地区相对集中，来自长三角、珠三角地区的投资仍居多。

（4）产业转移已不是零散、小规模地进行，而呈现出“集群”迁移的趋势。例如，东部纺织服装产业以“整体嵌入”方式实现转移，由原来的单个项目、单个企业的零散迁移，转变为企业“抱团”的、产业集群式的整体性转移。

（5）部分与东部地区相邻、交通运输条件较好的中西部省区，由于生产和贸易成本相对较低以及本身市场广阔等比较优势，而成为目前产业转移最具吸引力的区域，在吸引产业转移方面占据明显优势。

总体上看，近年来，产业资本在国内的空间流动继续呈现“北上西进”的趋势。据国家统计局数据，2008 年中部投资增长保持全国领先地位，增幅高达 33.5%，分别比东部和西部地区高出 12.2 个和 6.8 个百分点；中部地区工业增长幅度尽管有所回落，但仍为各地区最高，达 18.4%，分别比东部、东北和西部高出 6.6 个、2.0 个和 1.7 个百分点。2009 年中部地区城镇投资增幅达到 34.3%，比东部地区高出 14.5 个百分点，投资转移日趋明显。2005~2008 年，中部投资占全国的份额分别达到 17.57%、18.57%、19.37%和 21.48%，中部地区吸引全国和境外的投资处于不断上升态势，据统计，近几年来，河南、湖北、湖南、安徽、四川等地纺织服装业投资增速居全国之首，产量同比提高 30%以上。

随着东部沿海地区的经济迅速发展，产业逐渐面临升级的压力。目前东部沿海地区都将发展技术密集产业作为地区新一轮产业优化升级的选择。产业在区域内部升级时，随着城市工业的发展壮大，资本家不断将利润进行再投资，现代工业部门的资本量得到扩充，从农业部门吸收的剩余劳动力越来越多。东部发达地区资本相对饱和，本地市场难以满足资本增值的需要，加上受资源、劳动力成本、环境、市场等综合因素影响，资本向外扩张的需求强烈，长三角、珠三角、闽南地区大批产业已开始梯度转移。由于内部发展的差异，东部地区产业在转型中为实现内部平衡发展、人力资本的充分利用以及劳动力就业需要，会从发达地区转移到较落后城镇。这种战略可能会与中西部的承接有相当的冲突。

近年来，西部地区的石油和天然气开采业、有色金属矿采选业、煤炭采选业等产业在西部的比重不断攀升，表现出良好的增长态势，这表明西部欠发达地区在承接东部劳动密集型和能源指向型产业转移方面取得较好成效。我国东部向西部产业转移在经历了 20 世纪 90 年代的政府主导号召到市场自发探索期后，在中央宏观政策的引导下，突破了初期的粗放形态，主要呈现出三大特征：一是投资规模不断扩大，大项目不断增多；二是投资来源多元化，来自东部“三大发达区域”（长三角、珠三角、环渤海）的投资增多；三是第二产业项目具有投资额大、产值高等特点，第三产业成为投资热点。自实施西部大开发、中部崛起战略以来，国家不断加大对中西部地区的资金投入，譬如在西部大开发中，我国西部的交通、水利、能源、通信等重大基础设施建设取得了实质性进展，中西部地区的基础设施状况和投资环境日益改善，区域产业结构调整和生产的空间配置更趋优化，这些基础设施需要大规模产业转移来支持正常运营。

然而，虽然中西部地区的基础设施条件和投资环境不断改善，承接东部产业转移的能力逐步增强，但同时也面临较大的制约阻力。一是东部产业转移过程中存在着类型单一、缺乏引导对接、区域黏性等障碍；二是中西部地区在承接产业转移中尚存在诸多制约因素，特别是在产业配套、物流效率、融资环境、服务意识、制度安排、行政效率、人文氛围等软硬件环境与东部地区还有较大差距，转移产业尚不能很好地适应当地市场环境。因此，到目前为止，东部许多资源、劳动密集型产业仍然是全国较具实力优势的强势行业，其优势和实力并没有出现很明显的下滑迹象；中西部地区资源、劳动密集型产业亦没有很明显的增量，特别是西部劳动密集型产业仍属于有待发展的潜力与弱势行业。这也说明了一点，即我国东部沿海发达地区和中西部不发达地区之间资源、劳动密集型产业大规模的产业转移刚刚开始，转移进程较为缓慢，对于宏观经济增长和国民福利提高还有较大的潜在促进作用。

在我国区域产业梯度转移过程中，部分东部迁出产业将一些落后的生产技术、工艺和污染性行业转移到中西部地区，形成工业产值的“东迁”，工业污染的“西移”。目前，皮革、陶瓷、水泥、化工等高污染产业是国内产业转移的主体之一。发达地区通过产业转移加速中西部地区发展的同时，也通过废物资源化利用、拯救后发地区濒危企业、淘汰产业或设备转移、资源开发等途径，实现污染转移。这里的污染转移主要表现为实物迁移和市场迁移两种形式。一是实物迁移。近年来，东部地区具备进行产业和技术升级和调整和转变经济增长方式的条件，而且这种转变的速度越来越快，同时东部对环境保护的要求也在不断提高。在这种形势下，一些能耗高、产品附加值低、污染严重的又即将被淘汰的行业，如果被西部的一些企业看好，就形成实物性的污染迁移。另外，由于西部劳动力成本低，资源、能源丰富，技术起点低，对东部形成投资引力，从而导致资金和整个污染产业的转移，从而形成新的污染源。二是市场迁移，主要指东部地区那些高能耗、高污染的行业正在减弱，但这些行业的产品仍存在市场需求，而正在起步和发展中的中西部地区就会择机发展这些产业，成为满足这一需求的供给方，形成市场需求性的污染迁移。与实物迁移相比，这是一种隐性的污染转移。改革开放30多年来，FDI促进了中国经济的发展，但是它对我国环境的影响整体上已出现“污染避难所”现象。随着工业化的推进，环境成为具有更高价值的“资源”，我国中西部地区必须吸取吸引FDI的教训，在承接东部产业转移过程中坚守环保原则。因此，必须提高警惕，吸取东部沿海地区在污染转移方面的经验教训，实现西部地区的可持续发展。

二、中国国内产业转移的区域分布

从我国地域划分来看，东部地区包括北京、天津、河北、山东、广东、海南、福建、上海、浙江、江苏10省（市），中部地区包括山西、河南、安徽、江西、湖北、湖南6省，西部地区包括重庆、广西、四川、贵州、云南、西藏、陕西、甘肃、青海、宁夏、新疆、内蒙古12省（区、市），东北地区包括辽宁、吉林、黑龙江3省。从中西部地区承接东部产业转移的分布现状来看，那些与东部地区相邻、交通运输便利的中西部地区，如安徽、河南等，由于生产和贸易成本相对较低以及本身市场广阔等比较优势，而成为目前产业转移最具吸引力的区域，在吸引产业转移方面占优势；西部的四川、重庆、山西在承接东部产业转移方面也实现了重大突破，发展迅速，初步形成一个梯度转移的趋势，并带动了产业转入地的居民、企业和政府的收入水平提高。

邻近江浙地带的安徽省的“皖江城市带承接产业转移示范区”建设已经纳入国家发展战略。2010年1月12日，国务院批复了《皖江城市带承接产业转移示范区规划》。皖江城市带示范区建设的规划范围，包括安徽省的合肥、芜湖、马鞍山等9市全境和六安市的舒城县、金安区，共59个县（市、区）。“皖江城市带承接产业转移示范区”主要承接汽车、钢铁、有色金属、装备制造、化工、建材、家电、农副产品加工八大产业，不仅在承接邻近的东部省市产业转移上进展顺利，而且健全了本区域内的组织、规划和政策体系，在空间布局、载体建设上也取得突破。根据安徽省发展和改革委员会的统计：土地面积和人口占安徽省一半左右的皖江城市带承接产业转移示范区，2009 年实现地区生产总值 8224 亿元，占全省经济增长的比重超过 67%，对全省经济增长贡献率达 66.8%。2009 年，皖江城市带承接产业转移示范区利用省外资金 1000 万元以上项目共 9464 个，投资总额 12034.4 亿元，实际到位资金 2758.2 亿元，占全省 1000 万元以上省外投资项目到位资金的 71.1%。仅 2010 年上半年，利用安徽省外资金 1000 万元以上项目就达 9627 个，投资总额 15052.8 亿元，实际到位资金 2068.0 亿元，同比增长 61.1%。其中，主要投资项目来自长三角地区。[①] 2010 年 1~11 月，上海、浙江、江苏三省市在安徽省投资 1000 万元以上的项目中，实际到位资金 3147.8 亿元，其中皖江示范区到位资金占 71%，其中加工制造业占 59%。至 2010 年末，皖江城市带内有 A 股上市公司近 50 家，经营业绩快速增长，投资价值不断提升，[②] 企业福利得以改善，居民就业水平也不断增加，对政府的财政水平带动作用也十分明显，区域福利效应增长明显。

中部大省河南省在中部地区六省中投资集中度最高。随着国内外经济形势的变化、经济结构的调整，以及国家统筹区域协调发展战略的推进，地处中部地区的河南省，以其重要的区位优势迎来了承接东部沿海地区产业转移的历史新机遇。承接来自东部沿海地区的产业转移，也相应地成为发展河南经济社会的重要生长点。区位优势是决定各地区间发展差异最主要的先天因素之一。在新一轮承接产业转移的激烈竞争中，相较中部其他省份，河南省拥有明显的区位优势。河南省大力发展电子信息、手机、食品、鞋业、家电、家具 6 个在省内已具优势的劳动密集型产业，加大集群式引进力度，提高产业竞争力，把仅靠投资拉动的发展模式，转到依靠内需主导、消费拉动的轨道上来。2009 年，河南虽然境外投资增幅回落，但吸引国内资金却达到 1849.2 亿元，比 2008 年增长 31.7%。[③] 河南省近年来将承接沿海产业转移作为区域经济建设的重中之重，举办了一系列重大招

① 刘杰、戴岚、崔佳、朱磊、韩立群：《产业转移新趋势》，《人民日报》2010 年 9 月 2 日 01 版。

② 中国经济导报记者：《皖江示范区：实现传统与新兴产业并举》，《中国经济导报》2010 年 12 月 28 日 B3 版。

③ 陈耀：《产业资本转移新趋势与中部地区承接策略》，《中国发展观察》2009 年第 6 期。

商活动，大规模承接产业集群、链式转移。河南省大力实施产业集聚区建设工程，出台并实施了一系列加快产业集聚区发展的扶持政策，加快基础设施和配套服务设施建设，为产业转移创造了条件。2010年上半年，全省180个产业集聚区完成投资2090.4亿元，实际利用省外资金1373.8亿元，增长28.5%，尤其是服装、电子等企业，加快了向河南省的转移。根据河南省人力资源和社会保障厅的统计，全省通过产业转移，建设纺织服装产业园区达27个。2010年，《全国主体功能区规划》已经将以河南省为中心的中原经济区上升到国家战略层面。根据河南省商务厅的数据，截至2010年末，已有包括富士康在内的68家世界500强企业在河南投资，投资主要包括电子、金融、零售、食品、机械加工等行业。2010年，河南共获得了东部省市投资2700多亿元，增长22.6%，成为历年来招商规模最大、来豫客商和签约项目最多、合同金额最大的一年，主要承接地为长三角、珠三角、闽东南、环渤海等地区。河南承接东部投资占中部地区的投资总额已接近30%，占全国的比重已超过6%。[①] 2011年上半年，河南省工业和信息化领域承接产业转移实际到位省外资金798.8亿元，比2010年同期增长120.3%；新签约项目405个，签约项目总投资1415.4亿元，合同协议引进省外资金1167.7亿元；开工在建项目658个，在建项目实际到位省外资金630.2亿元；竣工项目138个，竣工项目省外到位资金112亿元，竣工项目预计年新增销售收入245.3亿元，新增利税29.9亿元，新增就业4.2万人。[②]

近年来，湖南省在承接广东产业转移方面大动作不断。根据湖南省商务厅的资料统计，2010年共承接产业转移项目2795个，其中，国际产业转移项目531个、区域产业转移项目2264个，转移项目全年新增加税收22.86亿元，新增加就业人数27万人。广东是湖南承接的重点。2010年5月，湖南有针对性地组织八个城市在珠三角地区成功举办了“2010年粤洽周活动”，签约228个合同项目，引资近900亿元。湖南商务厅的资料显示，目前已开工建设或投产项目达132个，占合同项目的57.9%。2010年，富士康落户湖南衡阳白沙洲工业园。这个园区成立于2007年，是湖

① 中国经济导报记者:《河南：在承接产业转移中盘活优势资源》,《中国经济导报》2010年12月28日B3版。
② 高现林:《河南承接产业转移显成效》,《中国电子报》2011年7月26日02版。

南第一个承接沿海产业转移的工业园。2011 年 9 月 14~17 日，湖南省政府邀请 100 多家粤港明星企业对长沙、株洲、湘潭、岳阳和益阳五市进行投资考察。据广东高科技产业商会透露，有意在湖南建设产业转移园，集中上百家会员企业参与开发。2011 年以来，湖南承接产业转移速度明显加快：上半年承接产业转移项目 1330 个，比 2010 年同期增加 150 个；承接产业转移项目新增税收 14.11 亿元，比 2010 年同期增加 6.41 亿元；新增就业人数 16.3 万人，比 2010 年同期增加 2.5 万人。湖南省已经评选认定了 10 个承接产业转移示范园区、13 个承接产业转移特色基地，并对上述区域实施绩效考核和动态管理。

在积极承接产业转移过程中，中部地区发展步伐明显加快。2010 年，中部 6 省地区生产总值总和达到 8.6 万亿元，占全国的比重提高到19.7%，在全国东北、东部、西部、中部“四大板块”中居第二位。

西部的四川省、重庆市近年来承接东部产业进展迅速。根据四川纺织服装协会的资料，近年来，广东、浙江纺织服装产业集群向四川整体转移，一些服装企业及相关配套的企业集体到四川投资建厂，在成都周边的新都、彭川等县区形成了新的服装产业集群，促进了四川产业集群的加速发展，产量同比提高 30% 以上，带动了当地的就业、居民增收和财政税收。

从 2007 开始，重庆市吸引东部投资也明显加快，尤其是 2009 年，全市实际利用东部地区资金 1143 亿元，增长 73%。重庆与沿海的互动合作从蓄能聚势开始转向跨越式发展，而这些投资来源也集中于广东、北京、上海、浙江四省市。2011 年，重庆沿江承接产业转移示范区获得国家发展改革委批复，标志着重庆打造东西部合作示范基地的目标取得重大突破，对承接东部地区产业转移、促进西部地区发展具有重要意义。

2010 年，我国东部沿海 IT 产业进行了有序的转移，惠普、戴尔、英特尔、富士康、广达、宏碁等 IT 巨头从中国沿海城市迁至西部的成都、重庆等大城市，促进中国西部“硅谷”的形成。据统计预测，未来 10 年内全球 2/3 的 iPad 将是成都制造，而全球 1/3 的笔记本电脑则将为“重庆造”。除了 IT 企业外，从事物流、金融、电子信息、装备制造、化工、汽摩、消费、医药等产业的国际大品牌，比如世界最大的化工企业德国巴斯夫、美国思科、中国香港兰桂坊集团也都相继到中国西部投资。具有重要历史意义的两岸经济合作架构协议（ECFA）在重庆签署，更带动了大批台商“西进”。在这个背景下，美国《福布斯》2010 年 10 月还评定中国西部的成都和重庆将成为未来10年全球发展最快的两个城市。目前，重庆承接东部纺织产业转移优势明显，力争到2015年实现纺织服装销售收入超过1350亿元。新加坡《联合早报》12月31日刊文引述专家的观点评论道，在产业转移规律推动下，中西部已出现“四小龙”，即四川、重庆、内蒙古、广西，未来5年将领跑全国经济增长。中西部地区利用既有的土地、劳动力成本低的优势，加之政策扶持力度加大，承接东部产业转移的潜力很大，近几年东西部之间的发展差距、福利差距已经开始逐渐缩小。

陕西省近年来根据东部地区产业转移规律，采取有效措施，2010年共承接东部产业转移项目752个，实际到位资金1035亿元，占外省区市在陕投资当年到位资金的42%。2010年外省区市在陕西投资领域中，制造业排在了第一位，达到740亿元，房地产业为526亿元，排在第二位。东部转入产业投资有力地带动了陕西省居民、企业、政府的福利水平提高。

新疆是我国的棉花主产区，有着丰富的资源和得天独厚的区位优势。2008年新疆的棉纺织产能已达到了360万锭，实现工业增加值34亿元，全行业就业人数达112300人。截至2010年年末，到新疆落户的国内知名纺织企业有20多家，其中纺织500强的企业有17家，国内外的名优企业在新疆重组新建的棉纺企业，其生产能力已达到200万锭，占总规模的56%。①

近年来，国家大力推进全国产业援疆行动，助推了新疆承接东部产业转移。产业援疆主要由代表国家战略利益的国有企业实施，2010年援疆央企对新疆工业增加值的贡献率已经超过了70%，在未来五年内，政府对新疆的产业项目投资预计将达到2500亿~3000亿元；但近年来民营企业也逐渐参与其中，2011年6月12日，广东省产业援疆民营企业家对口援疆合作项目签约会在喀什举办，广东省的民营企业家与新疆受援方分别签订了21个合作项目，达52亿元。②

2010年，内蒙古自治区重视发挥工业开发区的主体作用，重点支持陶瓷等六大领域承接产业转移。①在有色金属冶炼加工领域承接一批铝、

① 郭春花：《产业区域转移渐成气候——新疆资源拉动纺企“走西口”》，《纺织服装周刊》2009年第19期。

② 李会：《援疆难题：生态之痛与民企之弱》，《中国产经新闻》2011年9月15日B1版。

铜、铅、锌冶炼及深加工项目。②在装备制造领域承接一批煤矿机械制造、火电和风电装备制造、汽车及配件、化工机械和农牧机械装备配套等项目。③在 PVC 深加工领域承接建筑用、工业用 PVC 深加工项目。④在陶瓷加工领域引入广东佛山、河北唐山等地陶瓷企业的先进技术、工艺和装备，承接民用卫生洁具、墙地砖及工业陶瓷生产线。⑤在稀土加工领域引入稀土研究开发机构及其专利技术、工艺，承接技术成熟的稀土永磁、稀土发光、稀土储氢和稀土催化材料项目。⑥在电子制造领域重点建设与电力和太阳能等配套的“大电子”制造基地，承接一批发电、输变电配套设备、电器开关设施、仪器仪表制造等项目，以及多晶硅、太阳能薄膜电池等硅产业项目。

2011 年甘肃省承接东部产业转移也取得新突破。2011 年 3 月，国家工业和信息化部下发的《关于进一步支持甘肃工业和信息化发展的意见》中明确提出，支持和鼓励甘肃省与东中部地区在工业和信息化领域建立合作协商机制，促进东中部地区向甘肃实施产业转移，同时支持严把环境保护关，防止落后产能向甘肃转移。2011 年 6 月，甘肃省经贸代表团举行了承接东中部产业转移项目推介暨签约仪式。甘肃省玉门市共签约涉及新能源、资源综合利用、建材、化工、加工制造业等项目 19 项，总签约金额达 247.25 亿元。酒泉市签约项目 66 项，总投资达 815 亿元。签约项目主要集中在能源产业、装备制造产业、资源综合利用产业、化工产业、农产品加工产业、现代服务业等。这些项目大多是辐射范围广、带动力强的龙头型、基地型项目。其中，资源综合利用及循环经济项目 43 项，总投资 361 亿元；能源项目 11 项，总投资 339.7 亿元；装备制造项目 7 项，总投资 24.9 亿元。投资企业除 10 家央企外，还涉及浙江省、江苏省、上海市、湖北省、福建省、河北省、河南省、天津市、辽宁省、广东省、山东省、北京市等 16 个省市区。其中浙江省签约项目 13 个，总投资 41.2 亿元；江苏省签约项目 10 个，总投资 32.7 亿元；上海市签约项目 5 个，总投资 66 亿元；福建省签约项目 4 个，总投资 32 亿元。

人民银行西安分行的调研数据显示，2008~2010 年上半年，西北五省区的 28 个地区（包括陕西 10 个地区、甘肃 6 个地区、宁夏 4 个地区、青海 2 个地区、新疆 6 个地区）承接产业转移的项目签约数、实际投资额、企业数量累计分别达到 3606 个、3847.26 亿元、4050 个；2009 年西北五省区承接产业转移项目签约数和合同额分别为2008年的1.16倍和1.78倍，呈现出逐年递增的趋势。从产业转移项目的来源地看，东部地区是向西北地区进行产业转移的主要来源地。2008~2010年上半年，西北地区承接的产业转移项目中，来源于港澳台和国外的仅占2.95%，投资额仅占3.63%。这表明，西北地区对外资缺乏吸引力，与国外生产链相连接的产业群少，外资还没有充分地参与到西北地区的产业转移和经济发展中，对当地经济增长的带动作用还相对薄弱。另外，西北地区与中部和东部地区相比，区位、环境、人才等方面缺乏优势，引资难度偏大。①

随着近年来的区域产业梯度转移，中西部地区各省市开始逐步取代传统的东部地区各省市成为拉动中国经济增长的新动力。2012年上半年，中西部地区GDP增长率普遍高于10%，而东部地区大部分在10%以下。具体而言，重庆、四川与陕西等省份2010年以来GDP增速连续高于13%，贵州则以14.5%的增速领跑全国。从贸易的角度，出口数据的变化可能更能反映这种趋势。在东部地区出口普遍疲软的情况下，中西部地区的出口实现了跨越式发展。2012年1~7月，传统的出口大省广东出口同比仅增长6.2%，同期江苏、浙江和上海分别增长2.7%、3.4%与0.6%；相比之下，中西部的重庆，出口增速达到惊人的2.1倍，河南、四川和江西也分别达到75.5%、56.9%和51.3%。

实践证实，中西部地区各省市已拥有较好的产业基础，都是计划时代的产业基地，特别是湖北、河南、安徽都是老工业基地，传统产业优势明显，这为承接产业转移提供了一定的产业支撑。但在承接产业转移过程，产业配套能力弱仍然是制约中部地区承接产业转移的突出问题。

综上而言，当前我国中西部承接东部产业转移有所提速，并产生了较为明显的区域福利效应，但通过产业转移带动各个区域之间协调发展的效应不明显。中西部地区在承接产业转移过程中，较为共性地存在着“重引轻选、重量轻质、无序竞争、营商环境不尽如人意”等问题。其中，产业转移规模偏小且分散转移，转入产业的发展能力比较有限。这一方面在于现存的税收征管体制导致的地区利益保护带来的“政策性拦蓄”，另一方面在于中西部地区空间格局的经济引力不强。产业转移流向相对分散原因在于产业承接地的盲目竞争，承接地产业支持体系滞后也阻碍了产业转移

① 郭新明：《西北五省区承接产业转移的调查与思考》，《金融时报》2011年6月13日。

的带动效应。此外，中西部地区在承接东部产业转移方面还存在一些制约因素，主要包括：①交通、物流成本及企业税负较重。②产业配套能力相对较弱。③适应现代制造和竞争模式的能力不强。④投资环境有待于进一步优化。

三、中国中西部地区与东部地区的区域福利现实差距

1. 居民收入福利差距

收入是衡量福利水平最为重要的指标。从以收入为代表的福利水平及历史数据的趋势来看，2000 年以来东部与中西部地区的差距不断拉大。2003 年，东、中、西部地区城镇居民人均可支配收入分别为 10366 元、7036 元和 7096 元，比 2002 年分别增长 10.8%、10.5%、8.4%，[①] 东部地区人均可支配收入增长最快。在省际间，2005 年最高收入省份与最低收入省份的收入相差 10655 元，收入之比达到 2.33 : 1；2005 年东部地区与中部地区的收入差距由 2004 年的 3731 元扩大到 2005 年的 4193 元，差距拉大了 462 元；东部地区与西部地区的收入差距由 2004 年的 2706 元扩大到 2005 年的 3251 元，差距拉大了 545 元。2005 年东部地区城镇居民收入最高，为 12884 元；其次是西部地区，为 9633 元；最低是中部地区，为 8691 元。东部地区与中部地区农村居民收入的差距由 2004 年的 1999 元扩大到 2005 年的 2308 元，差距拉大了 309 元；东部地区与西部地区农民的收入差距由 2004 年的 2281 元扩大到 2005 年的2615 元，差距拉大了 334 元。[②] 2008 年，从各地区职工工资水平来看：处于东部地区的北京为2847.5 元，辽宁 1352.2 元，上海 1745.5 元，江苏 2132.5 元，浙江 2359.0 元，广东 2847.5 元，山东 2294.5 元，福建 1148.2 元；处于中部地区的河北 1174.5 元，山西 944.1 元，黑龙江 972.7 元，安徽 844.5 元，湖南 1041.9 元，湖北 1000.0 元；处于西部地区的广西 693.8 元，云南 683.7 元，贵州 509.5 元，青海 136.9 元，海南 166.1 元，陕西 856.2 元，甘肃 454.6 元，新疆 619.9 元，宁夏 172.2 元，西藏 84.8 元。东部最高的广东（2847.5 元）是西部最低的西藏（84.8 元）的 33 倍多。[③] 2009 年底，东部地区的上海市

---

① 严先溥：《收入差距不当会影响经济发展效率》，《上海证券报》2004 年 6 月 22 日。

② 国家发展和改革委员会：《2006 年中国居民收入分配年度报告》2007 年。

③ 国家统计局：《中国统计年鉴 2009》，中国统计出版社 2010 年版。

城镇居民人均可支配收入达到 28838 元，位居内地 31 个省份之首，而最低的西部地区甘肃省城镇居民人均可支配收入只有 11930 元（见表 4-4）。整体而言，东部的城镇居民人均可支配收入是西部的 2.42 倍，即由 1978 年的 1.6 倍扩大到 2009 年的 2.42 倍。2009 年底，全国最高的上海市农村居民人均纯收入达到 12324 元，而最低的甘肃省农村居民人均纯收入只有 2980 元。整体而言，东西部农村居民人均纯收入相对差距由 1978 年的 2.1 倍扩大为 2009 年的 4.14 倍，地区收入差距呈扩大趋势如表 4-4 所示，2009 年，我国东部人均 GDP 40800 元，比中部、西部分别高出 20938 元、22514 元，相差近一倍。① 我国居民收入差距从西部到东部呈现出较明显的梯度差异和渐进式增长，经济发达的东部地区与中西部地区在收入方面的福利水平差距越来越大。

表 4-4 2009 年中国不同区域间居民收入福利的差异

单位：元

2009 年	东部	中部	西部
人均 GDP	40800	19862	18286
城镇居民可支配收入	20953	14367	14213
农民人均纯收入	7156	4793	3816

资料来源：《中国统计年鉴 2010》。

通过表 4-5 可以看出，历年来收入最高的省（市、区）均在东部地区，而收入最低的省（市、区）均在中西部地区，尤其是西部地区中的相对偏远地区，与东部之间的收入差距极大。

表 4-5 城镇居民人均可支配收入最高与最低省（市、区）比较

单位：元

年份	城镇居民人均可支配收入最高的省（市、区）及收入		城镇居民人均可支配收入最低的省（市、区）及收入		最高收入与最低收入之比
1981	上海	599.00	山西	370.00	1.62
1996	上海	8187.48	甘肃	3353.94	2.44
1997	广东	8561.71	甘肃	3592.43	2.38
1998	广东	8839.68	甘肃	4009.61	2.20
1999	上海	10931.64	山西	4342.61	2.52
2000	上海	11718.01	山西	4724.11	2.48
2001	上海	12883.46	河南	5267.42	2.45

① 国家统计局：《中国统计年鉴 2009》，中国统计出版社 2010 年版。

续表

年份	城镇居民人均可支配收入最高的省（市、区）及收入		城镇居民人均可支配收入最低的省（市、区）及收入		最高收入与最低收入之比
2002	上海	13249.80	内蒙古	6051.00	2.19
2003	上海	14867.49	宁夏	6530.48	2.28
2004	上海	16682.82	宁夏	7217.87	2.31
2005	上海	18645.03	新疆	7990.15	2.33
2006	上海	20668	甘肃	8920.59	2.32
2007	上海	23623	甘肃	10012.34	2.36
2008	上海	26690	甘肃	11010	2.42
2009	上海	28838	新疆	12120	2.38
2010	上海	31838	新疆	13644	2.33

资料来源：根据历年《中国统计年鉴》及各省、市、自治区《国民经济和社会发展统计公报》相关数据整理所得。

Esteban 和 Ray 在定义认同感和疏远感的基础上研究出了收入分配两极分化的一个测度方法，即将组内同质性与组间差异性结合来测度两极分化。其中认同感是组内人数的增函数，同组的人数越多，人们的认同感就越强；而疏远感则表示因不同组之间收入水平不同而产生的一种偏离，一个组与其他组的收入差距越大，疏远感也就越强烈。基于此，可以假设 x_i 是第 i 组人均收入，p_i 是第 i 组的人口份额，Esteban 和 Ray 得出的认同函数为 p_a^i，疏远函数为 $|x_i - x_j|$，把两者相乘并对所有的组加总，得到测度指数，见（4）式，其中 $K > 0$，为一个起标准化作用的常数，a 为反映极化敏感性的参数，$a \in \{1, 1.6\}$。在分析及应用上，这个模型侧重于对两极分化的趋势进行测度，而不是对两极分化的绝对水平进行测度，只要将原始数据分为两组进行分析测度即可。[①] 具体公式如下：

$$ER = K\sum_{i=1}^{n}\sum_{j=1}^{n} p_i^{1+a} p_j |x_i - x_j| \tag{4}$$

令 K = 0.5，这是为了与基尼系数相对应，因为基尼系数的分解公式中该项系数 K = 0.5（Mookherjee，Shorrocks，1982）；令 a =1.5，不同的 a 值下测度指数的变动趋势基本上没有变动（洪兴建、李金昌，2007）。考虑到两极分化测度的齐次性，即收入同比增减时不平等度不发生改变，需

① 洪兴建、李金昌：《两极分化测度方法述评与中国居民收入两极分化》，《经济研究》2007 年第 11 期。

要对 ER 指数进行规范，f 为所有成员收入的算术平均数，则有：

$$ER = 0.5\sum_{i=1}^{n}\sum_{j=1}^{n}p_i^{2.5}p_j\left|(x_i - x_j)/f\right| \tag{5}$$

在地区收入两极分化趋势测度方面，可以把全体居民分为东部居民组和中西部居民组来测度。设东部居民人均可支配收入为 x_1，中西部居民人均纯收入为 x_2，东部居民人口比重为 p_1，中西部居民人口比重为 p_2，根据（5）式，通过对 1990 年、1995 年、2000 年、2005 年、2010 年这五个统计上具有代表性的年份东部居民人均纯收入和中西部居民人均纯收入这两组数据的计算，得出这五年的 ER 指数如表 4-6 所示。

表 4-6　主要年份中国地区收入两极分化趋势

年份	ER 指数值	东部与中西部比值	全体居民 G
1990	0.136	2.20	0.34
1995	0.178	2.71	0.445
2000	0.182	2.79	0.417
2005	0.206	3.22	0.468
2010	0.242	3.87	0.48

资料来源：各年份《中国统计年鉴》。

从表 4-6 可以看出，1990 年到 2010 年期间，ER 指数不断上升，说明统计期内地区之间收入两极分化表现出强劲的上升趋势。2005 年 ER 指数是 1990 年的 1.52 倍，增长很快，而同时期的东部与中西部收入比和全体居民的基尼系数 G 也都在上升，都能够体现出收入两极分化加剧的趋势。

2. 政府财政收入差距

政府的区域福利水平主要通过政府财政收入水平来衡量。从表 4-7 可以看出，2009 年，东部地区除了海南省之外，其余省市的财政收入都远高于中西部地区。东部地区 10 个省市的财政收入总和为 20723.31 亿元，中西部地区 21 个省市区的财政总收入为 14938.49 亿元，仅相当于东部地区 10 省市的 72%。

表 4-7　2009 年东部地区与中西部地区财政收入比较表

单位：亿元

东部地区	财政收入	中部及东北地区	财政收入	西部地区	财政收入
北京	2026.8	山西	1538.02	重庆	981.80
天津	1805.0	河南	1126.10	广西	620.99

续表

东部地区	财政收入	中部及东北地区	财政收入	西部地区	财政收入
河北	2020.8.0	安徽	863.90	四川	1174.59
山东	2198.64	江西	581.30	贵州	416.48
广东	3649.81	湖北	815.00	云南	698.25
海南	178.24	湖南	844.96	西藏	30.09
福建	932.43	辽宁	1591.20	陕西	735.27
上海	2540.30	吉林	487.10	甘肃	109.24
浙江	2142.51	黑龙江	885.50	青海	87.70
江苏	3228.78			宁夏	111.50
				新疆	388.80
				内蒙古	850.70
合计	20723.31	合计	8733.08	合计	6205.41

资料来源：《中国财政年鉴 2010》。

2010 年，东部地区的广东省、江苏省财政总收入首次突破 1 万亿元，正式成为"万亿"俱乐部成员，上海、北京、浙江等东部地区省市，2010 年地方财政收入也保持良好涨势。但是从中西部财政实力对比来看，地方差距仍然有扩大趋势。如果简单地对比，西部一些省份的地方财政收入仅为东部一些省份的 1/10。财政部曾做过统计测算，中国东部地区的人均财政收入是中西部地区的 3 倍。由上可知，目前，中西部地区在政府区域福利水平方面与东部地区存在着巨大的差距。

3. 企业福利差距

企业的区域福利水平主要可以通过企业在区域内的利润率来衡量。在企业利润率方面，从国内大企业来看，由于区域发展不均衡，中国 500 强企业逾七成云集东部地区。我国东、中、西部的上市公司在分布数量、产业及规模绩效上存在不小的差距，西部上市公司的股本规模也在全国范围内存在劣势。东部地区上市公司的平均净利润最高，2009 年东西部的年平均净利润竟相差了近 17 倍。在 2006 年中国 500 强企业中，内地 31 个省、自治区、直辖市中，除西部地区的西藏和青海以外，其他 29 个省、自治区、直辖市均有企业入选。其中，368 家企业来自于东部地区，占企业总数的 73%，比上届增加了 4 家；仅北京、上海、天津、山东、浙江、江苏和广东七个省市便有 336 家企业入选，占到了全部入选企业的 67.2%。2009 年中国 500 强企业中，东、中、西部、东北地区间的不平衡特征明显，东部地区仍是 500 强企业聚集的主要区域。中国 500 强企业分布在29个省（市、自治区），且集中分布在东部地区的北京、山东、江苏、浙江、广东、上海六省市，其企业总数达到308家，占61.6%，营业收入、利润总额、资产总计、所有者权益和从业人数分别占500强企业总数的76.79%、87.05%、90.93%、80.94%、70.56%。[①] 如表4-8所示为2009年中国500强企业分区域利润情况表。

表4-8 2009年中国500强企业分区域利润情况表

地区＼指标	单位产出利润率（%）
全国	5.50
黑龙江	-1.27
吉林	5.66
辽宁	2.33
北京	6.43
福建	3.86
广东	6.32
海南	2.56
河北	1.90
江苏	4.54
山东	4.93
上海	8.20
天津	2.37
浙江	4.66
甘肃	2.30
广西	2.05
贵州	19.61
内蒙古	1.73
青海	2.57
陕西	3.14
四川	1.71
新疆	6.04
云南	3.05
重庆	2.72
安徽	2.82

① 国家发展和改革委员会、北京师范大学课题组：《中国前500强企业发展报告2010/2011》，《经济研究参考》2011年第15期。

续表

地区＼指标	单位产出利润率（%）
河南	3.47
湖北	3.79
湖南	7.04
江西	1.73
山西	4.15
东北地区	2.54
东部地区	5.96
西部地区	2.96
中部地区	−3.84

资料来源：国家发展和改革委员会、北京师范大学课题组：《中国前 500 强企业发展报告 2010/2011》，《经济研究参考》2011 年第 15 期。

从单位产出利润率来看，2009 年中国 500 强企业的平均水平为 5.50%，其中，东北地区最低但增长最快，为 2.54%，比 2008 年提高了 1.33 个百分点；东部地区的单位产出利润率最高，为 5.96%，比 2008 年提高了 0.96 个百分点，说明东部地区大企业的福利水平最高；西部地区的单位产出利润率为 2.96%，比 2008 年提高了 0.03 个百分点，说明西部地区大企业的福利水平较低，比东部地区低了 3 个百分点；中部地区的单位产出利润率出现了负增长，为 3.84%，比 2008 年减少了 0.41 个百分点，说明中部地区大企业的福利水平介于东部地区和西部地区之间，比最高的东部地区低了 2.12 个百分点（东部 5.96 – 中部 3.84 = 2.12）。

综上所述，从如何缩小区域之间的福利差距这一命题来看，产业转移是实现区域协调发展的重要手段。区域协调发展面临的宏观背景和困境表明，解决区域协调发展问题的出路之一就是推进产业在区域之间的转移。一方面，产业转移产生的企业间接联系效应有利于打破部门、地区的封锁和垄断，突破生产要素流动的行政性障碍，促进区域经济的协调发展。另一方面，由产业转移而形成的区域产业的合理分工是区域协调发展的基础。无论从理论还是实践上，产业转移在我国区域协调发展中具有重要意义。改革开放 30 多年来，我国东部沿海地区得到了长足发展，但目前都面临着不同程度的水、电、原材料、燃料运输以及资金、劳动力等生产要素的价格上涨，投资经营成本节节上升，产业的生命周期性在客观上要求将这些失去优势的产业向东北及中西部地区转移。一方面可以降低东部地区产业的外向性依赖程度，并促进其向产业链高端及新兴服务业的转移；另一方面可以使中西部地区获得更多的赢利和就业机会，推进市场化进程的同时促进产业结构调整和企业赢利。因此，产业转移使东部与中西部地区之间的经济联系与交往更加密切，不断增强的区际分工与协作意识，使区域分工效益与协作效益日益提升，奠定全国协调发展战略的空间基础。在这个整体经济区域系统内的产业转移过程，一方面可以促进区内产业结构的调整，提高资源配置效率；另一方面可以发挥区域经济互补优势，减少重复建设，避免区内产业结构趋同，在带动内部经济专业化和集约化过程中不断促进区域经济的协调发展。因此，区际产业转移不仅促进各区域产业结构的升级优化，而且也会促进居民、企业、政府三者的区域福利效应，是加快区域经济协调发展的重要手段。

第二节　近年来中国产业转移进程中的区域福利效应

一、东部地区产业转出的区域福利效应

1. 东部产业转出与居民福利变化

从理论上分析，对于产业转出区而言，原有的成熟主导产业因成本、环境、政策等因素转出，产业的空心化使得该地区内的生产要素需求（如对劳动力、高级人才、能源及原材料、机器设备、土地等的需求量）会大为减少，这些将会直接影响普通劳动者的就业和增收，降低政府财政收入，导致区域福利负效应。政府用于公共物品、民生和福利事业的财政支出也会受到严重影响，这将降低该地区居民福利水平。转出产业的发达地区将那些污染环境、低附加值的夕阳产业转移到欠发达地区之后，会发展高科技含量、高附加值、低能耗、低污染的战略性新兴产业，进行产业的重新布局和区位调整。这就使得该地区环境的污染度和资源的开发度大为降低，给居民生活带来的环境负外部性也在很大程度上降低，区域福利正

效应逐渐显现。下面，本书就通过东部地区各省市的相关指标数据来分析区域福利效应是否符合上述理论分析的趋势。由于产业转移后最直接提升的是城镇居民人均收入，而不是农村居民人均纯收入，所以本书通过东部地区各省市的城镇居民人均可支配收入来研究产业转移所带来的居民区域福利水平的增长情况。如表 4-9 所示为东部地区城镇居民收入增长变化情况。

表 4-9 东部地区城镇居民收入增速变化情况

地区	地方城镇居民收入增速（%）		
	2009 年	2010 年	2011 年
北京	8.1	8.7	7.2
天津	10.3	13.5	10.8
河北	9.5	10.5	12.5
山东	9.2	12.0	14.3
广东	9.3	7.5	6.9
海南	9.6	13.3	11.8
福建	10.9	8.0	14.4
上海	8.1	10.4	13.8
浙江	9.7	7.0	16.6
江苏	10.5	7.8	9.2

资料来源：2009 年、2010 年各省市区国民经济和社会发展统计公报。

前面的理论分析已经提到，区域福利效应是一种增量效应，所以本书用城镇居民人均可支配收入的增速来反映区域福利效应。首先来看居民福利水平。图 4-2 是 2009~2011 年东部地区城镇居民收入增速图。

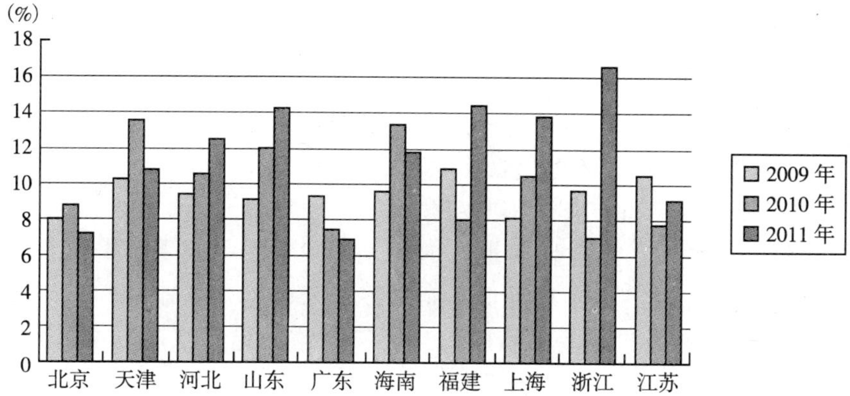

图 4-2 2009~2011 年东部地区城镇居民收入增速

从表 4-9 和图 4-2 可以看出，东部地区各省市中，主要的几个产业转移省份，如广东、浙江、江苏、福建，其城镇居民人均可支配收入的增速均出现明显的下滑，说明产业的转出带来的区域福利负效应有所显现。

表 4-10 东部地区部分省市地方社会保障支出增速

地区	地方社会保障支出增速（%）	
	2009 年	2010 年
天津	13.0	20.2
山东	29.7	25.2
福建	22.7	15.4
上海	0.3	8.6
浙江	14.5	11.2
江苏	24.3	18.8

资料来源：2009 年、2010 年各省市区国民经济和社会发展统计公报。

从表 4-10 可以看出，对于财政收入引致的政府对于居民的社会保障等福利支出，东部地区一些省份出现增速趋缓，但范围不大且幅度较小，所以尚未出现区域福利负效应。但是，产业的转出也在短期内直接影响了东部地区的就业。根据南方网 2008 年 2 月报道，“受困于高涨的成本和日益严格的监管，成千上万家工厂弃珠三角而去，珠三角 7 万家港资厂中 10%今年将停产”，“或许导致轻工制造业纷纷掉头他顾的最重要催化剂就是今年 1 月 1 日生效的劳动合同法”。部分学者认为，这部法律令劳资谈判的主动权转到了员工手里，并增强了员工的维权意识，由于许多工人都在中国其他地方找到了工作，华南出现了劳动力短缺状况，也令工人有了更多的筹码。自 2002 年以来，提请劳动仲裁的案件以每年 25%以上的幅度增加。这只是体现劳动力成本上升的一个方面，但无疑这种劳动力成本的上升成为了东部沿海地区一些劳动密集型企业停工的关键因素。劳动力“逆流”已经成为逼迫这些产业进行转移的原因。

2. 东部产业转出与企业福利变化

在理论上预测，产业转出地区内相关的服务行业遭受打击，企业利润下降较快，企业福利也随之降低。本书接下来通过东部地区各省市的相关指标数据来分析区域企业福利效应是否符合这种趋势。表 4-11 为东部地区工业利润水平变动情况。

表 4-11 东部地区工业利润水平变动情况

地区	工业利润变化数（%）	
	2009 年	2010 年
北京	25.3	34.8
天津	-6.9	68.7
河北	0.1	41.9
山东	14.4	37.6
广东	27.7	36.5
海南	190.0	18.5
福建	35.6	55.6
上海	43.8	56.7
浙江	34.4	47.3
江苏	24.3	43.6

资料来源：2009 年、2010 年各省市区统计年鉴。

图 4-3 为 2009~2010 年东部地区工业利润水平增速图。

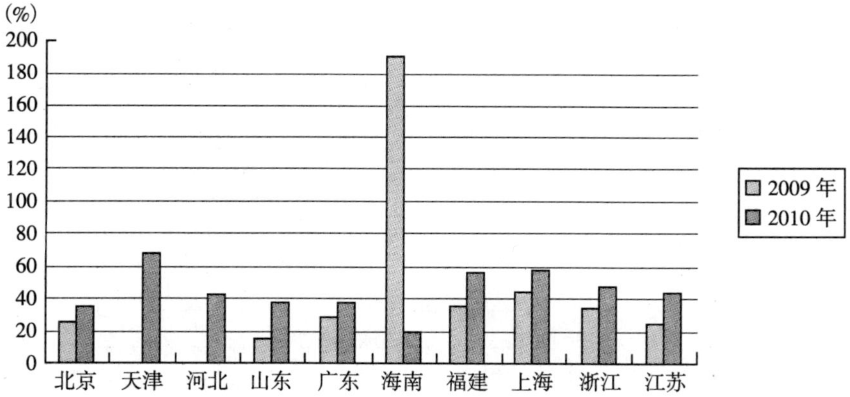

图 4-3 2009~2010 年东部地区工业利润水平增速

从表 4-11、图 4-3 可以看出，东部地区各省市的企业利润水平仍保持较高的增长速度和较好的增长态势，区域福利效应是一种增量表现，表明东部产业转出并未对各省市企业总体利润水平造成影响，区域福利正效应仍然明显，负效应并未显现。

3. 东部产业转出与政府福利变化

如前所述，某些劳动密集型产业的转出及区域产业短期内的空心化，导致政府的财税收入也趋于下降，政府福利不断下滑。接下来，本书仍然通过东部地区各省市的相关指标数据来分析区域政府福利效应是否符合该趋势。如表 4-12 及表 4-13 所示，分别为东部地区企业上缴所得税变化情况和地方财政收入增速变化情况。

表 4-12　东部地区企业上缴所得税变化情况

地区	地方企业所得税增速（%）	
	2009 年	2010 年
北京	16.4	1.9
天津	31.9	32.6
河北	45.1	28.0
山东	12.2	25.0
广东	25.7	21.5
海南	25.5	26.7
福建	15.9	27.8
上海	-12.1	22.2
浙江	42.1	39.4
江苏	25.4	22.8

资料来源：2009 年、2010 年各省市区统计年鉴。

表 4-13　东部地区地方财政收入增速变化情况

地区	地方财政收入增速（%）		
	2009 年	2010 年	2011 年
北京	10.3	16.1	27.7
天津	21.1	30.1	36.1
河北	12.5	24.7	25.4
山东	12.3	25.1	25.7
广东	10.3	23.8	22.1
海南	23.0	52.1	25.5
福建	11.9	23.5	30.4
上海	7.7	13.1	19.4
浙江	10.8	21.7	20.8
江苏	18.2	26.4	26.2

资料来源：2009 年、2010 年、2011 年各省市区国民经济和社会发展统计公报。

图 4-4 为 2009~2011 年东部地区地方财政收入增速图。

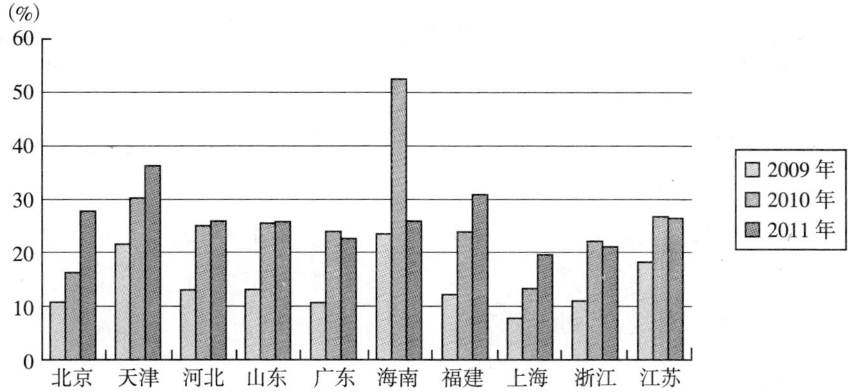

图 4-4　2009~2011 年东部地区地方财政收入增速

从表 4-13、图 4-4 可以看出，东部地区各省市的财政收入增速仍保持较高的增长态势，区域福利效应以增量为显现形式，因此，区域福利正效应仍较显著，负效应也尚未显现。

通过以上分析综合来看，随着产业的转出，目前东部地区尚未出现区域福利负效应，表明产业转出还未形成较大规模，对于东部地区的影响尚处于短期内的初始作用阶段，但随着产业转移规模的进一步扩大及产业转移阶段的进一步延续，东部地区各省市的区域福利负效应将逐渐显现。

二、中西部地区产业转入的区域福利效应

1. 中西部产业转入带来的居民福利

如前所述，中西部地区在居民、企业、政府等各项区域福利水平指标上与东部地区尚有很大的差距，但是中西部地区在承接产业转移过程中，在要素需求、要素布局和要素利润等因素的作用下，与东部地区在各项区域福利水平上的差距有所缩小，区域福利效应比较明显。区域福利效应不是一个静态均衡状态，而是一个量变的动态过程，所以我们通过增量指标来反映产业转移过程中的区域福利效应。基于实际情况，本部分着重探讨产业转移过程中的短期区域福利效应，时间为 1~3 年。

基于理论分析，产业由一个地区转移到新的地区，必然在很短的时间内对劳动力、技术和管理、土地等生产要素形成新的需求；随着新转移来的产业的扩张、成熟与发展，对生产要素的需求也会持续增加，要素的价

格也会随之上升，将会促进转入地区要素供给者收入的提高，且政府财力的提升会提高对居民转移支付收入，形成区域福利正效应。这种区域福利正效应主要体现为居民收入的提高，从产业转移的实际情况来看，主要影响的是工资收入和转移支付收入。结合中西部地区承接产业转移的实际情况，本书就此展开对以上理论分析结论的判断和验证。

劳动力需求是提高居民区域福利水平的重要影响因子，产业转移引致的劳动力需求的变化带动了当地就业和居民收入的变化。比如，2010 年 6 月，百丽鞋业在安徽宿州正式开工投产，投资项目达 5.5 亿元，原本 800 人的劳动力招工计划又拓展到 1300 人。由于安徽省的综合成本只是东部沿海发达地区的 60%，所以对东部企业的吸引力很大，转入企业对劳动力的需求也不断扩大。①

河南省在加快承接产业转移过程中，通过培训和就业服务，让农民跟着产业就近就地转移，到 2010 年 6 月底，省内农村劳动力转移就业人数首次突破 1000 万人。近年来，河南大力实施产业集聚区建设工程，加快基础设施和配套服务设施建设，根据河南省人力资源和社会保障厅的统计，全省通过产业转移，建设纺织服装产业园区达 27 个，仅郑州附近就有数百家不同规模的服装厂，吸纳农民就地就近转移就业 50 万人。2010 年上半年，河南省农村劳动力转移就业总量达 2341 万余人，其中省内农村劳动力转移就业人数达 1140 万人，首次高于 1000 万人，比 2009 年底增加了 164 万人。在省外就业转移人数比 2009 年底减少 81 万人的情况下，对河南省农民工就业形势的稳定发挥了重要的作用。在得益于将承接沿海产业转移作为经济建设重中之重的情况下，2011 年，河南省仅富士康、海马汽车、格力电器等几个产业转移的代表项目，其用工总需求就将近 60 万人。这充分说明河南的产业集聚区建设和承接产业转移工作不仅发展了经济，增加了农民收入，同时也促进了社会稳定，亦是促进民生的工程。河南作为人口和劳务输出大省，劳动力的流向既反映出经济形势的变化，也能折射出河南部分产业和劳动力由东部沿海向内陆地区转移的趋势。这意味着河南在产业承接转移、解决农村劳动力转移方面不但有了量的突破，还有了质的提升。

2010 年，四川省自大规模承接产业转移以来首次劳动力供不应求，工

---

① 新华网记者:《东部地区产业正在加快向中西部转移速度》，新华网（人民观察）2010 年 9 月 6 日。

程师需求量最大，平均 100 人有 223 个岗位可以选择；四川省全力推进“两个加快”，经济运行质量提高，根据四川省就业服务管理局发布的劳动力市场供求状况分析报告显示，2010 年一季度劳动力市场中岗位空缺数多于求职人数，用人单位通过公共就业服务机构招聘各类人员约 39.2 万人，进入市场的求职者约 37.5 万人，岗位空缺与求职人数比率约为 1.04。从行业需求看，76%的企业用人需求集中在制造业、批发和零售业、住宿和餐饮业、居民服务和其他服务业、租赁和商务服务业、建筑业。其中，制造业和建筑业的用人需求分别占第二产业全部用人需求的 55.5%和 31.8%。从用人单位类型看，94.2%的用人需求来自企业，其中内资企业占 82.5%，内资企业在所有企业用人需求中所占比重同比上升 5.2%，而港、澳、台商投资企业用人需求比重下降 1.27%。从用人需求对技术等级要求看，对技术等级有明确要求的占总需求人数的 44.2%，各技术等级岗位空缺与求职人数的比率均大于 1，其中高级工程师（高级职称）、工程师（中级职称）和高级工（职业资格三级），其岗位空缺与求职人数的比率分别为 1.75%、2.23%和 1.77%，显示高技能人才供不应求。

2009 年以来，重庆市陆续引进惠普、宏碁、富士康等 IT 企业，信息产业用工增长较快。2010 年重庆市确保了信息产业用工需求，从目前重庆的人力资源储备来看，三年内重庆市信息产业用工需求都能得到有效保障。2010 年，重庆市电子信息产业销售收入预计达 1350 亿元，比 2009 年增长 56.4%，2011 年达 3000 亿元，信息产业用工增长较快。近年来，重庆市随着惠普、宏碁、富士康、英业达、广达、思科、中航等一大批项目的入驻，未来几年内，其将建成亚洲最大的笔记本电脑基地、亚洲半导体产业旗舰基地和中国西部领先软件及服务外包基地，电子信息产业将成为第一支柱产业。在“十二五”时期，重庆作为中国乃至全球世界电子信息产业发展的主战场，对 IT 人才需求提出了更大的要求。随着重庆市电子信息产业快速发展，IT 人才队伍中存在的严重结构失衡和数量短缺的问题日益凸显，既缺高级 IT 人才，包括复合型高级管理人才和高级技术人才（如从事集成电路设计和计算机研发的高端人才），更缺技能型、应用型信息技术人才，即“IT 蓝领”，据预测，仅是“整机+配套”的笔记本电脑产业链就将有 50 万人以上的劳动力需求。根据重庆市电子信息产业未来五年发展趋势预测，到 2015 年，重庆电子信息产业人才需求为 80 万人，其中：电子制造业 70 万人（其中：笔记本电脑及配套行业 50 万人），软件及服务业 10 万人。在劳动力结构中，初级工（农民工）占 10%，中级工（中职毕业生）占 50%，高级工、技师、高级技师（高职及以上学历毕业生）占 40%。若考虑各行各业中的初、中级水平计算机应用人才需求，则缺口更大。

陕西省在承接产业转移过程中，劳动力需求也增长较快。产业转移规模较大的 2010 年，在第二季度的企业用人需求中，内资企业占 79.63%。与第一季度相比用人需求比重上升了 6.3 个百分点；第三季度全省进入人力资源市场的用工需求总量为 375438 人，内资企业对人员的需求占需求总量比重有所上升，达到 76.79%，上升 0.16 个百分点；第四季度，在企业用人需求中，内资企业上升至 80.28%，比上季度提升 3.49 个百分点。从行业分组来看，制造业、建筑业是吸纳人力资源的部分主要行业。①

2008~2010 年上半年，陕西、甘肃、宁夏、青海、新疆西北五省区承接产业转移吸纳劳动用工数约为 19.17 万人，其中 2009 年为 7.03 万人，较 2008 年增长 34.47%。② 2010 年，从西部地区工资水平较低的甘肃省来看，城镇非私营单位就业人员劳动报酬总额为 568.95 亿元，比 2009 年增长 9.9%；在岗职工工资总额为 560.63 亿元，增长 9.66%；企业单位在岗职工年平均工资为 29237 元，比 2009 年增长 10.63%。

表 4–14 中西部及东北地区居民收入和就业变化情况

中西部及东北地区	城镇居民人均收入增速（%）			城镇就业人数增量（万）		
	2009 年	2010 年	2011 年	2009 年	2010 年	2011 年
山西	6.7	11.8	15.8	42.2	49.6	50.0
河南	9.9	7.2	8.4	116.8	132.1	141.1
安徽	8.4	12.1	17.8	51.2	54.8	62.3
江西	9.0	10.4	13.0	47.5	50.6	52.7
湖北	9.2	11.8	14.4	20.0	23.4	65.0
湖南	9.1	9.2	13.8	60.32	70.83	71.6
辽宁	9.5	12.4	15.5	82.1	83.9	105.4
吉林	9.17	10.0	15.5	48.84	53.8	9.3
黑龙江	8.5	10.3	13.3	74.9	75.8	77.3

① 陕西省人力资源和社会保障厅：《陕西省人力资源市场 2010 年各季度职业供求状况分析报告》，2011 年。

② 郭新明：《西北五省区承接产业转移的调查与思考》，《金融时报》2011 年 6 月 13 日。

续表

中西部及东北地区	城镇居民人均收入增速（%）			城镇就业人数增量（万）		
	2009 年	2010 年	2011 年	2009 年	2010 年	2011 年
重庆	11.6	11.8	15.5	28.13	31.51	55.0
广西	12.0	7.2	10.5	38.29	42.71	53.29
四川	10.1	11.7	15.8	35.8	36.2	35.6
贵州	10.9	7.0	16.6	19.8	21.89	28.37
云南	8.3	8.1	27.5	23.5	24.0	27.6
西藏	8.5	10.6	8.1	8.64	6.41	14.93
陕西	9.9	11.1	16.2	38.7	38.9	41.15
甘肃	8.75	10.6	13.6	27.8	19.8	0.7
青海	9.0	9.2	12.6	3.6	3.2	1.92
宁夏	8.5	9.4	14.6	6.6	6.08	6.3
新疆	7.2	11.3	13.7	42.59	51.68	29.0
内蒙古	9.8	11.7	15.3	24.34	25.55	46.42

资料来源：2009 年、2010 年、2011 年各省市区国民经济和社会发展统计公报。

就业和收入是居民福利的核心部分。如前所述，区域福利效应是一种增量作用。从表 4-14 来看，在产业转移带动下，中西部地区各省市区的新增就业人数逐年递增，其中安徽、河南两个主要承接产业转移省份的绝对量最大；城镇居民人均收入也保持稳中有增的总体态势，其中安徽、新疆两个产业承接集中地区的居民收入增速最快。对于中西部地区而言，产业转移已经初步显现出区域福利正效应。

下面分区域来分析，从收入的角度，先看中部地区及东北地区人均收入增长情况。

图 4-5 为中部地区及东北地区人均收入增长分布情况。

图 4-6 为西部地区人均收入增长分布情况。

如图 4-5 和图 4-6 所示，中部、西部、东北地区的人均收入增量效应明显，其中，尤以产业转移规模较大的安徽、湖南、吉林最明显，陕西、湖北、江西、新疆也稳步递增。

从就业的角度，先看中部地区及东北地区年新增就业情况，其增量效应的直观图如图 4-7 所示。

再看西部地区年新增就业情况，其增量效应的直观图如图 4-8 所示。

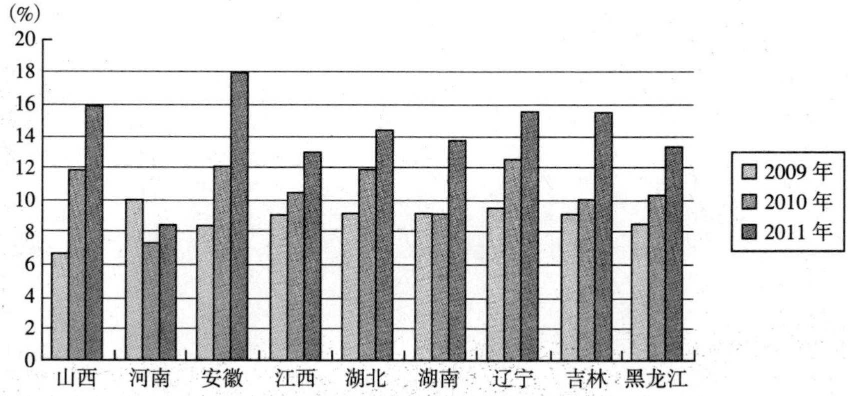

图 4-5　2009~2011 年中部及东北地区人均收入增长分布

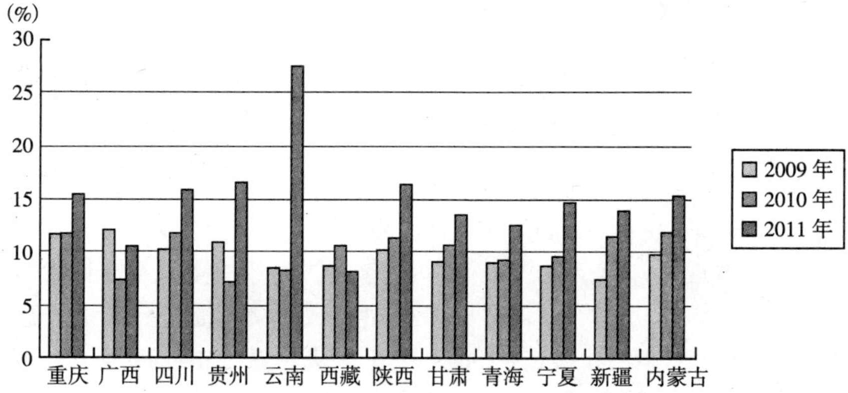

图 4-6　2009~2011 年西部地区人均收入增长分布

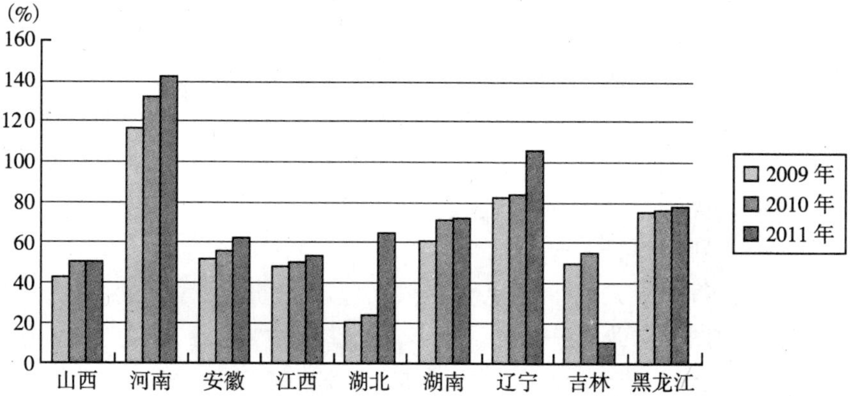

图 4-7　2009~2011 年中部及东北地区年新增就业分布

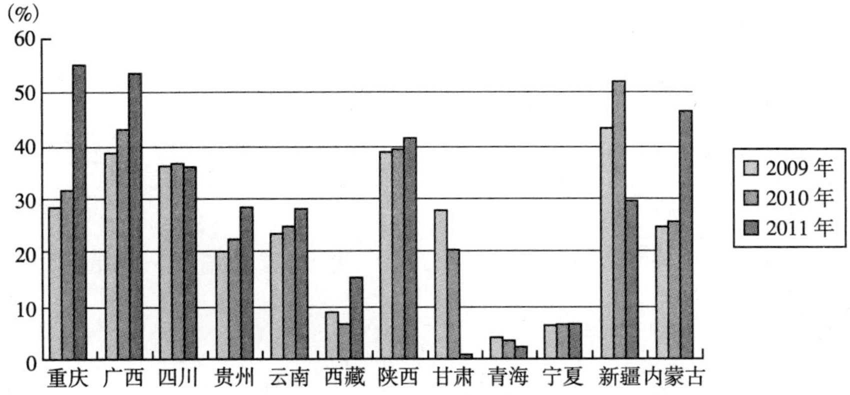

图 4-8　2009~2011 年西部地区年新增就业分布

如图 4-6 和图 4-7 所示，中部、西部、东北地区的就业增量效应也较为明显，这方面产业转移规模较大的重庆、湖北、广西最为明显，河南、内蒙古也稳步递增，其他主要产业转移省市不突出。

从中西部地区重点行业来看，产业转移集中的中西部省市制造业总体工资水平变化如表 4-15 所示。

表 4-15　中西部地区城镇制造业从业人员报酬变化情况

中西部地区	城镇制造业从业人员劳动报酬收入（亿元）	
	2009 年	2010 年
山西	144.9	165.4
河南	322.3	356.9
安徽	151.1	176.8
江西	122.0	163.2
湖北	248.0	268.5
湖南	200.7	234.1
重庆	135.7	163.2
广西	122.8	136.8
四川	273.7	302.5
云南	129.8	143.2
陕西	178.6	203.8
甘肃	93.0	104.9
青海	18.6	29.8
宁夏	24.8	36.8

续表

中西部地区	城镇制造业从业人员劳动报酬收入（亿元）	
	2009 年	2010 年
新疆	62.6	92.6
内蒙古	88.9	103.3

资料来源：《中国统计年鉴》（2010 年）。

中西部地区城镇制造业从业人员劳动报酬收入增量效应的直观图如图4-9 所示。

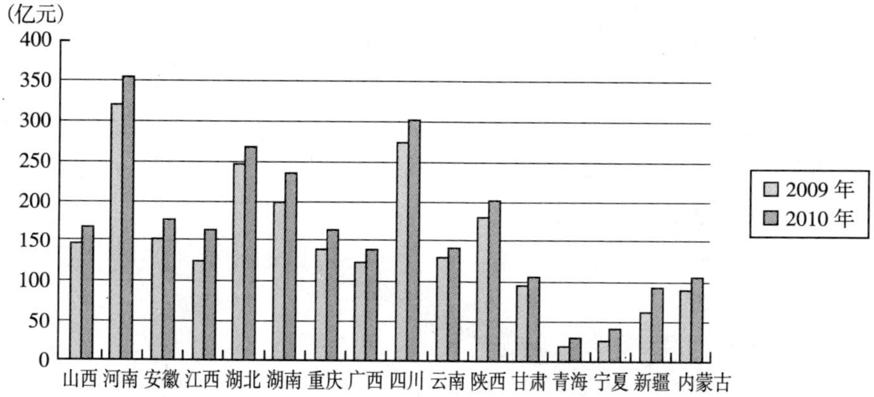

图 4-9　2009~2010 年中西部地区城镇制造业从业人员劳动报酬收入增长

如图 4-8、表 4-15 所示，在最直接代表产业转移中居民收入的制造业从业人员报酬方面，中西部地区的增量效应明显，其中，产业转移最为集中的河南、安徽、重庆、四川、湖北、新疆均非常明显，充分表明了承接制造业转移直接提升了这些地区的工人报酬水平。

产业转移集中的中西部地区城镇居民人均工资水平变化如表 4-16 所示。

表 4-16　中西部地区城镇居民人均工资性收入增速变化情况

中西部地区	城镇居民人均工资性收入增速（%）		
	2009 年	2010 年	2011 年
山西	8.11	10.7	11.0
河南	18.54	19.1	17.1
安徽	11.4	10.4	12.3
湖南	6.7	9.6	12.9
重庆	14.7	14.1	8.6

续表

中西部地区	城镇居民人均工资性收入增速（%）		
	2009 年	2010 年	2011 年
广西	8.4	7.8	11.0
四川	12.3	11.8	18.0
陕西	11.8	12.1	16.3
甘肃	9.91	7.63	13.45
宁夏	11.2	12.8	14.6
新疆	4.2	6.8	11.7
内蒙古	9.6	12.0	17.2

资料来源：各地国民经济和社会发展统计公报、各地统计局调查总队资料。

中西部地区城镇居民人均工资增量效应的直观图如图 4-10 所示。

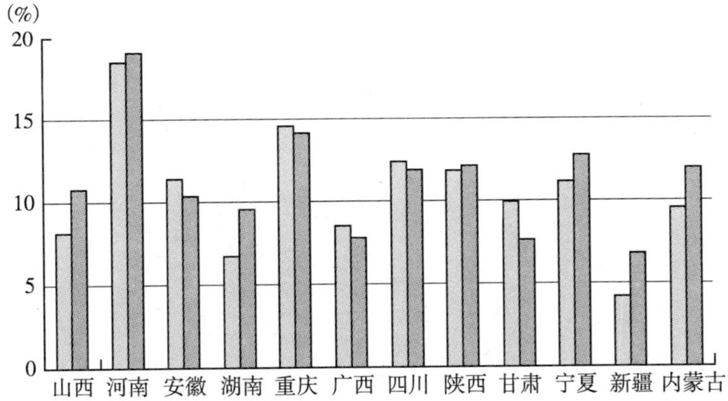

图 4-10　2009~2011 年中西部地区城镇居民人均工资增量变化

如图 4-9、表 4-16 所示，在城镇人均工资水平方面，多数主要产业转移承接区如河南、新疆、湖南等的增量效应也较明显，但少数省市如安徽、重庆有所减少。

2010 年西部地区在岗职工工资水平总额变化如表 4-17 所示。

表 4-17　2010 年西部地区在岗职工工资情况

地区	在岗职工平均工资增速（%）	在岗职工工资总额增速（%）
西藏	13.5	17.2
宁夏	14.9	14.5
青海	10.8	16.4
内蒙古	15.7	16.8

续表

地区	在岗职工平均工资增速（%）	在岗职工工资总额增速（%）
重庆	14.1	20.5
陕西	13.6	16.4
四川	15.9	16.4
新疆	16.6	19.9
广西	12.5	17.1
贵州	11.4	13.4
云南	11.8	14.6
甘肃	8.9	9.7

资料来源：2010年西部地区劳动就业和社会保障分析，甘肃省统计局人口处。

2010年西部地区在岗职工工资水平总额变化增量效应的直观图如图4-11所示。

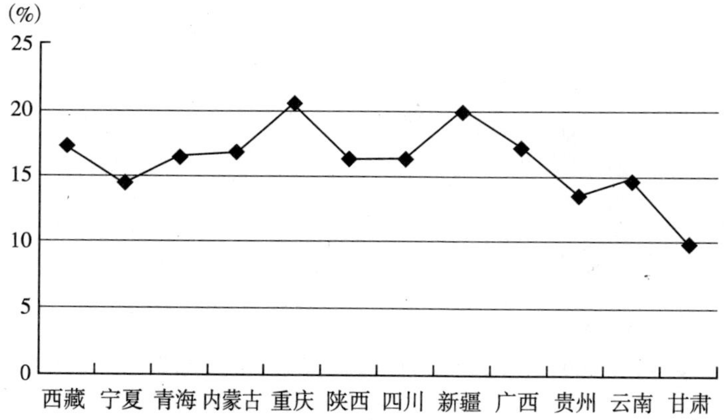

图4-11　2010年西部地区在岗职工工资水平总额变化

从图4-10、表4-17可以看出，在西部地区产业转移集中的几个省市区，如重庆、陕西、四川、新疆、广西等，其在岗职工工资增速均出现了明显或较大幅度的提升，居民福利正效应显著。

区域财政收入增加引致的政府对居民转移支付收入亦属于居民福利的增加范畴，如表4-18所示。

具体而言，从中西部地区来看，2010年重庆市全年共救助城乡低保对象178万人，支出低保金24.11亿元，比2009年增长了13.0%。城乡低保标准分别由230元/月提高到260元/月、1369元/年提高到1612元/年，分

表 4-18 中西部及东北部分地区公共福利支出变化情况

	社会保障与就业支出增速（%）			医疗卫生支出增速（%）		
地区	2009 年	2010 年	2011 年	2009 年	2010 年	2011 年
山西	8.5	29.2	17.5	41.1	12.1	40.7
河南	22.0	25.5	18.4	51.2	20.5	32.8
安徽	24.0	23.9	16.6	72.8	24.2	49.1
江西	11.6	−35.4	13.0	44.3	−7.4	11.7
湖北	14.8	13.7	17.4	12.6	14.9	16.1
湖南	17.8	20.7	21.3	12.7	13.3	15.2
辽宁	8.6	14.8	13.9	86.9	−9.0	20.1
吉林	25.3	25.6	18.0	80.4	3.3	29.7
重庆	32.8	17.1	18.9	48.8	22.4	23.5
广西	229.0	23.9	12.3	31.8	41.1	40.2
四川	22.7	38.9	39.4	45.7	44.6	43.7
云南	30.8	16.3	26.8	40.5	21.4	29.0
西藏	15.8	26.2	63.2	33.6	46.4	8.5
陕西	34.3	21.79	36.6	156.7	24.5	34.0
青海	43.0	150.0	84.8	31.8	23.4	13.3
宁夏	22.4	6.7	100.0	24.8	54.4	21.7
新疆	62.1	19.7	19.8	44.6	22.1	28.0
内蒙古	43.4	20.2	24.5	70.7	16.8	36.3

资料来源：中国统计年鉴 2009、各省市区国民经济和社会发展统计公报、中国财政年鉴 2010、各省市区财政厅关于财政预算执行情况的报告。

别比 2009 年提高 13.0%和 17.8%。2010 年，安徽省城镇居民人均转移性收入 4585 元，同比增加 552 元，增长 13.7%，增幅比 2009 年提高了 1.8 个百分点。2010 年，宁夏城镇居民人均转移性收入 4288 元，比 2009 年增加 652 元，增长 17.9%，占家庭总收入的 23.5%，比 2009 年提高 1.1 个百分点，拉动家庭总收入增长 4.2 个百分点。2010 年，江西省向城市低保户发放低保金 20.5 亿元，月人均补差 252 元；向农村低保户发放低保金 13.7 亿元，月人均补差 75 元。2010 年，西部地区人均收入较低的甘肃省各项社会保险基金总支出 174.41 亿元，增长 17.98%，新型农村合作医疗基金支出总额为 27.94 亿元，比 2009 年增长 48.7%。2010 年，新疆财政收入 1191 亿元，增长 34.6%，其中 70%以上用于民生支出，就业与社会保障、教育、医疗卫生、保障性住房支出均有较大幅度增长。2011 年，四川省级新增财力全部安排用于保障民生、支持产业发展和基础设施建设。省级一般预算支出总额717.8亿元中，安排民生支出427.38亿元，占省级支出总额的59.6%，比2009年提高1.2个百分点。在财政收入增速上，多地财政收入虽然保持增收态势，但增速回落明显。仅贵州、青海、甘肃、内蒙古4个省份增速上升，其他省份均为增速回落。贵州以52%的增速高居榜首，紧随其后的江西、甘肃和青海均属于中西部地区。北京、上海、浙江和广东分列倒数后四位，增速均低于10%。

2012年上半年，我国各地区的财政收入和GDP增速均呈现“西高东低”的格局。北京、上海、浙江、广东这四个东部发达省市在公共财政预算收入和GDP增速两项指标中均排名全国倒数后四位。贵州、江西、青海等中西部省份在财政收入取得30%以上增幅的同时，GDP同比增长也均超过11%，贵州更是在两项指标中都位列第一。截至2012年6月，在公布数据的省份中，只有河南、贵州和宁夏三地一季度财政收入增速超过去年同期，而这三地都来自中西部地区。在财政收入增速排名中，前四位的贵州、天津、重庆和四川，除天津外均位于西部地区，其中贵州的增速远高于北京、上海、浙江和广东的增速。

对于产业转入区而言，传统粗放型产业的迁入改变了产业转入区原有的产业区位布局，环境的污染度和资源的开发度大大提高，环境负外部性凸显，区域福利负效应明显。我国中西部地区在承接东部产业转移过程中，部分污染型产业的转入所带来的环境负外部性也给区域环境福利带来了损害。国家环境保护总局环境署将我国的主要工业部门划分为15个主要行业：采掘业，食品、烟草及饮料制造业，纺织业，电力、煤气及水的生产供应业，石油加工及炼焦业，化工原料及化学制品制造业，医药制造业，化学纤维制造业，橡胶制品业，塑料制品业，非金属制品业，黑色金属冶炼及压延工业，有色金属冶炼及压延工业，金属制品业以及机械、电器、电子设备制造业。在这些产业中，有一大部分均涉及污染型产业。这从规模和广度上决定了产业转移污染的必然性。就中西部地区而言，污染型产业转入对于环境福利的损害具有一定的隐蔽性。中西部地区由于经济水平较落后，环境标准和环境意识都较弱，为了实现经济快速发展，都积极吸引国内外资金，甚至不惜降低环境标准，引入污染密集产业。通过直接投资进行的转移，一般都是引资方为了发展经济而自愿盲目引进的。由此看来，由直接投资所造成的污染密集产业转移动机是隐蔽的。①

从表 4-19 可以看出，2005~2010 年这一产业转移逐渐扩张的时期，在代表环境负外部性的废水、废气等指标方面，中西部地区均有较大幅度增加，环境福利水平受到损害，说明承接产业转移带来了明显的区域福利负效应。

表 4-19　中西部地区环境外部性增加情况

类型＼年份	2005 年	2010 年
废水（万吨）	2245664.0	2621096.0
生活废水（万吨）	1222239.0	1580691.0
工业废水（万吨）	1023425.0	1040405.0
工业废气（亿立方米）	116776.0	257690.0
燃烧废气（亿立方米）	66539.0	156373.0
工艺废气（亿立方米）	50237.0	101317.0
二氧化硫排放量（万吨）	1238.8	1207.2

资料来源：《中国统计年鉴》（2006 年和 2011 年）。

2. 中西部产业转入带来的企业福利

如前理论分析，从企业福利来看，产业的迁入，使其获得了新的更为适应的市场环境和政策环境，企业群在迁入的初期发展迅速，利润不断增加，企业效益不断增长，企业福利水平大为提升。无论是合理竞争还是市场合作，同一产业内的企业之间都可以通过区域集聚的布局调整来降低产品价格，允许厂商更有效地推销产品并按照更低的价格出售更多的产品，改善了居民福利水平；或是降低了企业成本，提高了企业产出，改善了企业福利水平。下面本书就对以上理论分析的结论进行判断和验证。

表 4-20　中西部地区工业利润水平变动情况

中西部地区	工业利润变化数（%）	
	2009 年	2010 年
山西	-25.9	98.3
河南	10.7	35.9
安徽	50.1	62.7
江西	49.5	72.7
湖北	15.4	74.5

① 杨英：《基于 FDI 的污染密集产业转移与环境福利效应研究》，浙江大学硕士学位论文 2005 年。

续表

中西部地区	工业利润变化数（%）	
	2009 年	2010 年
湖南	46.1	46.1
辽宁	92.9	59.9
吉林	34.7	66.4
黑龙江	-40.0	25.2
重庆	16.4	39.8
广西	45.7	75.8
四川	33.7	51.6
贵州	-0.3	44.0
云南	-4.7	47.4
西藏	4.9	70.1
陕西	-11.5	66.7
甘肃	113.0	40.13
青海	-51.2	91.8
宁夏	125.6	60.8
新疆	-43.7	74.7
内蒙古	12.9	67.1

资料来源：2009 年、2010 年各省市区国民经济和社会发展统计公报。

从表 4-20 可以看出，中西部地区的几个主要承接产业地区，如河南、安徽、江西、重庆、广西、四川、陕西、新疆，其工业企业利润均有很大幅度的增长，企业福利水平增长较快，区域福利正效应显著。

中部地区工业企业利润水平增速如图 4-12 所示。

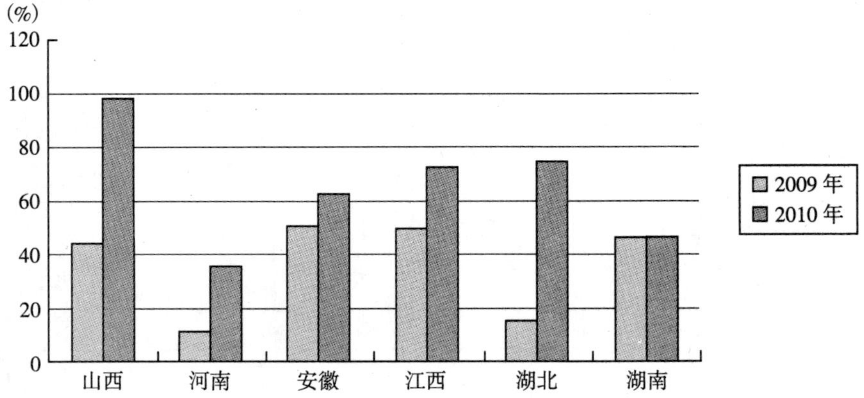

图 4-12　中部地区工业利润水平增速

东北地区工业企业利润水平增速如图 4-13 所示。

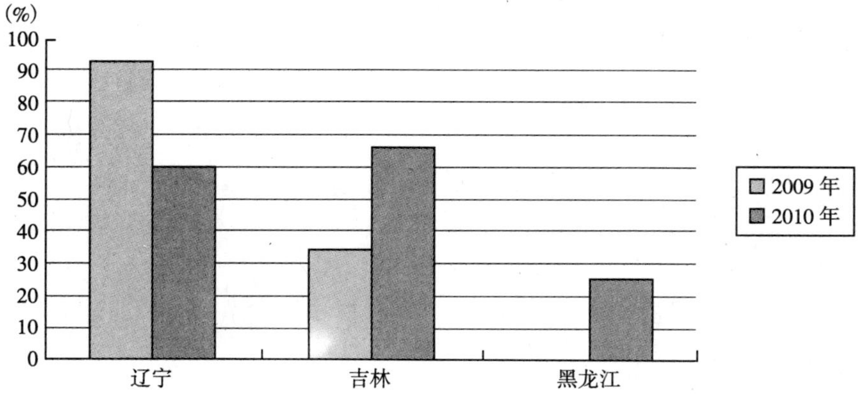

图 4-13 东北地区工业利润水平增速

西部地区工业企业利润水平增速如图 4-14 所示。

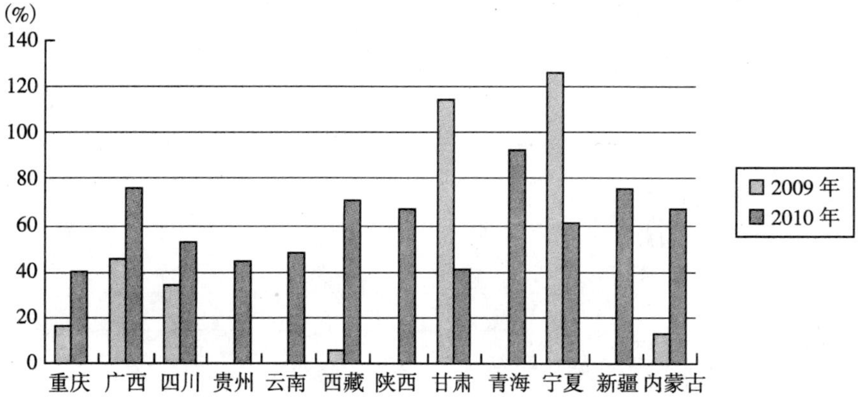

图 4-14 西部地区工业利润水平增速

如图 4-14 所示，中西部地区主要承接产业地区河南、安徽、江西、重庆、广西、四川、陕西、新疆等地区的区域福利增量效应非常明显，而非主要产业承接区的甘肃、宁夏等则减量效应明显。

通常而言，在企业利润水平的考量指标上，可以用总资产利润率来反映企业资产在整体上的增长情况。总资产利润率也称为总资产报酬或总资产收益率，是指利润与资产总额的对比关系。利润是一定时间内的总资产增量，总资产利润率从整体上反映了企业资产的增长情况，可用来说明企业在以利润为代表的福利水平上的升降情况。

表 4-21 全国 500 强企业总资产增减情况

地区 \ 指标	总资产利润率（%）
黑龙江	-1.04
吉林	7.77
辽宁	1.54
北京	1.34
福建	3.57
广东	2.04
海南	0.65
河北	2.15
江苏	7.10
山东	5.29
上海	1.57
天津	3.10
浙江	5.83
甘肃	1.70
广西	0.96
贵州	15.63
内蒙古	1.15
青海	1.71
陕西	1.76
四川	1.12
新疆	6.12
云南	1.85
重庆	1.10
安徽	2.24
河南	1.68
湖北	3.81
湖南	6.21
江西	1.00
山西	3.03

资料来源：国家发改委、北京师范大学：《中国前 500 强企业发展报告 2010/2011》，《经济研究参考》，2011 年第 15 期第 2–40 页。

从表 4-21 可以看出，在全国 500 强企业利润率方面，部分中西部地区如新疆、安徽、湖南等产业转移重点集中区域，其利润率在东部地区也呈较高水平，产业转移引致的企业福利水平较高。重庆、陕西、湖北、山西等一些中西部地区，其企业利润水平也高于少数东部地区。这种比较意义上的区域福利正效应具体表现为，从地区企业利润率来看，2009 年，得益于承接产业转移，安徽省企业效益逐渐改善。受经济回升带动，前三季度，工业经济效益综合指数达 211.9，超过 2008 年全年水平，比 2009 年一季度和 2009 年上半年分别提高 27.2 个和 8.9 个百分点；规模工业实现利润同比下降 5%，降幅比一季度和上半年缩小 34.7 个和 17 个百分点。37 个行业全部实现净盈利。企业亏损面和亏损额同比进一步缩小。2009 年，四川省企业家信心明显回升，企业生产状况持续好转。2009 年企业家信心指数为 118.7，比 2008 年提高 7.1 个百分点；企业景气指数为 120.6，比 2008 年提高 8.2 个百分点。其中，建筑业、交通运输仓储邮政业、房地产业、社会服务业、住宿餐饮业企业的生产经营状况改善最明显，企业景气指数分别较 2008 年上升 11.9 个、14.3 个、27.7 个、20.8个、19.9 个百分点。

表 4-22 我国分区域 500 强企业总资产利润率情况

区域名称	总资产利润率（%）
东北地区	2.07
东部地区	1.59
西部地区	1.77
中部地区	2.74
全国	1.64

资料来源：国家发改委、北京师范大学：《中国前 500 强企业发展报告 2010/2011》，《经济研究参考》，2001 年第 15 期第 2-40 页。

3. 中西部产业转入带来的政府福利

从理论上分析，政府福利的变化趋势是：在短期内，随着企业利润水平的快速增加，政府的税收收入也较快增长，政府福利不断改善，产生区域福利正效应。下面本书就针对此方面进行判断和验证。

在经济运行中，税收是政府财力的基础。从表 4-23 中可以看出，得益于承接东部地区产业转入，河南、安徽、江西、湖南、重庆、广西、四川、陕西、新疆等地的税收均有大幅度增长，为地方政府财力增长奠定了重要基础。中西部及东北地区政府财政收入增长情况如表 4-24 所示。

表 4-23　中西部及东北地区政府税收收入增长情况

地区	地方税收收入增速（%）		
	2009 年	2010 年	2011 年
山西	2.7	19.1	26.0
河南	14.9	23.7	24.2
安徽	23.7	35.3	27.3
江西	13.3	32.9	32.5
湖北	14.7	26.3	37.1
湖南	14.3	28.4	57.52
辽宁	16.4	28.1	30.2
吉林	16.1	23.6	42.1
黑龙江	11.0	20.6	35.6
重庆	27.9	49.3	43.0
广西	20.5	27.9	22.5
四川	21.1	33.1	36.7
贵州	19.5	26.9	30.9
云南	13.6	26.0	30.2
陕西	23.06	33.4	30.0
甘肃	22.76	17.91	23.0
青海	18.9	14.8	28.5
宁夏	29.6	32.0	31.0
新疆	22.9	34.6	42.0

资料来源：2009 年、2010 年、2011 年各省市区国民经济和社会发展统计公报。

表 4-24　中西部及东北地区政府财政收入增长情况

地区	地方财政收入增速（%）		
	2009 年	2010 年	2011 年
山西	1.3	17.8	24.9
河南	7.8	22.6	24.3
安徽	19.2	33.0	27.6
江西	18.9	33.8	35.4
湖北	14.7	24.1	45.4
湖南	16.9	25.8	30.98
辽宁	17.3	26.0	31.7
吉林	15.2	23.7	41.1
黑龙江	15.4	17.8	32.5
重庆	18.1	49.4	46.2

续表

地区	地方财政收入增速（%）		
	2009 年	2010 年	2011 年
广西	14.7	24.4	25.2
四川	21.9	32.9	24.16
贵州	15.9	28.2	37.2
云南	13.7	24.8	27.5
西藏	6.2	21.8	52.0
陕西	25.8	30.3	56.45
甘肃	20.94	23.37	27.37
青海	21.9	25.6	37.7
宁夏	17.4	37.8	43.2
新疆	2.8	28.8	49.8
内蒙古	30.7	25.8	30.1

资料来源：2009 年、2010 年、2011 年各省市区国民经济和社会发展统计公报。

中部地区及东北地区政府财政收入增量效应的直观图如图 4-15 所示。

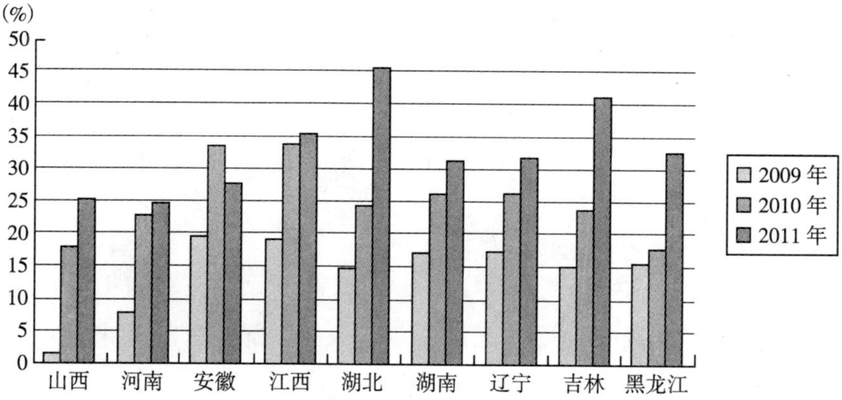

图 4-15　2009~2011 年中部及东北地区政府财政收入增速

西部地区政府财政收入增量效应的直观图如图 4-16 所示。

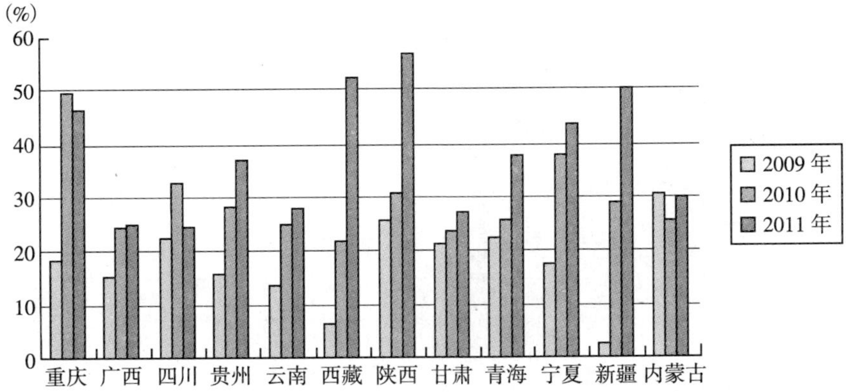

图 4-16　2009~2011 年西部地区政府财政收入增速

从图 4-15、图 4-16、表 4-24 中可以看出，中西部地区在整体上财政收入呈增长态势，个别地区有下降趋势，在承接东部产业转移的主要地区中，河南、新疆、安徽、重庆、江西等省市区均以 10%以上的速度在增长，湖南、广西也以 10%左右的速度在增长，陕西增速要慢一些。综合来看，产业转移给中西部地区带来的政府福利水平显著上升，区域福利正效应显著。

三、中国产业转移与区域福利效应的实证分析

前面部分只是在代表区域福利水平的指标数据上直观判断区域福利效应，若要精确估计区域福利效应的程度，则需要建立计量经济学模型来进行定量分析。

1. 产业转入区的多元线性模型分析

本部分主要考察产业转移及其引致的就业量、企业利润、财政收入以及环境污染水平的因果关系。假设令 I_t 表示中西部地区的外来投资量，U_t 表示中西部地区的就业量，R_t 表示中西部地区的企业利润水平，G_t 表示中西部地区的政府财政收入水平，建立多元线性回归模型；为了克服虚假回归，还应引入时间变量 t；考虑到当期的就业水平、利润水平、财政水平均受其上一期水平的影响，分别在方程中引入滞后变量 U_{t-1}、R_{t-1}、G_{t-1}；考虑到规模性产业转移发生时点的因素，引入虚拟变量 D_t，$D_t=\begin{cases}0, t\leqslant 2001\\1, t>2001\end{cases}$，以此构建自回归模型。中西部地区包括山西、河南、安徽、江西、湖北、湖

南6省，西部地区包括重庆、广西、四川、贵州、云南、西藏、陕西、甘肃、青海、宁夏、新疆、内蒙古12省（区、市），选择以上省区、市2001~2011年的数据作为分析样本，如表4-25所示为2001~2011年我国中西部地区主要相关经济指标变动情况。

表4-25　2001~2011年我国中西部地区主要相关经济指标变动情况

年份 \ 项目类型	承接资产投资额（亿元）	城镇居民就业量（万人）	工业企业利润或效益（亿元）	政府财政收入总量（亿元）	"工业三废"排放总量（亿吨）
2001	13921.7	6896.2	12345.0	3808.4	96.6
2002	16522.2	6963.3	13993.3	3910.2	99.7
2003	20773.8	7170.2	16360.3	4026.8	105.3
2004	26476.1	7369.0	21199.4	4388.0	108.9
2005	34305.0	7687.0	26291.2	4728.5	114.2
2006	43684.0	7936.9	32393.5	6009.5	115.8
2007	61552.7	8357.0	41396.9	7675.9	125.1
2008	79692.2	8607.4	50496.2	9562.9	125.2
2009	101995.7	9218.8	56590.7	11096.0	124.5
2010	128725.9	9848.5	72990.9	14204.8	129.9
2011	151235.7	10243.2	92347.9	30433.6	131.2

资料来源：各省市历年国民经济和社会发展统计公报。

由经济学中的乘数原理，某一变量（如投资）变化可以带来另一个关联变量（如国民收入）成倍的变化；根据经济计量学理论，多元线性回归模型的解释变量的系数恰好能反映这种变化。区域福利效应主要表现为外来产业投资的变化引致的就业量、企业利润、财政收入以及环境污染水平等正负福利变化，因此，可以通过估计区域福利多元线性回归模型的解释变量系数来反映区域福利效应的这种增加效应。

（1）ADF平稳性检验。时间序列的平稳与否是因果关系回归分析的前提。因此，应首先进行ADF平稳性检验。经过软件分析，可得：

1）对于序列U，$t = -3.411696$，小于5%水平下的DF值-3.212696，拒绝原假设H_0：$\delta = 0$，则$\delta < 0$，序列没有单位根，U序列是平稳时间序列。

2）对于序列R，$t = -4.279286$，小于5%水平下的DF值-3.128640，拒绝原假设H_0：$\delta = 0$，则$\delta < 0$，序列没有单位根，U序列是平稳时间序列。

3）对于序列G，$t = -4.026841$，小于1%水平下的DF值-3.297073，拒绝原假设H_0：$\delta = 0$，则$\delta < 0$，序列没有单位根，G序列是平稳时间序列。

4）对于序列 H，$t=-1.597323$，小于 1%水平下的 DF 值−1.01129，拒绝原假设 H_0：$\delta=0$，则 $\delta<0$，序列没有单位根，H 序列是平稳时间序列。

5）对于序列 I，$t=-4.212587$，小于 5%水平下的 DF 值−3.259808，拒绝原假设 H_0：，$\delta=0$，则 $\delta<0$，序列没有单位根，I 序列是平稳时间序列。

（2）模型参数估计及检验。

1）构建一阶自回归滞后变量模型：

$$U_t=\beta_0+\beta_1 D_t I_t+\beta_2 T+\beta_3 U_{t-1}+\mu_t$$

由于模型中仅包含 U_t 的一阶滞后变量 U_{t-1}，不包含 I_t 的滞后变量，所以无须格兰杰因果关系检验。经过 Eviews 软件分析，可得最小二乘法参数估计量 $\beta_1=0.014375$。

模型检验：拟合优度为 0.990954，模型在整体上拟合很好；对于参数 β_1，t 统计量为 2.740712，给定自由度为 0.05，经查表，$t_{0.025}(n-k-1)=t_{0.025}(6)=2.447$，$2.740712>2.447$，通过了变量间的线性显著性检验；F 统计量为 548.7600，给定自由度为 0.05，经查表，$F_{0.05}(k,n-k-1)=F_{0.05}(3,6)=4.76$，$548.7600>4.76$，通过了方程总体线性的显著性检验。D.W 值为 1.753514，不存在序列相关性；通过相关系数法判断，解释变量之间不存在多重共线性。

2）构建一阶自回归滞后变量模型：

$$R_t=\beta_0+\beta_1 D_t I_t+\beta_2 T+\beta_3 R_{t-1}+\mu_t$$

同上，无须格兰杰因果关系检验。经过 Eviews 软件分析，可得最小二乘法参数估量 $\beta_1=0.198479$。

模型检验：拟合优度为 0.991392，模型在整体上拟合很好；对于参数 β_1，t 统计量为 1.089537，给定自由度为 0.05，经查表，$t_{0.025}(n-k-1)=t_{0.025}(6)=2.447$；F 统计量为 576.8364，给定自由度为 0.05，经查表，$F_{0.05}(k,n-k-1)=F_{0.05}(3,6)=4.76$，$576.8364>4.76$，通过了方程总体线性的显著性检验。D.W 值为 1.713317，不存在序列相关性；通过相关系数法判断，解释变量之间不存在多重共线性。

3）构建一阶自回归滞后变量模型：

$$G_t=\beta_0+\beta_1 D_t I_t+\beta_2 T+\beta_3 G_{t-1}+\mu_t$$

经过 Eviews 软件分析，可得最小二乘法参数估计量 $\beta_1=0.242768$。

模型检验：拟合优度为 0.913270，模型在整体上拟合较好；对于参数 β_1，t 统计量为 2.295792，给定自由度为 0.05，经查表，$t_{0.025}(n-k-1)=$

$t_{0.025}$（6）= 2.447；F 统计量为 53.65015，给定自由度为 0.05，经查表，$F_{0.05}$（k，n－k－1）= $F_{0.05}$（3，6）= 4.76，53.65015 > 4.76，通过了方程总体线性的显著性检验。D.W 值为 1.810294，不存在序列相关性；通过相关系数法判断，解释变量之间不存在多重共线性。

4）构建经典多元线性回归模型：

$H_t = \beta_0 + \beta_1 D_t I_t + \beta_2 T + \beta_3 Ht - 1 + \mu_t$

经过软件分析，可得最小二乘法参数估计量 $\beta_1 = 0.000229$。

模型检验：拟合优度为 0.985118，模型在整体上拟合较好；对于参数 β_1，t 统计量为 6.126763，给定自由度为 0.05，经查表，$t_{0.025}$（n－k－1）= $t_{0.025}$(6) = 2.447，6.126763 > 2.447，通过了变量间的线性显著性检验；F 统计量为 37.53722，给定自由度为 0.05，经查表，$F_{0.05}$（k，n－k－1）= $F_{0.05}$（3，6）= 4.76，37.53722 > 4.76，通过了方程总体线性的显著性检验。通过相关系数法判断，解释变量之间不存在多重共线性。

（3）结果分析。由上述分析结果可得如表 4-26 所示结果。

表 4-26 系数矩阵

区域福利效应名称	β_1 值
U（就业量）	0.014375
R（企业利润）	0.198479
G（政府财政收入）	0.242768
H（污染度）	-0.000229

以上数据表明若投资量增加 1%，引发的就业量、企业利润、政府财政收入、污染度分别增加；根据本研究对“区域福利效应是一种增量效应”这一界定，则认为产业转移引致区域福利效应中，定量化的居民福利效应为 0.014375，企业福利效应为 0.198479，政府福利效应为 0.242768，环境福利效应为-0.000229。这说明在中西部地区承接东部地区产业转移中，所获福利最大的经济主体首先是地方政府，其次是企业，然后才是居民，而且产业转移引发的环境污染度虽不大，但急需加强治理。

2. 产业转出区的时间序列模型分析

从前述各项指标数据和经济模型分析可以看出，产业转入给中西部地区带来了明显的区域福利正效应，但是产业转出在东部地区却没有产生显著的就业、利润、财政等区域福利水平下降。也就是说，产业转移与东部地区区域福利效应没有显著的线性关系，因此不能用多元线性回归模型进行实证分析。时间序列模型分析方法是通过揭示时间序列自身的变化规律为主线而发展起来的计量经济学方法，可以运用该方法分析各序列自身的变化趋势来得出东部地区区域福利水平的变化趋势和区域福利效应的变动程度。建立时间序列模型前，应先进行时间序列的平稳性检验。如表 4-27 所示为 2001~2011 年我国东部地区主要相关经济指标变动情况。

4-27 2001~2011 年我国东部地区主要相关经济指标变动情况

项目类型 / 年份	固定资产投资额（亿元）	城镇居民就业量（万人）	工业企业利润或效益（亿元）	政府财政收入总量（亿元）	工业固体废物排放量（万吨）	工业废水排放量（万吨）	工业废气排放量（亿标立方米）
2001	19452.9	5942.4	17119.3	4634.8	131	947380	216172
2002	22577.9	6304.5	20301.3	5058.0	102	937802	676328
2003	29986.4	6792.8	26454.2	5908.8	73.6801	860129	87933
2004	37432.1	7252.5	34725.4	6928.1	75.7671	1063359	104907
2005	45626.3	7996.3	44181.2	8953.9	77.1225	1216274	121170
2006	54637.0	8780.1	55613.2	10843.4	64.88	1212610	146497
2007	64876.1	9534.6	68687.2	14052.0	55.31	1226930	167879
2008	77735.5	10039.9	83653.2	16729.3	77.31	1188609	165703
2009	95548.0	10962.8	86957.0	18786.6	49.8	1160300	187180
2010	115854.0	11443.1	88782.1	20035.4	22.81	1185230	216172
2011	121808.8	12820.3	91711.1	45495.2	21.32	1167982	198289

资料来源：各省市历年国民经济和社会发展统计公报。

（1）ADF 平稳性检验。经过 Eviews 软件分析，可得：

1）对于序列 U，t = −2.790729，小于 10%水平下的 ADF 值−2.771129，拒绝原假设 H_0：$\delta = 0$，则 $\delta < 0$，序列没有单位根，U 序列是平稳时间序列。

2）对于序列 R 的二阶差分，t = −2.360407，小于 10%水平下的 ADF 值−2.081384，拒绝原假设 H_0：$\delta = 0$，则 $\delta < 0$，R 序列没有单位根，序列是平稳时间序列。

3）对于序列 G，t = −2.888868，小于 10%水平下的 ADF 值−2.771129，拒绝原假设 H_0：$\delta = 0$，则 $\delta < 0$，序列没有单位根，G 序列是平稳时间序列。

4）对于序列 I 的二阶差分，t = −7.347998，小于 1%水平下的 ADF 值−5.119808，拒绝原假设 H_0：$\delta = 0$，则 $\delta < 0$，序列没有单位根，I 序列

是平稳时间序列。

（2）时间序列模型的识别与建立。

对于 U 序列，经过 Eviews 软件分析，可得如表 4-28 所示结果。

表 4-28　U 序列自相关函数、偏自相关函数

Date：08/04/12　Time：07：34
Sample：2001~2011
Included observations：11

Autocorrelation	Partial Correlation		AC	PAC	Q-Stat	Prob
.|*****|	.|*****|	1	0.711	0.711	7.2203	0.007
.|***.|	.*|.|	2	0.472	-0.067	10.759	0.005
.|**.|	.*|.|	3	0.219	-0.185	11.616	0.009
.|.|	.*|.|	4	0.002	-0.136	11.616	0.020
.*|.|	.*|.|	5	-0.192	-0.162	12.498	0.029
.**|.|	.*|.|	6	-0.330	-0.123	15.612	0.016
.***|.|	.*|.|	7	-0.401	-0.085	21.353	0.003
.***|.|	.*|.|	8	-0.409	-0.067	29.321	0.000
.***|.|	.|.|	9	-0.345	-0.007	37.840	0.000
.**|.|	.|.|	10	-0.226	0.031	45.152	0.000

从表 4-28 可以看出，U 序列的自相关函数（ACF）存在拖尾现象，偏自相关函数（PACF）存在截尾现象，应该采用自回归模型来描述其动态路径。由于偏自相关函数（PACF）在第 1 期出现较大变化，则 $p = 1$。

根据以上分析，建立 AR(1) 模型如下：

$U_t = c + \varphi_1 U_{t-1} + \varepsilon_t$

对于 R 序列，经过 Eviews 软件分析，可得如表 4-29 所示结果。

表 4-29　R 序列自相关函数、偏自相关函数

Date：08/04/12　Time：07：36
Sample：2001~2011
Included observations：11

Autocorrelation	Partial Correlation		AC	PAC	Q-Stat	Prob
.|******|	.|******|	1	0.791	0.791	8.9528	0.003
.|****|	.**|.|	2	0.531	-0.253	13.438	0.001
.|**.|	.**|.|	3	0.242	-0.241	14.485	0.002
.|.|	.**|.|	4	-0.049	-0.230	14.534	0.006

续表

Autocorrelation	Partial Correlation		AC	PAC	Q-Stat	Prob
.**|.|	.*|.|	5	−0.273	−0.094	16.308	0.006
.***|.|	.*|.|	6	−0.414	−0.073	21.216	0.002
.***|.|	.|.|	7	−0.461	−0.030	28.803	0.000
.***|.|	.|.|	8	−0.404	0.038	36.583	0.000
.**|.|	.|.|	9	−0.300	−0.044	43.031	0.000
.*|.|	.|.|	10	−0.164	−0.006	46.857	0.000

从表 4−29 可以看出，R 序列的自相关函数（ACF）存在拖尾现象，偏自相关函数（PACF）也存在拖尾现象，应该采用 AR(p,q) 自回归移动平均模型来描述其动态路径。考虑到自相关函数（ACF）在第 3 期出现截尾现象，则 $q = 3$，偏自相关函数（PACF）在第 1 期出现较大变化，则 $p = 1$。

根据以上分析，建立 $AR_{(1)}$ 模型如下：

$$R_t = c + \varphi_1 R_{t-1} + \varepsilon_t + \theta_1\varepsilon_{t-1} + \theta_2\varepsilon_{t-2} + \theta_3\varepsilon_{t-3}$$

对于 G 序列，经过 Eviews 软件分析，可得如表 4−30 所示结果。

表 4−30　G 序列自相关函数、偏自相关函数

Date：08/04/12　Time：07：37

Sample：2001~2011

Included observations：11

Autocorrelation	Partial Correlation		AC	PAC	Q-Stat	Prob
.|***.|	.|***.|	1	0.365	0.365	1.9077	0.167
.|**.|	.|*.|	2	0.266	0.153	3.0283	0.220
.|*.|	.|.|	3	0.144	0.007	3.3965	0.334
.|.|	.*|.|	4	0.012	−0.088	3.3994	0.493
.*|.|	.*|.|	5	−0.114	−0.140	3.7065	0.592
.*|.|	.*|.|	6	−0.194	−0.130	4.7813	0.572
.**|.|	.*|.|	7	−0.249	−0.123	7.0038	0.428
.**|.|	.*|.|	8	−0.260	−0.096	10.235	0.249
.**|.|	.*|.|	9	−0.250	−0.085	14.700	0.100
.**|.|	.*|.|	10	−0.219	−0.078	21.575	0.017

从表 4−30 可以看出，G 序列的自相关函数存在拖尾现象，偏自相关函数也存在拖尾现象，应该采用 AR（p,q）自回归移动平均模型来描述其动态路径。自相关函数（ACF）在第 3 期出现截尾现象，则 $q = 3$，偏自相

关函数（PACF）在第 1 期出现较大变化，则 p = 1。

根据以上分析，建立模型如下：

$G_t = c + \varphi_1 G_{t-1} + \varepsilon_t + \theta_1\varepsilon_{t-1} + \theta_2\varepsilon_{t-2} + \theta_3\varepsilon_{t-3}$

（3）模型的估计与检验。经过 Eviews 软件分析，可得：

$U_t = 1243.634 + 1.94720U_{t-1} + \varepsilon_t$

$R_t = 109548.7 + 0.800448R_{t-1} + \varepsilon_t + 1.132247\varepsilon_{t-1} + 1.208333\varepsilon_{t-2} + 0.478600\varepsilon_{t-3}$

$G_t = 7592.880 + 1.980744G_{t-1} + \varepsilon_t + 0.171358\varepsilon_{t-1} - 0.337511\varepsilon_{t-2} - 0.826201\varepsilon_{t-3}$

通过检验可以分析出，在 0.05 的显著性水平下，Q 统计量均小于 χ^2 统计量，因此，接受残差序列为白噪声的假设，模型检验和估计正确。

由以上三个时间序列模型可以看出，东部地区的居民就业水平、企业利润水平具有内在的增长趋势，其本期变量值受过去时期变量值的带动影响明显；政府财政收入本期变量值在过去时期变量值影响下也具有明显的增长趋势，但随机干扰项却对其产生反向的阻碍作用，结合实际情况可知，是招商引资、刺激需求的地方减税政策对政府财政水平提高产生了负面影响，这种影响包含在随机干扰项中而未包含在滞后变量中，其阻碍作用要小于财政水平增长趋势的作用。

（4）预测结果。U 序列预测如图 4-17 所示。

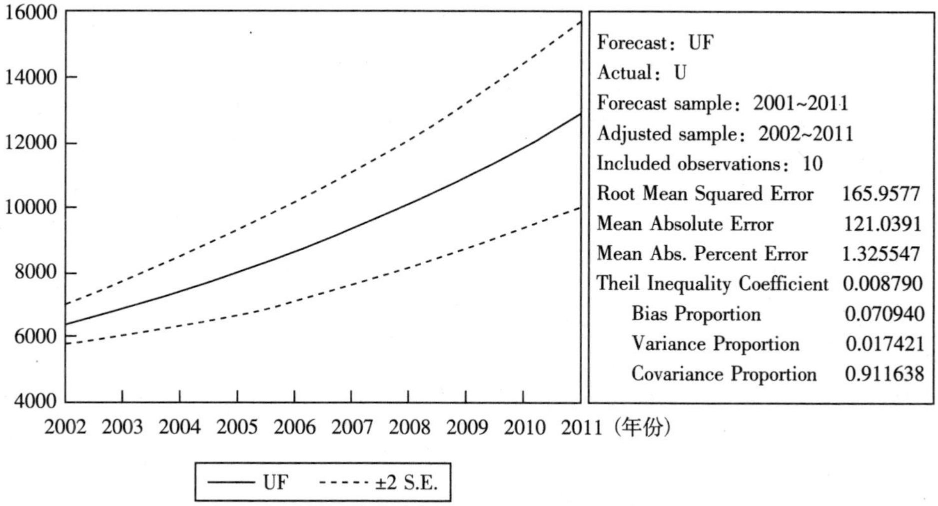

图 4-17　U 序列预测曲线

R 序列预测如图 4-18 所示。

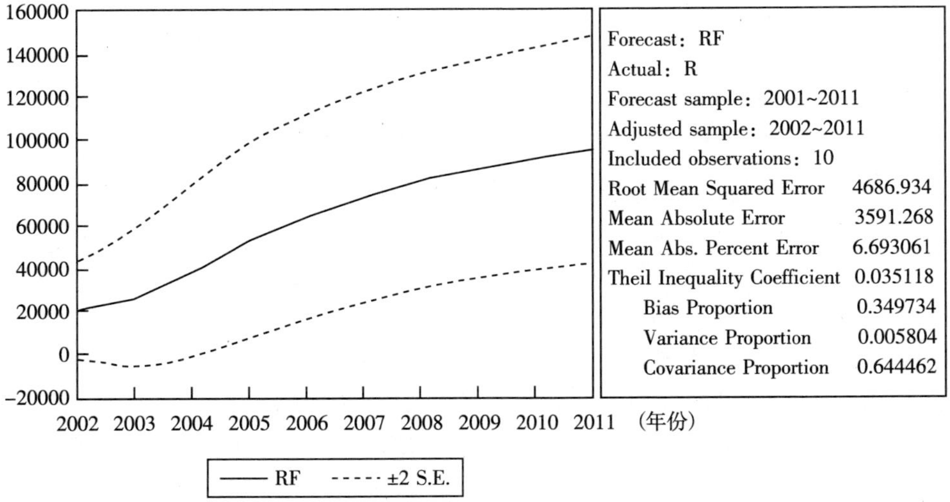

图 4–18　R 序列预测曲线

G 序列预测如图 4–19 所示。

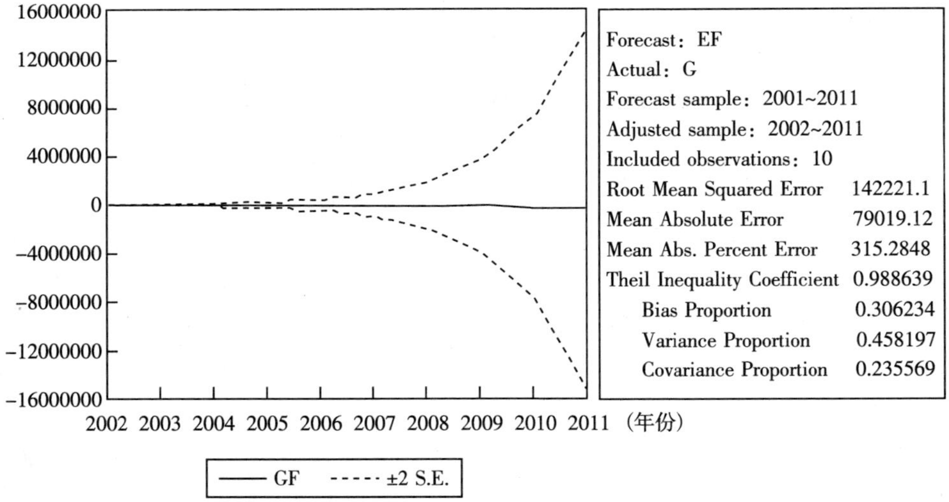

图 4–19　G 序列预测曲线

从预测图 4–17、图 4–18、图 4–19 可以看出，U 序列、R 序列在未来长期的产业转移阶段内都将保持继续增长态势，而 G 序列则呈平缓甚至略有下降的趋势，说明东部地区在产业转出过程中在居民就业、企业利润等区域福利水平上还会保持继续增长，而政府财政收入将保持平稳甚至略有下降趋势，难以有持续的较大增长。

第五章　促进区域福利改善的理念生成与路径选择

产业转移带动区域福利改善应有正确有利的理念指引，并选择合适的路径延续。在目前我国产业转移的现实条件和形势下，对于中西部地区而言，其理念的生成是基于面对的生存和发展形势变化而自我式生成的，应该选择嵌入契合式路径；对于东部地区而言，其理念的生成是基于对环境的互动适应性的生成，应该选择流动替代式路径。因此，本章基于前面章节实证分析的结果，对产业转移带动区域福利改善的理念生成和路径选择进行系统论述。

第一节　促进区域福利改善的理念生成

一、中西部地区：理念的自我式生成

理念生成就是要解决以什么为指导的问题，其主体是人，在经济活动中作为经济主体而存在，表现为政府、企业、居民三种形式。引导产业转移、改善区域福利是政府、企业、居民等经济主体共同行动的结果。因此，形成一种共同引导这些经济主体的共同理念尤为重要。根据前述演化经济学框架下的分析，对于中西部地区而言，基于促进产业转移带动区域福利改善的理念的生成不是被动生成的，而是基于面对的生存和发展形势变化而自我式生成的。这一理念是有其内在逻辑的：首要的前提是促进产业由东部向中西部顺利转移，而后促进区域福利效应的影响因子发挥作

用，在这个过程中政府要在政策层面上发挥合理、有序的引导作用，并创造有利条件和良好环境，同时坚决避免将损害区域环境福利的产业引入本地区。综上所述，在了解了理念的内在逻辑之后，可以归结出中西部地区承接产业转移、改善区域福利水平主要理念："积极承接、有序引导、立足民生、趋利避害"。

1. 积极承接

在产业动态转移过程中，会带来区域福利的流进和流出，这一效应已被国际产业转移的实践所证实。因此，产业发生转移是区域福利变化的前提条件和提升基础。这意味着只有产业转移得以顺利进行，才可能产生良性的区域福利正效应；若产业转移较为艰难，则很难产生较好的区域福利改进效果。中国经济的发展模式尚未摆脱政府主导下的投资驱动型模式，区域内产业经济活动仍主要受政府行为的影响。政府虽是经济主体之一，但由于其掌握公共权力的特征而实际地位高于其他经济主体。地方政府对于承接产业转移的态度直接决定了其政策支持力度，进而直接决定了产业转移的规模与效率。因此，中西部地区的地方政府应以积极的态度承接东部产业的转入，才能使本区域内的各经济主体得到区域福利水平的改善。

2. 有序引导

马克思指出，产业资本的本质是逐利，即哪里能够实现利润最大化就流向哪里。[①] 中西部地区广阔的市场、低廉的成本给东部产业带来了巨大的发展机会，引致了东部产业向中西部地区转移的冲动，若不加以有序引导，将引发无序、盲目的产业转移，其所带来的区域福利效应也将大打折扣。比如，在产业转移过程中的重复上项目以及非理性竞争等现象，均在较大程度上损害了经济效果和福利效应的实现。因此，在中西部地区承接产业转移的过程中，政府应该规范产业转移的方向和运行，使之成为一个梯次合理的动态过程，遵循一个符合产业转移与区域福利改善的规律来进行，避免盲目性。

3. 立足民生

这对于区域福利效应而言是最为重要的。民生问题是"十二五"规划的重中之重，也是每年中央经济工作会议强调的重点。长期以来，我国

① 张维达：《政治经济学》，高等教育出版社 2004 年版。

东、中、西部地区之间居民收入存在较大差距，中西部地区的人均收入水平整体上低于东部地区。人均收入是民生问题最为核心的指标，这充分体现了中西部地区在民生方面与东部地区的差距。因此，如何通过促进产业有序转移，“熨平”这种地区收入差距，改善中西部地区的民生状况，是本书中这种理念最为重要的逻辑和内容。若要提升区域福利水平，中西部地区承接产业转移，必须要以“立足民生”为基点，努力提高本地劳动者的就业水平和收入水平，促进东、中、西部各区域之间收入差距缩小，实现地区协调发展。这样通过产业转移调节区域差距，促进和谐社会建设。

4. 趋利避害

在国际产业转移过程中，发达国家将部分高污染、高能耗的落后产业转移到发展中国家，虽然在很大程度上促进了发展中国家的经济增长，但也造成了严重的资源生态环境问题，损害了发展中国家的区域环境福利。在我国中西部地区承接东部产业转移的过程中，也存在着类似的问题，这导致了中西部地区在政府、企业、居民收入福利水平增长的同时环境福利水平的恶化。因此，中西部地区在承接东部产业转移时，绝不能走“先污染、后治理”的路径，应遵循“趋利避害”的理念，在积极有序承接产业迁入的同时，坚决禁止高污染型产业的转入，保证经济福利和环境福利的双增长，实现区域福利水平的全面提升。

二、东部地区：理念的适应性生成

改革开放 30 多年来，得益于经济制度变迁和承接第四次国际产业大转移，我国东部地区尤其是沿海地区的经济实现了高速增长，以居民收入、地方财政和企业利润为代表的区域福利得到了极大的提升，但以生态、资源等为代表的区域环境福利却被损害。当前，在成本压力的推动下，东部地区部分产业有明显的加快向中西部地区迁移的趋势，这一进程短期内必将对东部地区的区域福利水平带来一定影响，有的地区“产业空心化”问题还比较严重。东部地区的政府不应对产业转出过于恐慌和设障阻碍，而是应该面对现实把挑战转为契机，积极承接新一轮的国际产业转移，促进产业结构调整和转型升级，这样才可以在长期内给经济增长带来新的动力。同样根据前述演化经济学框架下的分析，对于东部地区而言，在促进产业转移带动区域福利改善的理念生成方面，并不是直接的自我式生成，而是在原有生存和发展的环境变迁之后，基于对环境的互动适应性的生成。因此，东部地区在产业转移提升区域福利水平的过程中，应遵循的理念是“消除樊篱、优化结构、注重分配、治理环境”。

1. 消除樊篱

对于东部地区而言，产业的转出会导致其区域“产业空心化”，这意味着财政来源和建设资金的流出，进而影响到收入水平和就业水平，对于经济增长的区域福利而言是十分不利的。所以，目前东部地区一些地方政府设置了一些政策限制措施，阻止本地区相关产业的转出。存在着产业区域转移的黏性。引发产业区域转移黏性的因素很多，主要包括以下几个方面：一是劳动力成本因素的阻碍，即在东部发达地区仍相对较高的工资和更多的工作机会的吸引之下，劳动人口往东部迁移集中仍是主流。二是行政因素的干扰，包括地方政府对局部利益的追求，人为地设置一些阻碍来阻止企业移出；以及我国政府的某些政策和设施的推广与完善，无意中形成对东部产业西移的阻滞，其中比较典型的例子是“西气东输”、“西电东送”、“北煤南运”等工程，大大缓解了东部地区的能源问题，缓解了东部产业成本上升的压力，为一些资源密集型、劳动密集型产业留下了在当地继续发展的空间。三是产业集群效应的影响，东部发达地区已建立了强大的生产协作网络，包括初始投资地的人缘地缘关系、连接供货商与承销商的完善产业链等，并且东部沿海劳动密集型产业又以中小企业为主，负担不起企业外迁导致的存量巨大的沉淀成本。四是文化、技术与体制等因素的制约，譬如落后地区基础设施薄弱、市场容量窄小、市场化程度低、政府效率低下、投资信息不畅，而且公众观念相对落后，员工素质较差，社会诚信欠缺等。无论如何，坐视“黏性”的存在，但是这种饮鸩止渴的做法会带来不利后果：如果东部地区仍局限在其传统产业部门，不借此机会引入新兴产业、促进企业转型升级，将逐渐处于一种两难境地：一方面，被“政策性樊篱”所“拦蓄”下的传统产业因环境适应度渐弱而难以生存，发展陷入困境，影响经济增长；另一方面，传统产业不撤出就无法留给新兴产业足够大的发展空间，阻碍着产业结构的调整与升级。从宏观层面上讲，东部产业向中西部转移受阻，不仅影响中西部地区的经济增长和福利改善，也将直接影响国家层面上的经济平稳增长和战略目标实现。因此，东部地区政府必须消除基于政策性“拦蓄”而设置的“樊篱”，促进全国范围内以产业为主体的区域福利资源顺利梯度转移。

2. 优化结构

众所周知，我国东部沿海地区主要是通过承接发达国家以及亚洲“四小龙”的制造业转移而逐渐形成了现在的产业基础，传统的劳动密集型、资本密集型产业在产业结构中占大部分比重。产业结构系统不是一成不变的，而是动态演化的，世界各主要经济体都因其内生和外生的因素变化引致了产业结构的优化，各种因素中，产业的区域转移是最直接、最重要的原因。东部地区的政府部门应实现以劳动密集型、资本密集型为发展重点转变为以技术密集型、知识密集型以及战略性新兴产业为发展重点，这样才能促进东部产业结构的优化，一旦转型成功，这些以附加值高的产品为导向的产业部门的利润率将远高于传统低端制造行业，其所能带来的区域福利水平也将更快增长。

3. 注重分配

东部地区经过 30 多年的高速增长，其居民收入和财政收入远高于中西部地区。一旦短期内受产业转出的影响而波及居民收入和财政收入的增长，则在其较雄厚的物质财富基础上应充分促进本地区的福利分配均衡化。在初次分配中，既要保证企业投资的积极性，同时也要提高劳动者报酬在收入中所占的比重，以缓解目前资本利润侵蚀职工工资的收入分配不公平问题，使普通劳动者的收入水平得到合理提升。在再分配领域，政府不应顾虑暂时性的主导产业转出对财政收入的影响，而应看到多年高速增长带来的与中西部地区相比有较大优势的财力基础，减少对投资的过度依赖，将节省的财政资金在社会公共设施、医疗保障、养老保险、社会救济等方面保持合理的增长幅度，实现一种财力分配的相对均衡而促进再分配领域的合理化，从而带来一种由政府福利过渡到居民福利的区域福利水平的均衡调节。

4. 治理环境

长期以来的粗放型增长方式使得东部地区的生态环境受到较严重的污染，环境负外部性大；资源开发也经历了掠夺式的过程，面临不可持续问题。环境福利同以收入为代表的经济福利一样，也是居民福利水平的重要组成部分。可以说，东部地区在经济高速增长带动居民收入水平、政府财力、企业利润等大幅提升的同时，其产业发展对空气、水、土地、资源等自然条件的污染和破坏损害了区域内各经济主体的环境福利水平。因此，利用这些传统产业转出的契机，东部地区应该在收入、财力、利润等各种区域福利水平受到影响的情况下，大力实施对已遭破坏的环境和资源的治理，改进环境福利水平，实现区域环境正外部性。这样不仅可以使居民、政府、企业等区域经济主体从中受益，更可以促进东部地区乃至全国之间的良性互动与和谐发展。

综上而言，基于增进和保持区域福利在产业动态转移过程中的正效应，本书通过对目前实际和未来趋势的把握，提出了中西部地区和东部地区所应遵循的各自的理念。理念不同于刚性的制度和弹性的政策，它主要起到启示和指引经济主体行为的作用。在以上两种理念的启示和指引下，中西部地区和东部地区也有其各自不同的路径选择在产业转移过程中改进和保持区域福利水平。

第二节　促进区域福利改善的路径选择

一般而言，“路径”即达到目的地的路线。以产业转移促进区域福利改善应选择一条合理的路径，就目前中西部地区承接东部地区产业而言，劳动密集型和资本密集型产业的转入，在一定程度上促进了劳动者就业和收入水平提高，提升了居民收入、政府财力和企业利润，但由于短期阶段，区域福利正效应还不十分明显，由于主导产业转出，东部地区在短期内的就业、收入、财力和效益等方面受到一定程度的消极影响，但未出现下滑的迹象，说明短期内产业转出给东部地区尚未造成明显的区域福利负效应，但长期来看这种福利负效应恐怕难以避免。因此，基于目前中西部和东部地区各自的两种不同趋势，在以产业有序转移促进区域福利水平改善方面，中西部和东部两个区域应分别选择嵌入契合式路径和流动替代式路径。

一、中西部地区：嵌入契合式路径

如前所述，从演化经济学的个体群思维来考量，产业可以看成是一群同属性个体企业组成的群体，类似于生物种群。在本书所探讨的范式中，“适应”是一个核心的概念。生物学中的适应是指种群个体的形态结构和机能与所生存的环境相适合，具有普遍性。以此理论来解释我国的区域产业转移，产业只有适应市场环境，才能在经济选择中被保留下来并继续发展；若产业不适应市场环境，就会在经济选择中被淘汰。东部地区的主导产业转移到中西部地区，意味着居民收入、政府财力、企业利润等区域福利流入中西部地区，三者形成了一种外部“区域福利”的嵌入式带动其福利水平改善的途径。但仅有外部产业的嵌入是无法单一地实现区域福利提升的，尚需要与本地的“根植产业”及政策、文化等形成有效的契合。因此，只有秉承前述的重要理念，选择嵌入契合式路径，才能在产业转移过程中实现和放大中西部地区的区域福利正效应。

1. 增强对区域福利资源的吸引力

对于中西部地区而言，提升其区域福利水平的潜在资源就是产业动态转移过程中的产业组织形式。这些产业的发展能够带来居民收入、政府财力和企业效益的大幅提升。因此，若要充分实现区域福利的改善，中西部地区就必须保证对这些潜在区域福利资源的吸引力，才能提高在单位时间内既定空间上区域福利生成效率。

如前所述，我们分析了区域福利效应的影响因子，包括生产要素需求、生产要素布局、生产要素利润三个变化因素。区域福利正效应的放大、区域福利资源的流动离不开这些因素发挥作用。对于中西部地区而言，应该从这些方面来吸引区域福利资源。这种吸引力的本质，就是能够最大限度地吸引区域福利资源的流入，发挥区域福利影响因子的作用，放大区域福利的正效应。以目前的实际情况来看，塑造这种吸引力的主体无疑是政府。众所周知，东部地区的产业之所以转移到中西部地区，主要原因就是各项成本上升导致的生存压力，即产业组织对市场环境的不适应。所以，中西部地区地方政府若要增强本地区对区域福利资源的吸引力，其最重要的举措就是打造一个低成本压力的产业发展市场生存环境。无论从理论综述层面还是从国内外实践层面来审视，生产要素的价格—成本都是引致产业转移的最直接因素。因此，基于以上分析，中西部地区应该促进农村剩余劳动力的流动，形成单位区间上的劳动力供给数量增加，缓解人力成本压力；制定并实施积极的人才战略吸引东部乃至国外的优秀技术、管理等方面的人才，形成一个良好的人才储备基础；提高地区金融市场效率，增强对转入产业的融资能力；在产业发展所需土地方面给予转入产业更低的门槛，降低企业用地成本。这样可以在总体上营造一个低成本压力的市场环境，以吸引区域福利资源的流入。

2. 增强区域福利资源与本地发展基础的“黏合力”

东部区域福利资源嵌入到中西部地区，必须与其既有发展基础形成一种良性而有效的契合，才能产生和放大区域福利效应，这个过程中就必须加大区域福利资源与本地发展基础二者之间的“黏合力”，而这种“黏合力”的生成与增强，取决于中西部政府与东部外迁产业二者之间的良性互动。这种良性互动应体现在区域内主体的配套支持能力和区域外主体的适应能力两个方面，二者相结合可以增加区域福利资源嵌入本地区后的“黏合力”。从区域内主体的配套支持能力来看，地方政府应大力推动本地范围内的劳动力素质提升，加强针对产业转入的培训与教育，使之与新转入产业形成有效的契合，否则在产业转移中就业存在障碍必将影响区域福利收入水平；地方政府应减少各项行政审批的时间和金钱耗费，简化程序和手续，提高行政效率，减轻企业在这方面的负担；税收对企业而言意味着一定程度的负担，还应在税收方面给予新转入企业一定的优惠措施，使得企业能更好更快地融入本地并发展起来；应注重培育好新转入产业的上游产业和下游产业，形成适合主导产业的整个产业链，以此保证区域福利效应的发挥。从区域外主体的适应能力来看，东部迁入产业的企业家们应意识到因经济发展水平、地域文化、制度活力等差异而带来的软硬件环境适应度差异，尽快融入当地的整体氛围，实现产业发展的本地化，促进企业文化与本地文化的融合、用人需求与本地实际的结合、产品特点与本地特色的衔接等。

3. 增强区域福利资源在本地的嵌入并契合后而生成区域福利效应的扩展力

所谓扩展力，即在更广范围内延伸的力量。区域福利资源嵌入和契合的初始区域是资本、技术、劳动力和土地方面有区位优势的主要中心城市，因此，短期内，产业转移引致的区域福利效应也集中在这些大城市。中西部地区的面积约占全国的2/3，从长远来看，区域福利效应不应仅产生在少数中心城市，而应向三线城市甚至中小城市和乡镇延伸，实现区域福利效应产生空间的最大化，使更广泛的人群从产业转移引致的区域福利效应中获益。在这方面，也需要地方政府和转入产业形成良性互动，增强区域福利资源发挥作用的扩展力，充分发挥区域福利效应、促进区域协调发展的带动作用。我们知道，成本指向的产业集聚是使各个企业在区域空间内更进一步集中，而非向外延展，所以依托产业转移后的集聚并不能形成区域福利效应的扩展力。企业的集聚引致的产业发展带来了市场价值链的扩张，因此区域福利效应的扩展力应由转入产业的市场价值链扩展来实现。结合区域福利效应影响因子分析，这里主要可分为区域要素市场和区域产品市场。在区域要素市场方面，地方政府要加强要素供给与产业需求之间的对接，在省域范围内降低要素传输的时间和成本，这样可以使转入产业对要素的需求不再只限于中心大城市，而能够扩展到整个省域范围内，促进本省的人员就业与收入增收。在区域产品市场方面，促进产业所生产的产品可在本地市场上流通，在省域范围内运输成本的节约可以给本地居民带来价格福利。

二、东部地区：流动替代式路径

根据之前对区域福利影响因子的理论分析，产业的转出会导致短期内本区域的生产要素需求减少和政府利税及公共福利支出减少，带来区域福利负效应。从目前我国东部地区向中西部地区产业转移的实际来看，部分地区出现了城镇居民人均收入增速、社会保障支出增速减缓的迹象，表明区域福利负效应正在逐渐显现。对于东部地区而言，应该选择一个区域福利资源流出和流入的动态替代过程，在长期内保持区域福利水平。基于这样一个过程，东部地区产业转移中应依托外引力、内联力、创新力来促进流动替代式路径的实现。

1. 增强东部地区对国际产业的外引力

美国金融危机后，国际产业转移出现了新的趋势，战略性新兴产业及其研发中心成为国际产业转移的热点，高附加值产品的生产成为发展中国家产业转移的重点。基于此，东部地区在已成熟的主导产业西迁的形势下，应增强对国际战略性新兴产业的外引力，引进新的区域福利资源，通过创造高附加值来保持企业、职工、政府等区域经济主体的福利水平。就这种外引力的形成和增强而言，应从以下三方面着手。

（1）提高东部地区主要产业中心的国际化程度。东部地区在改革开放30多年中一直是对外开放的“桥头堡”，其国际化程度比内陆地区要高很多。但相对于中国香港、中国台湾、日本、韩国以及东南亚国家及地区而言，我国东部地区在国际化的软硬件环境方面还存在着较大差距。区域国际化程度是国际产业顺利转移的先决条件和基础，只有国际化程度高，才会降低产业发展中的交易成本，促进国际产业转入本地区。

（2）发挥东部地区吸引国际新兴产业独有的优势。改革开放之初，我国东部地区在承接发达国家和亚洲“四小龙”的产业转移中，依托的主要优势是低廉的劳动力成本和土地、税收、信贷等一系列优惠政策。目前，东部地区的政策、土地、资金、劳动力成本优势与其他新兴经济体相比已经很小，不能再继续作为重点依托的对象。但东部地区经过 30 多年的基础设施建设，条件已经高于其他新兴经济体，这主要得益于地方政府持续不断地加大建设投入，因此，成熟完善的基础设施条件将成为东部地区在国际产业转移中的一个优势，地方政府要继续保持这一优势，吸引国际产业的转入。

（3）继续释放制度活力。中国改革开放的巨大制度变迁就是从东部地区开始的，可以说，东部地区的制度活力要远高于中西部地区。因此，在承接新一轮国际产业转移的背景下，东部地区应进一步释放制度活力，以制度变迁来降低产业转移中的交易成本，以提高本地区的外引力，促进国际产业转移进程中的区域福利资源流入。

2. 增强东部地区与中西部地区的内联力

东部地区不仅要加强对国外产业的外引力，而且也要加强与中西部地区的内联力。这种内联力，是一种互相促进、互为联系、互动发展的机制，主要指市场与政府层面的因素作用。通过强化这种内联关系，使得东部地区在产业动态转移过程中不是一个呈现区域福利资源单一流出的态势，而是一个与中西部地区共享产业转移中区域福利、避免区域福利水平净损失的过程。要走这样一个路径，重要的举措是东部地区与中西部地区联合进行园区建设。由中西部地区划出一定面积的土地，与东部地区进行合理的规划，联合建设产业转移和聚集的工业园区。这是一个中西部地区和东部地区互引互连、良性互动的过程。东部地区不设置产业西移的“樊篱”，而是促进产业转移，在与中西部地区联合建设的产业园区中分享合理比例的税收，在一定程度上弥补产业转出后政府财政收入的损失，可以提升区域福利水平。而且，东部地区企业在参与联合园区建设中也可以获得新的发展机会，提高利润水平，提升东部区域内企业的福利水平。这些政府和东部企业福利水平的提高也可带动居民福利水平的提高。以联合园区建设加强东部地区与中西部地区的内联力，使得东部地区在承接国际产业转移、吸引区域福利资源的同时，还可以与中西部地区共享本地转出的区域福利资源，在新的区域福利资源产生效应之前，可以在一定程度上避免主导产业转出的“产业空心化”问题引致的区域福利水平下降。

3. 增强东部地区的创新力

创新从本质上看，不是一种表面的新现象，而是创新活动创造价值的过程。从政治经济学的角度审视，创新劳动不是生产某种物质形态或精神形态的“商品”，而是比生产普通商品的“常规劳动”高出了一个层次。创新既包括了新的生产力生成，也包括了新的生产关系的产生。[①] 熊彼特认为，创新是一种新的“生产要素组合”，包括新产品、新技术工艺、新市场、新原料来源和新组织形式五个方面。在具体经济实践中，创新包括技术创新、制度创新、文化创新、管理创新、知识创新等。对于东部地区而言，应该在产业转入和产业转出这一区域福利资源流动过程中进一步强化区域创新，以创新促进区域福利资源进一步发挥效应。主要表现在以下三个方面：

（1）结构创新。在东部地区既有产业结构中，以制造业，尤其是以劳动密集型和资本密集型的制造业为主，生产性服务业、高附加值制造业、高新技术产业的发展还不充分，品牌竞争力还不强。东部地区应实现产业结构的创新，在低端制造业转向中西部地区的同时，大力发展生产性服务业、高附加值制造业和高新技术产业，形成新的区域福利资源。这些新资源可以使居民就业实现以低廉劳动力成本为主转向以中等收入人力资本为主的转变，吸纳大批知识型、技术型人才就业，提高居民收入福利水平；也通过附加值度上升来提高企业效益方面的区域福利水平，进而提升政府财力方面的区域福利水平。

（2）组织创新。东部地区应该借助承接国际产业转移的契机，将更为先进的企业组织形式引进来，并与本地的特色和优势相结合，形成一种组织上的创新。与发展高端制造业的产业结构相适应，这种变迁后的组织形式与我国传统企业模式相比应更具弹性和柔性，既能较好地促进居民就业，又在保障职工收入、维护职工权益方面更加完善并形成一种企业的“基因”——惯例，这样可以通过员工地位的提高来避免其福利水平下降。组织形式的创新会促进经济的增长和效率的提高，也会直接拉动企业利润

① 张维达：《政治经济学》，高等教育出版社 2004 年版。

和政府财力等区域福利水平的提升。

（3）制度创新。这里的制度创新特指政府主导的制度变迁。制度变迁是东部地区在 20 世纪 70 年代末承接国际产业转移实现经济腾飞的最重要动力。但近年来，制度的创新并未得到更深层次的深化，制度的短期均衡尚未被打破。根据制度经济学的理论，制度的重要作用之一就是降低经济中的交易成本，一种可以更进一步降低交易成本的制度安排替代原有的制度安排，就是一个由非均衡到均衡的制度变迁。[①] 当前东部地区产业外迁的重要原因不仅在于要素成本上升，也在于交易成本的上升，包括信息、签约、行政、内部管理等方面的成本。在中国，政府是制度变迁最主要的主体，因此，东部地区的政府应该在制度安排的变革与创新上继续下功夫，在市场信息化、秩序化、规范化、高效化方面制定出一系列的新规制，减轻企业盲目支出和各项负担，降低企业的交易成本支出，提高经济增长效率，改善企业、政府等区域经济主体的区域福利水平。

① 道格拉斯·诺思：《经济史中的结构与变迁》，陈郁、罗华平译，上海人民出版社 1994 年版。

第六章　促进区域福利改善的模式构建与政策支持

产业转移带动区域福利改善应该在系统的运行模式下，由国家层面和地方政府给予政策支持。从中西部地区和东部地区的现实情况来看，结合前述的中西部地区和东部地区不同的理念生成和路径选择，应构建的模式分别为梯度承接的点域扩展型模式、转型升级的结构高度化模式。综合来看，在国家层面，应该落实统筹全局、重点突出的政策支持，地方政府应该落实因地制宜、积极有为的政策支持。本章将对产业转移带动区域福利改善的模式构建展开系统论述，并提出具有现实性和操作性的政策建议。

第一节　促进区域福利改善的模式构建

“模式”是指事物之间隐藏的规律关系的理论的简化形式，是对客观事物的内外部机制的直观而简洁的描述。“模式”强调的是形式上的规律，侧重的是形式的描述，而非实质上的规律。中西部地区承接东部产业转移在理念指引、路径选择的前提下，应有一种作为内在机制的外在规律形式来作为稳定模式，使产业转移过程的区域福利效应能够得以实现和发挥。从中西部地区和东部地区的现实情况来看，结合前述的中西部地区和东部地区不同的理念生成和路径选择，应构建的模式分别为梯度承接的点域扩展型、转型升级的结构高度化模式。

一、东部地区：转型升级的结构高度化模式

产业转移的高度化，意味着第一、二产业比重的下降和第三产业比重的上升，与之相应的是劳动力就业结构的变化，即第一、二产业劳动力比重下降，第三产业的劳动力比重上升。对于我国东部地区而言，在产业转出与转入这个过程中应实现一种更高层次的产业结构高度化，但并不是传统意义上的产业结构高度化，而是转型与升级中的结构高度化。这可以产生一种新的区域福利效应，转型升级中发展起来的新兴产业、高技术高附加值产业在效率和利润率方面都要高于传统产业，会大幅提高源于企业利润的居民福利、企业福利和政府福利水平；结构高度化中发展生产性服务业、高端服务业也会促进当地居民就业，提高区域福利水平。具体来讲，对于东部地区而言，转型升级的结构高度化模式可以从主导产业更替机制、结构升级促进机制、福利效应发挥机制三方面来构建。

1. 主导产业更替机制

主导产业的本质是在产业结构系统中起引导和带动作用，决定了该产业结构系统未来的发展方向。主导产业具有以下特征：一是引入了创新成果，获得了新技术；二是具有持续的部门高增长率；三是拥有巨大的市场潜力和发展前景；四是具有显著的关联带动和扩散效应。如前所述，目前我国东部地区主导产业部门还是以传统的劳动密集型、资本密集型产业为主，从国际产业发展趋势和国内产业分工来看，应实现向技术密集型、高新技术产业和战略性新兴产业为主转变。

（1）政府行为方式。在主导产业更替机制中，政府的行为方式应该从区域合理分工、产业集群形成、配套环境建设三个方面入手：在区域合理分工方面，东部地区在传统制造业逐渐西移、承接国际产业转移的过程中，政府应发挥主导作用，促进动态梯度转移中的区域合理分工。作为机制中的核心，东部地区的地方政府应互动与联合，依靠本地资源禀赋、产业基础和比较优势，重点向以下区域分工扩展和延伸：拓展上游，提高技术创新研发和产品设计能力；立足中游，发展加工制造链增值大的环节；延伸下游，发展国际物流和总部经济。地方政府的合理规划至关重要，否则就会出现盲目和重复建设等问题。

在产业集群形成方面，地方政府要以产业园区为主要载体，制定一系

列优惠政策，吸引产业转入，加强园区建设。产业园区必然要经历集中—集聚—集群这样的发展路线。产业园区是产业集聚形成和发展的载体，产业集聚是产业园区发展的系统性目标。在产业园区内，产业集聚并形成集群的因素主要从区域层（外层）、园区层（中层）、集聚层（内层）三个层面来考虑。基于此，政府应从以下方面入手：在区域层面，建立健全中介服务体系，为产业集聚提供媒介支持，创造有利于集聚的文化氛围，提供软环境支撑，以产业关联度为依托向外招商引资；在园区层面，提升硬件水平和档次，培育园区的区域创新网络；在集聚层面，创新制度设计，降低物流成本和人工成本，促进技术的扩散和劳动力的流动。

在配套环境建设方面，一般其包括硬环境和软环境两个方面。在硬环境建设方面，东部地区的基础设施水平已属国际水平、国内一流，投入和建设的力度无须盲目加大；在市场秩序、竞争文化、契约规范等软环境上，则应进一步加大改进力度。政府要在以下方面加强软环境建设：加强市场诚信建设，规范交易秩序，形成有利于市场竞争和技术创新的法律环境，切实转变政府职能，优化政府行政环境。

（2）企业行为方式。企业也是重要的经济主体，是构成主导产业的基本元素，企业只有实现规模经济，该产业部门才有可能形成主导产业。对于产业自身而言，其自发性的行为与政府的主导行为有所不同。企业的行为决定应从以下几方面入手：强化技术创新，加大研发费用的投入，推进产、学、研一体化的高技术企业运作模式，企业之间自发地结成战略联盟式的创新网络，克服技术壁垒，实现技术共享，推动新技术的传播与扩散，以技术创新带动新主导产业替代传统主导产业。企业之间形成合理的专业化分工，利用沿海地区外向型经济的特点，抓住目标市场需求，逐渐形成规模经济，有效地降低了单位成本，增强了新主导产业的抗风险能力、市场竞争力和发展基础。而且，企业要走品牌建设之路，树立基于长远的品牌战略意略，加强知识产权的创造、运用、保护和管理，健全产品质量控制和技术评价体系，引进和培育创新人才，以品牌来增强竞争力、开拓市场。

2. 结构升级促进机制

产业结构高度化指一国经济发展重点或产业结构重心由第一产业逐次向第二产业和第三产业转移的过程，标志着一国经济发展水平的高低和发展阶段及发展方向。产业结构高度化表现在各产业部门之间的产值、就业人员和国民收入比例变动的过程中，体现为产业结构从较低水平向较高水平状态发展的一个动态过程，从三大产业发展的方向来看，产业结构由第一产业占优势向第二产业、第三产业占优势的方向演进。第三产业的高度发展是建立在第二产业充分发展的基础上的，第二产业作为主导产业的发展前提在上一部分已论及，所以本书在这里只探讨如何发展第三产业的问题。针对东部沿海地区实际，结合产业转移的现状，应重点发展第三产业中的生产性服务业。若要促进产业结构高度化的转型升级，则应从以下方面入手：在具体实践中，以新形成的主导产业集群为依托，围绕产业集群构建区域服务体系，从科技服务、培训服务、物流服务、会展服务、金融服务、商务服务、信息服务和公共服务等方面形成区域服务体系的基本框架。在战略定位上，把生产性服务业的发展定位提高到与发展先进制造业同等的高度上，促进制造业与服务业协调发展。在主体培育上，推进制造业流程再造和资源整合，培育一大批中高端生产性服务供应商，发展新型模式，形成服务业产业链，重点发展商务咨询、研发设计等新兴业态模式。在资源引进上，着力吸引跨国公司总部、研发中心、设计中心、营销中心和信息中心等，促进服务贸易的发展。在人才培养方面，拓宽渠道，集聚和培养各方面的专业人才，提高现代制造服务业从业人员的科技知识和实际工作技能。

3. 福利效应发挥机制

东部地区在新主导产业形成、结构转型升级过程中产生了新的区域福利资源，需要有一种机制来保证其区域福利效应的发挥。可以分为两个方面：扩大区域福利正效应和减小区域福利负效应。

（1）扩大区域福利正效应。东部地区重点发展的是高新技术、高附加值产业，以及金融业、咨询管理、法律、会计、广告、战略规划、产品设计和物流服务等生产性服务业，在转型升级、结构高度化的过程中对人力资本和人力成本都产生了更高层次的需求。因此，东部地区应针对这一趋势，大力发展高等教育和业务培训，适时加大对适用性、高层次的高技术、高附加值产业及生产性服务业人力资源的培训，促进本地技术、管理、各类业务人才的流动与就业，增加就业人员收入，提高居民福利水平。东部地区还应在促进主导产业部门中的大企业实现规模经济的同时，大力支持和鼓励中小企业的发展，在实现主导产业转型升级、结构高度化趋势下，企业规模与数量的合理增长和优化布局，以产业活动和企业数量的扩大和增长来实现区域福利资源覆盖面的扩大，实现在增加税收总量基础上降低企业平均税负，提升企业福利水平和政府福利水平。

（2）减小区域福利负效应。东部地区经过几十年的工业快速增长，过度开发、污染问题严重，生态、环境、资源等可持续发展问题已经十分突出，区域内环境福利水平急需改善。要大力实施工业污染治理，加强源头预防、过程控制、末端治理、回收利用各个环节的防治，重点加强重金属污染防治及工业“三废”治理，要建立更加严格的环境准入制度，形成制度保障的生态修复机制。要强化城市污染治理和农村环境保护，全面提高城市生活污水处理能力和生活垃圾处置水平，加快小城镇污水处理厂建设。要继续强化空气中可吸入颗粒物污染防治力度，促进区域空气质量监管体系的健全与合作。要强化资源节约与管理，重点要加强水、土地、能源等重要资源的保护和集约利用，确保资源的可持续性，持续降低单位产品能耗，实现产业能源利用的高效性。

二、中西部地区：梯度承接的点域扩展型模式

在区域空间上的“梯度推进”，是产业转移的明显特征。由于生产要素禀赋、经济基础和发展战略的不同，各区域在产业结构方面往往存在很大的差异，具体表现为根据各区域的技术水平高低形成了不同的产业梯度。由于这种产业梯度的存在以及各区域产业结构不断升级的需要，产业在各区域之间呈现出由高到低转移的梯度转移规律，即从 A 区域不再有比较优势的产业转移到 B 区域，可以成为具有比较优势的产业，提高 B 区域的产业结构层次与水平。产业梯度转移对于区域之间的平衡发展具有重要的推动作用。由于产业转移呈现由高到低的流动状态，欠发达地区可以获得发展和赶超的机遇，而发达地区可以得到产业结构转型升级的机会。

“梯度转移”有两个重要的效应，即极化效应和扩散效应。根据法国经济学家佩鲁的增长极理论，增长极是产业部门集中而优先增长、各种条件优越的先发地区，它一旦形成，就要吸纳周边的生产要素，使自身逐渐强大，并使周边区域成为极化区域；当这种极化作用达到一定程度时，会对周边地区产生扩散作用，从而带动周边区域的增长，即扩散效应。

就当前我国中西部地区承接东部地区产业转移而言，区域福利资源的流入也会根据区位优势、发展基础的不同而呈现一个梯度转移的态势，在区域福利资源发挥作用的过程中也会有极化效应和扩散效应，二者可以概括为一个“点域扩展型模式”。因此，中西部地区在承接东部产业转移、促进区域福利改善的过程中，应采用梯度承接的点域扩展型模式。这个模式由梯度转移机制、静态极化机制和动态扩散机制三个方面构成。

1. 梯度转移机制

梯度转移机制意味着有先有后、循序渐进的动态机制。从目前的产业转移态势来看，交通较为便利、市场化已有一定基础的中部地区，已经成为东部劳动密集型产业迁入的重要区域，梯度转移趋势明显。

（1）促进产业整体梯度迁移。部分劳动密集型产业，如纺织业等，已经整体迁移到中西部地区，在促进就业方面产生了良好的效果。只有整体迁移，形成足够的规模，才会产生明显的区域福利效应。毗邻东部地区的中部地区，相比西部地区有一定的区位优势，应该进一步解放思想，因地制宜地整体性引入东部地区的产业，形成梯度转移中的一个重要转接层。若要整体承接产业转移，必须有足够的产业发展空间容量，中部地区政府应制定系统合理的产业发展规划，确定和划分好重点发展的主导产业，淘汰落后产能，创造良好的产业发展环境，对区域进行合理分工，优化区域布局，实现东部产业整体性迁入，也对西部地区形成拉动力。西部地区具有先天上的经济地理区位劣势，地处内陆，远离海洋和经济中心，与现代经济“大流通、高速度”的要求有较大差距，且生态环境较恶劣，基础设施不足，劳动力素质低，制度环境差，这些都使西部地区成为产业梯度转移的最后层级。因此，国家和地方政府应进一步加大公共投资改善西部和中部的交通，加强基础设施建设和劳动力培训，促进观念转变和制度创新。西部地区的经济发展阶段决定了其有足够的产业容量来承接整体产业迁入，应根据本地的特色，如四川承接纺织产业、新疆承接棉花产业转移等，在某些领域小范围地整体性承接产业转移。

（2）加大产业转移示范区建设。产业转移示范区是国家布局在中西部地区，以有序承接产业转移的重要平台和载体，是产业梯度转移的重要台阶。目前，国家已批复了安徽皖江城市带、重庆沿江城市带、广西桂东、湘南地区四个产业转移示范区。通过产业转移示范区的梯次分布，可以促进产业的梯度转移。各产业转移示范区可以充分发挥其对区域发展的带动作用。因此，国家应在宏观战略层面统筹考虑，在区域板块边界、区域交通枢纽地带、加工贸易重点承接区域再建设一批产业转移示范区，地方政府尤其是西部地区政府也要完善各项基础、划拨土地，积极争取国家政策上的支持，并促进示范区内各要素的集聚。前述的相关地区应该充分发挥已有产业转移示范区的平台作用，促进整体性产业转移，尽快形成区域产业集群的梯度分布，对梯度的底层——西部地区产生较强的辐射力。

2. 静态极化机制

“极化”应是一个动态的过程，这里所指的“静态”并不是“静止不动”的意思，而是指一种静态分析意义上的“均衡”。所谓“极化”，即在前述的产业梯度转移发生后，在新区域形成增长极，同时形成区域福利资源集中的极点的过程，是“点域扩展”中的“点”形成的过程。这一过程易于发生在前述的作为平台和载体的产业转移示范区。佩鲁的增长极理论认为，“推进型”产业是促进增长极形成的关键，即增长速度高于其他企业的领头企业。在福利视角上审视，这种推进型产业也就是驱动型的区域福利资源。在前述的梯度转移机制下已实现了推进型产业的转入，下一步要解决的是如何以推进型产业促进“极化”、形成“极点”的过程，主要可以从以下方面入手。

（1）保证各种生产要素的供给。相关产业整体迁移到特定的园区、示范区，在成为推进型产业之前必然产生对各种生产要素的较大需求，以作为进一步发展的基础。因此，中西部地区当地政府部门要做好劳动力的有序流动、专业培训和引导就业工作，促进金融资本流向产业示范区，确保土地的有效合理规划与利用。

（2）壮大中心城市。中心城市是区域内经济社会发展水平最高的“极点”，其与产业增长“极点”的契合将进一步助推“极化”的过程。应加强城市间交通等重大设施建设，完善城市功能，扩大城市规模，大力发展城区经济，提高城市吸纳就业能力和公共服务保障水平，促进区域范围内城市群的形成。

（3）加强配套服务体系建设。如果生产要素投入和供给是“极化”过程的“硬支撑条件”，那么配套服务体系建设就是“软支撑条件”。地方政府应进一步健全就业服务体系、技术服务体系、融资服务体系、物流服务体系、商务服务体系，提高综合服务水平，提升产业服务功能。

（4）严格限制“极化”过程中伴生的环境负外部性。传统劳动、资本密集型产业的重要特征是能耗、污染度较大，对生态环境有很大的破坏作用，这将带来负外部性，损害产业承接地区的环境福利水平。因此，在促进推进型产业形成、助推“增长极”成型的过程中，要建立环境准入制度，对高能耗、高污染的企业严格限制，确保区域环境福利水平不下滑。

3. 动态扩散机制

梯度承接的点域扩展型模式在经历了梯度承接、“极点”形成过程之后，要有一个区域福利效应由极点到整个区域的动态扩散过程。如果梯度转移过程和静态“极化”过程是有形的产业迁入和增长，那么动态扩散过程则更多地体现为一种有形的产业链和无形的辐射作用、带动作用相结合的方式，以促进区域福利效应在整个区域内发挥作用，提升区域福利整体水平。动态扩散机制主要从以下方面展开：

（1）促进新产业集群在区域内的链条延伸。佩鲁在增长极理论中认为增长极具有回顾效应和旁侧效应，能带动其他部门和周边地区经济的增长。新的增长极以传统制造业为主，劳动、资本的密集度很高，其对要素的需求可以带动周边地区与之相关的上下游产业的发展，以此扩大对劳动力的需求；进而促进其就业，并丰富了政府的财源。政府应规划、健全区域产业体系，保证上、中、下游产业之间的联系顺畅，甚至可以制定专门政策明确产业链条延伸必须在特定区域展开，以保证区域福利资源在本地发挥效应。

（2）促进经济交易关系的扩展。这是以一种“无形”的方式来实现“扩散”效应。区域空间是广阔的，有形的产业链条延伸却是有界的，因此，应促进“极点”与“边缘”地区经济交易活动的发生、经济交易关系的运行。这种经济交易关系主要是要素供需之间实现均衡的一种关系，包括初级产品、中间产品流通以及劳动力雇佣等关系，需要一个健全的区域市场流通体系来作为实现途径。政府应完善区域市场的信息服务体系，促进流通中介的发展，降低流通成本，提高偏远地区的劳动力综合素质使其有能力更好地流通，改善交通运输的薄弱环节。

第二节　促进区域福利改善的政策支持

一、国家层面的政策支持

在社会主义市场经济条件下，产业转移是企业群按照市场规律和企业生存成长需要，根据环境的变化，以实现利益最大化目标做出的自主选择或被动适应。这也是演化经济学对于产业转移的解释。在产业转移过程中，企业群会受到政府行为的激励和约束。当转入区域的政府采取积极承接产业转移的行为，并给予相关的政策鼓励和税收优惠时，越能促进外来资本的移入，福利溢出效应渠道越畅通，产业转移的区域福利正效应就越显著。因此，政府政策是影响产业转移引致区域福利效应的重要因素，会在两个方面产生作用，一是政府政策会影响产业转移区域福利流量，二是政府政策会影响产业转移区域福利效应实现强度。基于此，政策这一变量必须在以产业转移提升区域福利效应方面发挥重要功能。

政策是国家为了实现一定历史时期的路线和任务而制定的行动准则。[①]在国家政策的战略引领方面，“十二五”规划已经明确提出了促进产业合理有序转移的战略目标和重点任务。2010年，国务院出台了《国务院关于中西部地区承接产业转移的指导意见》，这是国家政策层面对促进中西部承接东部产业转移的重要战略引领，也明确了“十二五”时期促进产业合理有序转移的方向和任务。截至2011年，国家已经批准了《皖江城市带承接产业转移示范区规划》、《广西桂东承接产业转移示范区规划方案》、《湖南省湘南承接产业转移示范区》、《重庆沿江承接产业转移示范区》四个专门的产业转移示范区建设规划，加上同样具有承接产业转移功能的河南中原经济区等国家级区域发展规划，已经有力地促进了全国范围内产业梯度转移的区域福利改善。《晋陕豫黄河金三角承接产业转移示范区》正在申报中，国家应该继续在条件成熟的区域再重点建设若干产业转移示范

① 陈耀：《国家中西部发展政策研究》，经济管理出版社2000年版。

区，进一步促进产业有序转移带动区域福利水平提升。综合来看，在国家层面，应该落实统筹全局、重点突出的策略政策支持。采取差别性的区域经济引导政策，加快制定区域发展规划。目前，我国东部地区已进入产业升级和发展方式转变的阶段，应通过政策措施加快和鼓励东部地区走上创新驱动发展的轨道；对中西部地区进行有效引导，一方面要抓住承接国际产业转移的有利机遇，另一方面加强外资政策、市场准入政策、节能环保政策等的引导，发展先进制造业，避免走上传统增长方式、分工体系的老路。

1. 国家政策支持的主体指导思想

在国家政策支持方面，要深入贯彻落实科学发展观和“十二五”规划，统筹国内和国际两个全局，抓住国际国内产业分工调整的重大机遇，以市场为导向，以自愿合作为前提，以结构调整为主线，以体制机制创新为动力，着力改善投资环境，促进产业集中布局，提升配套服务水平；努力提高自主创新能力，促进产业优化升级；着力加强环境保护，节约集约利用资源，促进环境福利改善；着力提高产业转移带动就业能力，引导劳动力就地就近转移就业，促进产业和人口集聚，加快城镇化建设步伐；着力深化区域合作，促进要素自由流动，实现东部地区与中西部地区良性互动，逐步形成分工合理、特色鲜明、优势互补的现代产业体系，增强区域福利资源发挥效应的基础。

2. 国家政策支持应遵循的原则

（1）应坚持市场为导向，减少行政化障碍。遵循市场规律，充分发挥企业在产业转移中的主体作用，进一步发挥市场配置资源的基础性作用；同时注重规划和政策引导，改善投资环境，完善公共服务，规范招商引资行为。

（2）应坚持合理有序，因地制宜，加强分类指导。从中西部地区、东部地区的实际出发，立足各区域比较优势，合理确定产业承接发展重点，防止低水平重复建设；进一步优化产业空间布局，引导产业集聚，提高吸纳就业能力，推动重点地区的区域福利水平改善和带动作用。

（3）应坚持节能环保，严格产业环境准入。加强生态建设，注重环境保护，强化污染防治，严禁污染产业转入中西部地区；发展循环经济，推进节能减排，促进资源节约集约利用，改善东部地区的环境福利水平，避免产业转移给中西部地区环境福利水平带来损害。

（4）应坚持进一步深化改革，创新体制机制。深化重点领域和关键环节改革，突破制约区域福利资源形成和流动的“瓶颈”，优化发展环境，增强发展活力和动力；增大东部地区对外、中西部地区对内开放力度，加强区域互动合作，建立中西部地区和东部地区的利益共享机制，实现围绕区域福利资源的良性竞争、互利共赢。

3. 国家政策支持的具体方案

产业转移是区域福利改善的前提，没有产业转移，也不会产生区域福利效应。政策支持，即是先支持产业转移这一前提的实现，再支持产业转移过程中区域福利正效应增大、负效应减小。从具体实践来看，在国家政策层面，应该建立政策环境预期，鼓励东部地区积极承接国际产业转移，构建政策支持平台；同时为进一步改善中西部地区投资环境、引导和支持产业有序转移和科学承接，在税收、金融、投资、土地等方面给予必要的政策支持。中央政府应采取措施鼓励东部产业向中部地区转移，统筹东部地区和中西部地区，加大政策性倾斜力度，增强宏观调控能力。

（1）税收政策。促进中央财政加大转移支付等政策，支持中西部地区改善民生，促进基本公共服务均等化，优化产业承接环境；对中西部地区的国家支持性产业，国家级经济技术高新技术开发区公共基础设施项目贷款实施财政贴息；对投资东部地区的外商投资优势产业项目，按相应的规定免征关税；支持在东部地区有条件的地方建设国家高技术产业基地；完善、规范物流企业营业税差额纳税办法，削减内地通往港口的政府公路收费项目，对中西部出口企业提供适当运费优惠计划；借鉴国外对迁入后发展地区的企业给予投资补贴的做法，由中央财政建立专项资金，对向中西部地区迁移的企业提供适当补贴。

（2）金融政策。鼓励和引导各类金融机构对重点产业转移项目提供信贷支持，在风险可控条件下为东部地区企业并购重组、中西部地区企业迁入提供支持，对加工贸易重点企业给予贷款支持；支持国内外转移企业发行企业债券、短期融资券、企业集合债券和上市融资；大力支持中西部各类金融机构参与全国统一的同业拆借市场、票据市场、债券市场等资本市场投融资活动；鼓励和引导外资银行到中西部地区设立机构、开发业务；有序推进村镇银行、小额贷款公司等新型农村金融机构试点和运行。

（3）投资政策。统筹区域发展格局，将更多大型投资项目投放到中西部地区，以产业和投资带动中西部地区的整体崛起或福利改善；制定差别化产业政策，适当降低中西部地区鼓励类产业门槛，增加劳动密集型产业类别；根据中西部地区改善区域福利水平的实际需要设立产业投资基金和创业投资基金；对于承接产业转移重点区域优先安排建设性项目，适当倾斜对中西部地区的基础建设投资，在高速铁路、地铁、高速公路、飞机场等交通设施建设方面加大投入力度。

（4）土地政策。坚持节约集约用地的基本方针，进一步加大对中西部地区新增建设用地年度计划指标的支持力度，优先安排产业转移园区建设用地指标；严格执行工业用地最低出让价标准；尝试设立工业用地弹性出让和年租制度。

（5）贸易政策。在经济发展程度较好、条件成熟的地区设立相关的海关特殊监管区域或保税监管场所；培育和建设一批加工贸易梯度转移重点承接地；支持中西部有条件的沿边地区设立边境经济合作区、跨境经济合作区，加大对口岸建设的支持力度，推进中西部地区与东部地区的区域通关改革。

（6）科技教育政策。鼓励东部地区高校、科研机构、企业与中西部地区开展多种形式的产、学、研合作，推动有条件的企业在中西部地区建立研发机构和中试基地，提高集成创新和再创新能力。支持中西部地区高等学校提升人才培养与创新服务能力，结合产业转移的重点办好特色专业。具体而言，应建立包括校企合作企业实践条件预警管理、中职教师实践课程开发管理、企业实践质量评价管理、教师企业实践学籍及相关证书管理、企业实践经费管理等管理系统，以此加强对实施校企合作的各类组织机构的技术操作指引和质量监控。应全面规划和推动以提升实践教学水平为重点的中职教师职业发展，强化对培养培训中职教师实践教学能力工作的科研支撑。

（7）区域合作政策。东西部省区之间的产业转移，离不开区域之间的产业协调与合作。企业在各区域之间的搬迁或转移，虽然必须遵循市场的要素自由流动规律，由企业根据自身生产经营以及发展的需要来决定和实施，但这并不仅仅只是单个企业自身的事情，其必然涉及各个区域产业的整体变迁与发展的问题。哪些产业该转移，哪些企业该承接，也必然要受到各个地区产业政策的调控。中央强调东、中、西部互动发展，既是国家从统筹区域宏观战略高度的要求，也是基于区域之间要素禀赋以及经济基础的需要，推进区域产业协调与合作，形成合理的产业发展格局。因此，东中西部之间的产业转移，并不只是简单的企业搬迁问题。此外，在国内现有的体制下，企业的搬迁，必然会影响到迁出地产值、税收等各个地方政府十分看重的指标性因素变化，输出资本的收益率还不足以弥补产值、税收流失到异地的缺口。推进产业转移与承接，必须要纳入东中西部省区的区域经济合作范畴，进行统筹规划，协调实施。应出台鼓励跨省区产业园区合作共建的政策。把东部产业园区的资金、技术、管理和招商等优势，与中西部地区的土地、劳动力和优惠政策等优势结合起来，引导东部一部分传统产业集群中的核心企业与相互配套的企业，整体迁移到中西部的产业园区。实现基础设施投入和园区管理共同参与，共建土地收益和税收按照双方的股本和协议分成。还应建立产业对接的协调组织机制。建立产业转移与承接的信息交流平台，提供国家及各地区政府经济政策、行业发展趋势、商品供需动态、东中西部经济合作主要意向以及备选项目等重要信息，帮助企业科学决策。设立省区间产业对接及转移协调机构，定期不定期就产业合作发展、产业转移对接、共同投资开发、重大项目推进等加强协调与沟通，以期产业转移与承接的周期更短、成本更小、效果更好。

除此之外，国家还应尽快制定中西部地区吸引东部地区内资的产业指导目录。国家已颁布《中西部地区外商投资优势产业目录》（2008 年修订），现在还没有专门针对中西部地区吸引内资的产业指导目录。《关于禁止向西部转移污染的紧急通知》中主要是引用既有的相关规定，缺乏现有产业水平上的禁止和限制目录，尤其对于控制污染转移相关产业的禁止、限制目录没有给出更具体的规定，这亟须进一步得到明确。

在以上具体方案的实施操作层面，国务院有关部门要按照“十二五”规划和《国务院关于中西部地区承接产业转移的指导意见》确定的发展目标和重点，落实规划确定的各项政策，不断充实和完善支持政策的内容；要在专项规划编制、项目安排等方面对产业转移示范区建设给予指导；要加强与国家总体规划和相关专项规划的衔接，加强对各种促进产业转移规划实施情况的跟踪分析，做好督促检查工作，会同地方政府定期组织开展规划实施情况评估；要明确职能分工，加强协作配合，在政策实施、体制创新等方面给予支持，推动中西部地区承接产业转移顺利进行并产生良好的区域福利效应。

二、地方政府的政策支持

1. 地方政策支持的总体思路

由于东部地区政府在产业梯度转移中属于利益流出的一方，因此在主观和客观上并不会出台促进产业向中西部转移方面的助推性政策，所以在地方政府层面应主要探讨中西部地区的地方政府所能给予的政策支持。从实际来看，中西部地区地方政府应落实因地制宜、积极有为的政策支持。

从区域发展战略方面来审视，引导和支持中西部地区承接产业转移，是深入实施西部大开发和促进中部地区崛起战略的重大任务。地方政府要根据本区域的特色和实际，进一步加强协调，切实加强具体工作指导，认真落实国家的各项政策措施；要结合自身实际制定具体实施方案，完善各项配套措施，有序推进承接产业转移，促进区域福利改善。

地方政府在政策层面上要积极行动，结合国家主体功能区规划、土地利用总体规划、环境保护规划、城乡建设规划等的要求，科学制定本区域的产业发展规划，编制具体实施方案和重点专项规划，明确产业布局的功能定位；要根据中央和本地区的“十二五”规划，切实加强对《国务院关于中西部地区承接产业转移的指导意见》实施的组织领导，明确分工合作，健全工作机制，做好示范区建设工作，制定相应的优惠政策。地方政府在出台政策时，要以若干主要政策为主，在其主政策的框架内制定相应的辅助政策或实施办法，形成承接产业转移的政策合力。东部地区和中西部地区的地方政府政策制定，既要体现新政策的感召力，又要保持先期出台政策与新出台政策的连续性，使促进产业转移政策具有政策感召力、吸引力，为产业转移促进区域福利改善提供良好的政策环境。

2. 地方政策支持的具体方案

（1）产业政策。中西部地区的地方政府应该积极吸引产业转入，创造良好投资环境，加强基础设施建设和示范园区建设，加强区域市场体系建设形成要素合理定价机制、产业转移示范园区税收合理征管机制，促进产业集聚降低成本形成价格福利，加快发展本区域配套服务业促进就业；对符合国家产业政策的产业转移项目，根据权限优先予以核准或备案，减少审批程序、节省企业交易成本、增强服务功能；鼓励省级技术改造等财政专项资金优先用于符合条件的产业转移项目；实行产业转移园区单位面积投资强度最低标准，安排专项转移支持资金用于产业转移园基础设施建设，加大地方财政扶持力度。

（2）劳动力就业政策。加强劳动力培训，引导劳动力就业，培育好产业转移劳动力市场，以促进本地居民在新转入产业就业、适应其用人需求；依托公共就业服务机构，引导劳动力有序就业；加快发展职业教育，建立以政府职业培训为主体，专项培训机构和民办培训机构为依托，多层次、立体化的职业培训体系，建成一批国家级、省级重点职业学校，奠定劳动力就业培训的基础；并有针对性地对农民工进行就业岗位培训，提高其专业技能，增强其就业能力；建立健全农民工进城后的继续教育体系，举办各种形式的新专业、新技能、新知识培训班，促进其素质提升。

（3）税收优惠政策。基本原则是既要考虑投资者的利益，又要考虑地方政府财力的增加。地方政府在不同的产业领域应制定不同的优惠政策，对本区域急需发展的鼓励类产业制定更加优惠的税收政策；对部分给区域福利带来不利影响的承接产业转移项目还应设置一定的门槛或不实行优惠政策；某些专项政策尽可能少出台，可作为“一事一议”或比照相关政策执行；地方政府在优惠的税目上宜简不宜繁，应以主要税收为主，如增值税、所得税；在优惠的期限上，宜长不宜短，不宜将税收优惠过于集中，而应尽量缩小优惠幅度，延长优惠时间，以保证本区域可用财力逐年增加。尤为需要重视的是，中西部地区尤其是县级一层，由于经济相对欠发达，且平台注资中存在大量的办公楼、地产等项目，且税收来源较为单一，面临的风险较大。要平衡好经济增长和债务累计间的矛盾，中西部省份应该在这一轮经济增长中转变投资模式，如在基建等投资领域吸引民间资本的进入，避免过度使用地方政府投资平台。与此同时，中西部地区还应增加地方债务的公开性和透明度，将地方政府债券发行更多向本地区倾斜，实现产业发展基金的有效保障。

（4）收费减免政策。地方政府要对落户在省级开发区、承接产业转移示范区和重大招商引资项目，以及吸纳就业人员多的重点企业给予行政事业性收费全部减免，经营性收费按下限收取，其他项目给予部分减免的相关政策；对产业转移示范园区实行“零收费区”；对达不到承接产业转移门槛要求和达不到房地产开发项目的不予考虑收费减免。

（5）土地政策。土地政策一直是地方引资工作中的重要政策，长期居高不下的地价是打造承接产业转移商务成本“洼地”的重要障碍之一。地方政府应明确规定土地出让金中政府纯收益部分用于对项目基础设施建设的奖励或补贴，或根据项目的投资规模、投资强度、科技含量、企业纳税等给予固定资产投资规模一定比例的奖励；对于不同项目、不同技术含量的企业补贴标准、补贴兑现时间等方面可有一定差别；应对产业转移示范园区的用地指标给予适度倾斜，以保证其建设用地需要。

（6）招商服务政策。与政府主导下的产业转移相对应，目前我国中西部地区产权保护体系、契约执行体系以及保障市场交易安全制度尚不完善，市场主体亟待发育，市场秩序有待规范，应努力改善以政府效率、服务意识和法制为重点的投资软环境。应致力于以促进全方位区域合作、优质高效的招商服务环境来精心筑“巢”，引来东部地区转入产业。多为投资商提供他们所需要的服务，诸如简便的审批程序和市场准入、减税和金融激励等，并按照规范、透明、公平的原则办事。应着力提高围绕当地特色优势的产业配套能力，让投资者在当地就能采购到所需的原材料和外协件，得到所需要的研发设计、标准检测、会计咨询、物流配送、金融保险等服务。建立直通直达服务、重点企业协调服务、“绿色通道”服务、民企直接反映和直接协调等机制，推行行业协会全程代办协办服务，为客商提供“一站式”、全程式、跟踪式、保姆式的“四式”服务，推行兑现政策零折扣、优质服务“零距离”、生产经营零干扰的“三个零”机制，加强地方政府横向之间的部门沟通与合作，合力打造优良的企业服务环境，改变中西部地区招商服务环境落后的面貌。地方政府还应努力实现外延扩张招商与内涵集约招商并举，加大对产业研发部门的引进力度，推动引资金、引项目与引技术、引智力有机结合。

（7）生态环保政策。地方政府应先选准产业类型，确保经济、科学和可持续发展。一方面要克服盲目为增加 GDP 而承接，摒弃过去片面强调引进来的盲目做法，制定承接产业转移的门槛，对于对环境保护、资源保护有负作用的高污染产业应该谨慎引入；另一方面对于那些有污染但符合地区产业结构调整和优势发挥的必须承接的企业，需要加快技术改造和设备更新的步伐，提高资源利用率，大力发展绿色经济和循环经济，使资源得到最优利用。党的十七大提出了“形成主体功能区”的要求，即实施国家四大主体功能区规划和优化布局，逐步形成五类生态发展圈：生态都市发展圈、生态卫星城市圈、生态县城发展圈、生态镇村发展圈、自然生态发展圈，地方政府应从生态都市发展圈这个产业梯度起点开始严格控制环境污染，建立高门槛的“绿色壁垒”，就地提升和消化现有污染型产业，切断梯度转移的污染源；应体现生态发展理念，将各地“产业转移园区”改称为“生态产业示范园区”，高标准高起点建设，形成合理产业链条；建立产业转移示范园的首要任务就是加快产业结构调整和产业升级，所以必须处理好承接产业转移与当地生态环境保护以及资源、能源的合理有效利用问题，走一条产业发展与环境质量良性循环的发展途径。还应开展规划环评，引导产业转移示范园优化布局，整合重组；鼓励迁移企业进行技术装备更新、生产工艺和产品设计的创新，设立符合当地产业发展的能耗、环保、技术以及安全标准；应设立产业园区环保专项资金，专门用于补助园区建设污染集中治理设施；对产业转移园区污水处理等设施实行电费补贴，以降低产业转移园区污水处理成本，保障政策顺利实施。

结　论

第一，演化经济学将市场竞争视为经济体系中的自然选择机制，从演化经济学的角度，可以认为经济体系中的“自然选择”环境意味着市场环境，包括产品市场和要素市场，成功存活下来的企业是通过满足这些市场的选择环境而被保留下来的。产业的转移是某产业对特定市场环境不同适应度的反应。若产业对市场环境的适应度越来越低，在与其他地区同类产业的竞争中处于明显不利地位，若不想衰亡，只能选择向外迁移，迁徙至整体区域中另一个产品市场条件能够适应的区域市场环境，实现其产品需求和利润水平的提升、产品市场的均衡。只有被迫迁徙到另一个市场环境，才能在经济的“自然选择”中保留下来；反之则会被淘汰。无论是要素市场变化还是产品市场变化，引起的产业转移过程均可视为由旧的均衡状态向新的均衡状态的过渡过程。

第二，区域福利及其效应可以从经济主体的逻辑脉络来进行界定，是区域内居民福利、企业福利、政府福利三者之和，是区域经济发展给居民、企业、政府所带来的效用和权利。产业转移过程中的生产要素演化是区域福利变化的原动力，主要包括生产要素需求、生产要素布局、生产要素利润三个影响因子的作用，会对居民福利、企业福利、政府福利施加不同的影响。

第三，在国际产业转移过程中，发达国家把纺织、服装等轻纺类劳动密集型工业和部分耗能多、污染大的重化工业，逐渐转移到发展中国家，使得这些国家和地区较快地实现工业化，丰富的劳动力资源得以充分利用，实现了经济的快速增长，居民收入水平、社会保障、政府服务等福利水平有了层次上的提高。但是，发达国家和地区通过国际经济合作、国际投资或跨国公司经营等直接投资途径，将一些高耗能、高物耗、高污染、劳动密集型的“夕阳产业”转移到发展中国家和地区，造成了较严重的环境负外部性，损害了环境福利水平。

第四，在中国产业转移进程中，当前中西部地区承接东部产业转移有所提速，在岗职工工资增速均出现了明显或较大幅度的提升，居民福利的正效应显著，企业利润水平、政府财政水平也显著上升，企业福利和政府福利正效应显著。虽然中西部地区产生了较为明显的区域福利效应，但通过产业转移带动各个区域之间协调发展的效应不明显。产业转出过程中，东部地区区域福利正效应仍较显著，负效应也尚未显现，表明产业转出还未形成较大规模，对于东部地区的影响尚处于短期内的作用；实证分析表明，在产业转出过程中，东部地区在居民就业、企业利润等区域福利水平上还会继续保持增长而不会下降，而政府财政收入将保持平稳甚至略有下降，难以有持续的较大增长。

第五，对于西部地区而言，其理念的产生是基于面对的生存和发展形势变化而自我式生成的，应该选择嵌入契合式路径，并形成一种梯度承接的点域扩展型模式；对于东部地区而言，其理念的产生是基于对环境的互动适应性的生成，应该选择流动替代式路径，并形成一种转型升级的结构高度化模式。从政策支持体系来看，应该在国家层面落实统筹全局、重点突出的政策支持，就地方政府而言则应落实因地制宜、积极有为的政策支持。

附　录

国务院关于中西部地区承接产业转移的指导意见

国发〔2010〕28号

各省、自治区、直辖市人民政府，国务院各部委、各直属机构：

产业转移是优化生产力空间布局、形成合理产业分工体系的有效途径，是推进产业结构调整、加快经济发展方式转变的必然要求。当前，国际国内产业分工深刻调整，我国东部沿海地区产业向中西部地区转移步伐加快。中西部地区发挥资源丰富、要素成本低、市场潜力大的优势，积极承接国内外产业转移，不仅有利于加速中西部地区新型工业化和城镇化进程，促进区域协调发展，而且有利于推动东部沿海地区经济转型升级，在全国范围内优化产业分工格局。为进一步指导中西部地区有序承接产业转移，完善合作机制，优化发展环境，规范发展秩序，现提出以下意见：

一、总体要求

（一）指导思想。深入贯彻落实科学发展观，紧紧抓住国际国内产业分工调整的重大机遇，以市场为导向，以自愿合作为前提，以结构调整为主线，以体制机制创新为动力，着力改善投资环境，促进产业集中布局，提升配套服务水平；着力在承接中发展，提高自主创新能力，促进产业优化升级；着力加强环境保护，节约集约利用资源，促进可持续发展；着力引导劳动力就地就近转移就业，促进产业和人口集聚，加快城镇化步伐；

着力深化区域合作，促进要素自由流动，实现东中西部地区良性互动，逐步形成分工合理、特色鲜明、优势互补的现代产业体系，不断增强中西部地区自我发展能力。

（二）基本原则。

——坚持市场导向，减少行政干预。遵循市场规律，尊重各类企业在产业转移中的主体地位，充分发挥市场配置资源的基础性作用；注重规划和政策引导，改善投资环境，完善公共服务，规范招商引资行为。

——坚持因地制宜，加强分类指导。从各地实际情况出发，立足比较优势，合理确定产业承接发展重点，防止低水平重复建设；进一步优化产业空间布局，引导产业集聚，推动重点地区加快发展。

——坚持节能环保，严格产业准入。加强生态建设，注重环境保护，强化污染防治，严禁污染产业和落后生产能力转入；发展循环经济，推进节能减排，促进资源节约集约利用，提高产业承载能力。

——坚持深化改革，创新体制机制。深化重点领域和关键环节改革，突破发展“瓶颈”，优化发展环境，增强发展活力和动力；扩大对内对外开放，加强区域互动合作，建立利益共享机制，实现良性竞争、互利共赢。

二、因地制宜承接发展优势特色产业

依托中西部地区产业基础和劳动力、资源等优势，推动重点产业承接发展，进一步壮大产业规模，加快产业结构调整，培育产业发展新优势，构建现代产业体系。

（三）劳动密集型产业。承接、改造和发展纺织、服装、玩具、家电等劳动密集型产业，充分发挥其吸纳就业的作用。引进具有自主研发能力和先进技术工艺的企业，吸引内外资参与企业改制改组改造，推广应用先进适用技术和管理模式，加快传统产业改造升级，建设劳动密集型产业接替区。

（四）能源矿产开发和加工业。积极吸引国内外有实力的企业，大力发展能源矿产资源开发和精深加工产业，加快淘汰落后产能。在有条件的地区适当承接发展技术水平先进的高载能产业。加强资源开发整合，允许资源富集地区以参股等形式分享资源开发收益。

（五）农产品加工业。发挥农产品资源丰富的优势，积极引进龙头企业和产业资本，承接发展农产品加工业、生态农业和旅游观光农业。推进农业结构调整和发展方式转变，加快农业科技进步，完善农产品市场流通体系，提升产业化经营水平。

（六）装备制造业。引进优质资本和先进技术，加快企业兼并重组，发展壮大一批装备制造企业。积极承接关联产业和配套产业，加大技术改造投入，提高基础零部件和配套产品的技术水平，鼓励有条件的地方发展新能源、节能环保等产业所需的重大成套装备制造，提高产品科技含量。

（七）现代服务业。适应新型工业化和居民消费结构升级的新形势，大力承接发展商贸、物流、文化、旅游等产业。积极培育软件及信息服务、研发设计、质量检验、科技成果转化等生产性服务企业，发展相关产业的销售、财务、商务策划中心，推动服务业与制造业有机融合、互动发展。依托服务外包示范城市及省会等中心城市，承接国际服务外包，培育和建立服务贸易基地。

（八）高技术产业。发挥国家级经济技术开发区、高新技术产业开发区的示范带动作用，承接发展电子信息、生物、航空航天、新材料、新能源等战略性新兴产业。鼓励有条件的地方加强与东部沿海地区创新要素对接，大力发展总部经济和研发中心，支持建立高新技术产业化基地和产业“孵化园”，促进创新成果转化。

（九）加工贸易。改善加工贸易配套条件，提高产业层次，拓展加工深度，推动加工贸易转型升级，鼓励加工贸易企业进一步开拓国际市场，加快形成布局合理、比较优势明显、区域特色鲜明的加工贸易发展格局。发挥沿边重点口岸城镇区位和资源优势，努力深化国际区域合作，鼓励企业在“走出去”和“引进来”中加快发展。

三、促进承接产业集中布局

加强规划统筹，优化产业布局，引导转移产业向园区集中，促进产业园区规范化、集约化、特色化发展，增强重点地区产业集聚能力。

（十）引导转移产业向园区集中。把产业园区作为承接产业转移的重要载体和平台，加强园区交通、通信、供水、供气、供电、防灾减灾等配套基础设施建设，增强园区综合配套能力，引导转移产业和项目向园区集聚，形成各具特色的产业集群。发挥园区已有重点产业、骨干企业的带动作用，吸引产业链条整体转移和关联产业协同转移，提升产业配套能力，促进专业化分工和社会化协作。

（十一）规范发展产业园区。统筹规划产业园区建设，合理确定产业定位和发展方向，形成布局优化、产业集聚、用地集约、特色明显的产业园区体系。支持符合条件的产业园区扩区升级。支持发展条件好的产业园区拓展综合服务功能，促进工业化与城镇化相融合。因地制宜发展特色产业园区，大力推进园区整合发展，避免盲目圈地布点和重复建设，防止一哄而起。

（十二）发挥重点地区引领和带动作用。按照推动形成主体功能区的要求，合理调整产业布局，在中西部地区着力培育和壮大一批承载能力强、发展潜力大、经济实力雄厚的重点经济区（带），促进产业集聚发展，发挥规模效应，提高辐射带动能力。

四、改善承接产业转移环境

完善基础设施保障，加强公共服务平台建设，打破地区封锁，消除地方保护，为承接产业转移营造良好的环境。

（十三）完善承接地交通基础设施。加强区域间交通干线和区域内基础交通网建设，加快发展多式联运，构建便捷高效的综合交通运输体系。促进物流基础设施资源整合和有效利用，完善现代物流体系，进一步降低物流成本。

（十四）强化公共服务支撑。发展跨区域产业技术创新战略联盟，建立完善公共信息、公共试验、公共检测、技术创新等服务平台，规范发展技术评估、检测认证、产权交易、成果转化等中介机构。加快社会诚信体系建设，建立区域间信用信息共享机制。

（十五）改善营商环境。规范政府行为，防止越位和错位，不得采取下硬性指标等形式招商引资，清理各种变相优惠政策，避免盲目投资和恶性竞争。整顿和规范市场秩序，促进投资贸易便利化。推进依法行政，加强知识产权保护，完善法制环境，保障投资者权益。

五、加强资源节约和环境保护

将资源承载能力、生态环境容量作为承接产业转移的重要依据，加强资源节约和环境保护，推动经济发展与资源、环境相协调。

（十六）严把产业准入门槛。产业承接必须符合区域生态功能定位，严禁国家明令淘汰的落后生产能力和高耗能、高排放等不符合国家产业政策的项目转入，避免低水平简单复制。全面落实环境影响评价制度，对承接项目的备案或核准严格执行有关能耗、物耗、水耗、环保、土地等标准，做好水资源论证、节能评估审查、职业病危害评价等工作。加强承接产业转移中的环境监测。

（十七）推进资源节约集约利用。加强耕地资源保护，防止在承接产业转移中侵占基本农田。制定相关行业建设用地控制标准，推广多层标准厂房建设，提高土地投资强度和用地密度。加强水资源保护和合理利用，建立和推行用水定额管理制度，大力提高废污水处理回用率。鼓励企业采用节能、节水、节材、环保先进适用技术，改造生产流程及实施相关项目建设，降低单位产出的能源资源消耗。鼓励和支持承接产业转移园区发展循环经济。

（十八）加大污染防治和环境保护力度。加强产业园区污染集中治理，建设污染物集中处理设施并保证其正常运行，实现工业废弃物循环利用。大力推行清洁生产，加大企业清洁生产审核力度。严格执行污染物排放总量控制制度，实现污染物稳定达标排放，完善节能减排指标、监测和考核体系。加强对生态系统的保护，着力改善生态环境。

六、完善承接产业转移体制机制

完善政府管理与服务，提高行政效能，深化经济体制改革，推动区域合作向纵深发展，创新产业承接模式，探索建立合作发展、互利共赢新机制。

（十九）深化行政管理和经济体制改革。加快转变政府职能，减少行政审批，简化办事程序，提高服务效率。推动相关行政许可跨区域互认，做好转移企业工商登记协调衔接。继续推进国有企业改革，大力发展非公有制经济，进一步放宽市场准入，扩大民间投资的领域和范围。发展和完善土地、资本、劳动力、技术等要素市场，促进生产要素优化配置。加快资源型产品价格和环保收费改革。

（二十）创新园区管理模式和运行机制。鼓励中西部地区通过委托管理、投资合作等多种形式与东部沿海地区合作共建产业园区，积极探索承接产业转移新模式，实现优势互补、互利共赢。支持中西部毗邻地区之间合作共建产业园区，创新管理体制和运行机制，实现资源整合、联动发展。

（二十一）加强区域互动合作。推动建立省际间产业转移统筹协调机制、重大承接项目促进服务机制等，引导和鼓励东部沿海地区产业向中西部地区有序转移。充分发挥行业协会、商会的桥梁和纽带作用，搭建产业转移促进平台。提升各类大型投资贸易会展活动的质量和水平。在中西部条件较好的地方设立承接产业转移示范区，充分发挥其典型示范和辐射带动作用。做好产业转移与对口支援、对口帮扶工作的衔接。

七、强化人力资源支撑和就业保障

大力发展职业教育和培训，促进农村劳动力转移，加强人才开发和就业服务，完善社会保障制度，为承接产业转移提供必要的人力资源和智力支持。

（二十二）加强职业技能培训。加快职业教育基础能力建设步伐，健全职业教育培训网络，重点建设一批高水平职业院校，推进公共实训基地建设。落实就读中等职业学校逐步免学费政策和职业培训补贴政策。支持职业院校面向产业转移需要，新增和调整相关专业，定向培养中高级技工和熟练工人。落实农民工培训补贴政策，切实做好农民工培训工作。

（二十三）完善就业和社会保障服务。健全就业服务体系，培育和完善统一开放、竞争有序的人力资源市场。鼓励各地引导社会资金投资建设适合农民工租住的住房，改善农民工居住条件。支持农村劳动力转移就业和返乡创业，加快建立和完善社会保险关系转移接续机制。

（二十四）引进高层次人才。创新高层次人才引进、使用、激励和服务保障机制，积极为高层次人才搭建创新创业平台。推动人才合理流动，实行来去自由的政策，吸引东部沿海地区和海外高层次人才根据本人意愿在中西部地区落户。

八、加强政策支持和引导

为进一步改善中西部地区投资环境，引导和支持产业有序转移和科学承接，在财税、金融、投资、土地等方面给予必要的政策支持。

（二十五）财税政策。中央财政通过加大转移支付等政策，支持中西部地区改善民生和促进基本公共服务均等化，优化产业承接环境。对中西部地区符合条件的国家级经济技术开发区和高新技术开发区公共基础设施项目贷款实施财政贴息。对投资中西部地区国家鼓励类产业和外商投资优势产业的项目，在投资总额内进口的自用设备，按规定免征关税。完善和规范物流企业营业税差额纳税办法。

（二十六）金融政策。鼓励和引导金融机构对符合条件的产业转移项目提供信贷支持。鼓励金融机构在风险可控的前提下为东部地区企业并购、重组中西部地区企业提供支持。支持中西部地区金融机构参与全国统一的同业拆借市场、票据市场、债券市场、外汇市场和黄金市场的投融资活动。鼓励和引导外资银行到中西部地区设立机构和开办业务。有序推进村镇银行、贷款公司等新型农村金融机构试点工作。支持符合条件的企业发行企业债券、中期票据、短期融资券、企业集合债券和上市融资。

（二十七）产业与投资政策。修订产业结构调整指导目录和政府核准投资项目目录，强化对产业转移的引导和支持。根据中西部地区产业发展实际，研究制定差别化产业政策，适当降低中西部地区鼓励类产业门槛，适当下放核准权限。根据《外商投资产业指导目录》修订情况，加快修订《中西部地区外商投资优势产业目录》，增加劳动密集型产业类别。对符合国家产业政策的产业转移项目，根据权限优先予以核准或备案。支持在有条件的地方建设国家高技术产业基地。鼓励省级技术改造等财政专项资金优先用于符合条件的产业转移项目。支持中西部地区根据产业发展和自主创业的需要，设立产业投资基金和创业投资基金。

（二十八）土地政策。在坚持节约集约用地的前提下，进一步加大对中西部地区新增建设用地年度计划指标的支持力度，优先安排产业园区建设用地指标。严格执行工业用地最低出让价标准，进一步完善体现国家产业政策导向的最低价标准实施政策。探索工业用地弹性出让和年租制度。

（二十九）商贸政策。支持在条件成熟的地区设立与经济发展水平相适应的海关特殊监管区域或保税监管场所。支持有条件的沿边地区设立边境经济合作区、跨境经济合作区。培育和建设一批加工贸易梯度转移重点承接地。对加工贸易重点企业给予贷款支持。加大对“大通关”建设和口岸建设的支持力度，推进中西部地区与东部省份的区域通关改革。

（三十）科教文化政策。鼓励东部地区转让先进技术，大力发展跨区域产业技术创新联盟，促进中西部地区完善产业技术创新体系。加大对产业园区技术创新体系建设、知识产权运用以及自主知识产权产业化的支持力度，提高集成创新和再创新能力。鼓励东部地区高校、科研机构、企业与中西部地区开展多种形式的产学研合作，推动有条件的企业在中西部地区建立研发机构和中试基地。支持中西部地区高等学校提升人才培养与创新服务能力，结合产业转移重点办好特色专业。支持中西部地区文化产业振兴发展，加强公共文化服务体系建设，合理开发利用和保护历史文化资源，营造良好的人文环境。

引导和支持中西部地区承接产业转移，是深入实施西部大开发和促进中部地区崛起战略的重大任务。各地区、各部门要进一步统一思想，提高认识，切实加强工作指导，认真落实各项政策措施。中西部地区要结合自身实际，制定具体实施方案，完善各项配套措施，有序推进承接产业转移工作。国务院有关部门要按照职能分工，加强协作配合，在政策实施、体制创新等方面给予指导和支持，注意研究新情况、解决新问题，推动中西部地区承接产业转移工作健康开展。

国务院

二〇一〇年八月三十一日

参考文献

A.C.庇古：《福利经济学》，朱泱等译，商务印书馆 2006 年版。
阿尔弗雷德·韦伯：《工业区位论》，李刚剑译，商务印书馆 1997 年版。
阿玛蒂亚·森：《以自由看待发展》，于真等译，中国人民大学出版社 2002 年版。
安虎森：《新区域经济学》，东北财经大学出版社 2008 年版。
敖荣军：《制造业集中、劳动力流动与中部地区的边缘化》，《南开经济研究》2005 年第 1 期。
白小明：《我国产业区域转移粘性问题研究》，《北方论丛》2007 年第 1 期。
白孝忠：《国际产业转移的新特点及其对全球经济的影响》，《江苏商论》2009 年第 5 期。
保罗·克鲁格曼：《发展、地理学与经济理论》，蔡荣译，北京大学出版社 2000 年版。
贝毅、曲连刚：《知识经济与全球经济一体化——兼论知识经济条件下国际产业转移的新特点》，《世界经济与政治》1998 年第 8 期。
彼得·巴姆斯特：《数量生态经济学——如何实现经济的可持续发展》，齐建国等译，社会科学文献出版社 2010 年版。
蔡昉：《人口迁移和流动的成因、趋势与政策》，《中国人口科学》1995 年第 6 期。
曹荣庆：《浅谈区域产业转移和结构优化的模式》，《中州学刊》2001 年第 6 期。
陈宝明：《国际产业转移新趋势及其对策》，《学习时报》2010 年 10 月 18 日。
陈栋生：《东西互动、产业转移是实现区域协调发展的重要途径》，《中国金融》2008 年第 2 期。
陈刚、刘珊珊：《产业转移理论研究：现状与展望》，《当代财经》2006 年第 10 期。

陈计旺:《东部地区产业转移与中部地区经济发展》,《山西师大学报》(社会科学版)2003 年第 3 期。
陈计旺:《影响东部地区产业转移的主要因素分析》,《生产力研究》2007 年第 5 期。
陈建军:《中国现阶段产业区域转移的实证研究》,《管理世界》2002 年第 6 期。
陈劲、王焕祥:《演化经济学》,清华大学出版社 2008 年版。
陈敏、桂琦寒、陆铭:《中国经济增长如何持续发挥规模效应?——经济开放与国内商品市场分割的实证研究》,《经济学》(季刊)2007 年第 7 期。
陈蕊:《区域产业梯度转移调控研究》,合肥工业大学博士学位论文 2007 年 10 月。
陈晓、赵磊:《2007 新民工荒》,《关注》2007 年第 14 期。
陈晓律:《从亚当·斯密到凯恩斯——简评英国福利思想的发展》,《世界历史》1990 年第 5 期。
陈耀:《产业资本转移新趋势与中部地区承接策略》,《中国发展观察》2009 年第 6 期。
陈耀:《国家中西部发展政策研究》,经济管理出版社 2000 年版。
陈耀:《我国沿海产业集群迁移与中西部承接策略》,《西部金融》2008 年第 11 期。
程必定:《长江三角洲与下游地区大城市带及安徽与长三角经济技术合作的前景》,《战略研究》2008 年第 1 期。
赤松要:《世界经济论》,国元书房 1965 年版。
赤松要:《我国产业发展的雁行形态——以机械仪表工业为例》,《一桥论丛》1956 年第 36 期。
达尔文:《物种起源》,周建人等译,商务印书馆 2009 年版。
戴宏伟:《产业梯度双向转移与中国制造业发展》,《经济理论与经济管理》2006 年第 12 期。
单俏颖:《FDI 对我国经济效应的实证分析》,《鹭江职业大学学报》2004 年第 2 期。
道格拉斯·诺思:《经济史中的结构与变迁》,陈郁、罗华平译,上海人民出版社 1994 年版。
杜传中:《后金融危机时期加快我国区域产业转移的思路及对策》,载李平等:《2011 中国区域经济学前沿》,经济管理出版社 2011 年版。

杜晓君:《制造业的国际转移规律和趋势》,《经济理论与经济管理》2003 年第 8 期。

范剑勇:《市场一体化、地区专业化与产业集聚趋势》,《中国社会科学》2004 年第 6 期。

方福前、吕文慧:《从社会福利函数的演进看我国公平问题》,《天津社会科学》2007 年第 3 期。

G.格罗斯曼:《全球经济中的创新与增长》,何帆等译,中国人民大学出版社 2003 年版。

高广阔、李好好、张能进:《"长三角"产业转移现状及分行业优势比较》,《统计与决策》2007 年第 20 期。

高鸿业:《西方经济学》,中国人民大学出版社 2001 年版。

高文宇:《中西部地区承接发达地区产业和投资转移的政策建议》,《江东论坛》2007 年第 2 期。

高现林:《河南承接产业转移显成效》,《中国电子报》2011 年 7 月 26 日 02 版。

郭春花:《产业区域转移渐成气候——新疆资源拉动纺企"走西口"》,《纺织服装周刊》2009 年第 19 期。

郭丽、张美云:《产业区域转移粘性分析》,《发展研究》2009 年第 3 期。

郭新明:《西北五省区承接产业转移的调查与思考》,《金融时报》2011 年 6 月 13 日。

国家发展和改革委员会、北京师范大学课题组:《中国前 500 强企业发展报告 2010/2011》,《经济研究参考》2011 年第 15 期。

国家发展和改革委员会:《2006 年中国居民收入分配年度报告》2007 年。

郝朝君、董金玲:《长三角产业转移与苏北地区经济发展》,《商场现代化》2006 年第 8 期。

何钟秀:《论国内技术的梯度转移》,《人民日报》1983 年 2 月 6 日。

贺灿飞、潘峰华、孙蕾:《中国制造业的地理集聚与形成机制》,《地理学报》2007 年第 12 期。

贺灿飞、潘峰华:《产业地理集中、产业集聚与产业集群:测量与辨识》,《地理科学进展》2007 年第 3 期。

洪兴建、李金昌:《两极分化测度方法述评与中国居民收入两极分化》,《经济研究》2007 年第 11 期。

胡俊文:《国际产业转移的理论依据及变化趋势》,《国际经贸探索》2004 年第 3 期。
胡萍、卢姗：《长三角地区人口迁移特征及其空间差异》，《西北人口》2007 年第 3 期。
胡兴华：《新一轮国际产业转移与中国发展机遇》，《价格月刊》2004 年第 3 期。
纪玉山：《数理经济学教程》，科学出版社 2009 年版。
贾根良：《演化经济学——经济学革命的策源地》，山西人民出版社 2004 年版。
解辉：《基于国内生产总值的劳动力流动趋势分析》，《科技情报开发与经济》2007 年第 25 期。
金碚、吕铁、李晓华：《关于产业结构调整几个问题的探讨》，《经济学动态》2010 年第 8 期。
朗永清：《国际分工格局形成及其意义——兼评林毅夫教授比较优势战略理论》，《国际贸易问题》2004 年第 8 期。
李峰：《国内外关于产业区域转移问题研究观点述评》，《经济纵横》2004 年第 6 期。
李洪江：《跨国公司对发展中国家市场争夺策略及当地企业的应对措施》，《吉林大学社会科学学报》2001 年第 5 期。
李会：《援疆难题：生态之痛与民企之弱》，《中国产经新闻》2011 年 9 月 15 日 B1 版。
李钧：《京港地区吸引跨国公司地区总部聚集比较研究》，《北京社会科学》2007 年第 4 期。
李廷、陈淑英：《中国东部地区纺织企业产业转移实证分析》，《生产力研究》2011 年第 7 期。
李小建：《外商直接投资对中国经济影响分析》，《经济地理》1999 年第 4 期。
李小平、陈勇：《劳动力流动、资本转移和生产率增长》，《统计研究》2007 年第 7 期。
李晓西：《东部产业转移趋势与承接机遇》，《中国国情国力》2009 年第 2 期。
李学鑫、苗长虹：《产业转移与中部崛起的思路调整》，《湖北社会科学》2006 年第 4 期。
梁琦：《关于空间经济研究的若干认识》，《广东社会科学》2010 年第 4 期。
林斐：《对 90 年代回流农村劳动力创业行为的实证研究》，《人口与经济》

2004 年第 2 期。
林平凡、刘城：《产业转移：转出地与转入地政府博弈分析》，《广东社会科学》2009 年第 1 期。
刘崇献：《从珠江三角洲“民工荒”看产业转移问题》，《北方经济》2005 年第 6 期。
刘杰、戴岚、崔佳、朱磊、韩立群：《产业转移新趋势》，《人民日报》2010 年 9 月 2 日 01 版。
刘力、张建：《珠三角企业迁移调查与区域产业转移效应分析》，《国际经贸探索》2008 年第 10 期。
刘乃全：《劳动力流动对区域经济发展的影响分析》，上海财经大学出版社 2005 年版。
刘嗣明、童欢、徐慧：《中国区际产业转移的困境寻源与政策探究》，《经济评论》2007 年第 6 期。
刘艳：《“民工荒”现象的经济学分析》，《经济学家》2005 年第 3 期。
刘志彪：《现代产业经济学》，高等教育出版社 2007 年版。
卢根鑫：《国际产业转移论》，上海人民出版社 1997 年版。
陆立军、郑燕伟：《东部企业西进的模式和行为》，中国经济出版社 2004 年版。
罗浩：《中国劳动力无限供给与产业区域粘性》，《中国工业经济》2003 年第 4 期。
罗珉、赵红梅：《中国制造的秘密：创新+互补性资产》，《中国工业经济》2009 年第 5 期。
罗云辉：《地区间招商引资优惠政策竞争与先发优势》，《经济科学》2009 年第 5 期。
骆飞：《长三角经济对外辐射情况及展望》，《安徽省政协材料汇编》2008 年 5 月。
马春文、张东辉：《发展经济学》，高等教育出版社 2005 年版。
马建堂：《中国离世界制造中心有多远？“专家谈新型工业化道路”》，经济科学出版社 2003 年版。
欧阳煌：《积极创新财政政策措施大力助推中部地区崛起》，《经济研究参考》2006 年第 3 期。
裴长洪：《吸引外商投资的新增长点：理论与实践依据——最近几年外商投

资重要特征分析》,《中国工业经济》2009 年第 4 期。
彭晖、郭晖:《论我国农村劳动力转移与产业结构调整》,《当代经济》2007 年第 1 期。
邱振国、郭雅江:《劳动力要素对广东省产业转移的影响分析》,《特区经济》2006 年第 5 期。
芮明杰:《产业经济学》,上海财经大学出版社 2005 年版。
陕西省人力资源和社会保障厅:《陕西省人力资源市场 2010 年各季度职业供求状况分析报告》2010 年。
上海财经大学区域经济研究中心:《2006 中国区域经济发展报告》,上海财经大学出版社 2006 年版。
石奇:《集成经济原理与产业转移》,《中国工业经济》2004 年第 10 期。
宋玉华:《世界经济周期理论与实证研究》,商务印书馆 2007 年版。
孙浩进:《中国承接国际产业转移中的福利变化》,《广东社会科学》2011 年第 2 期。
唐绍欣:《福利经济学的制度理论及其与马克思制度理论的比较》,《社会科学季刊》2001 年第 6 期。
田艳平:《中部地区经济增长的趋同现象解析》,《中南财经政法大学学报》2006 年第 5 期。
涂正革、肖耿:《环境约束下的中国工业增长模式研究》,《世界经济》2009 年第 11 期。
汪斌:《国际区域产业结构分析导论》,上海三联书店 2001 年版。
汪彩君、金广荣:《区域经济协调发展下浙江产业转移》,《浙江经济》2007 年第 4 期。
王长风、王超:《聚焦东莞中小企业倒闭潮特别报道》,《中国产经新闻》2011 年 8 月 8 日 B1 版。
王桂新、刘建波:《长三角与珠三角地区省际人口迁移比较研究》,《中国人口科学》2007 年第 2 期。
王桂新、毛新雅、张伊娜:《中国东部地区三大都市圈人口迁移与经济增长极化研究》,《华东师范大学学报》2006 年第 9 期。
王桂新、魏星、沈建法:《中国省际人口迁移对区域经济发展作用关系之研究》,《复旦学报》2005 年第 3 期。
王海霞:《西部地区承接东部产业转移存在的问题和对策》,《商业时代》

2009 年第 3 期。
王珺:《是什么因素直接推动了国内地区间的产业转移》,《学术研究》2010 年第 11 期。
王树华:《产业结构理论与政策》,武汉大学出版社 2009 年版。
王兴中:《要素流动与我国地带间的产业梯度转移》,《改革与战略》2006 年第 1 期。
王秀芝、尹继东:《中国收入差距与劳动力流动关系研究综述》,《当代财经》2007 年第 4 期。
王莹:《区域产业转移的相关理论及研究综述》,《特区经济》2008 年第 2 期。
王岳平:《促进我国产业结构优化升级的着力点》,《宏观经济研究》2008 年第 11 期。
王忠平、王怀宇:《区际产业转移形成的动力研究》,《大连理工大学学报》(社会科学版) 2007 年第 1 期。
威廉·阿瑟·刘易斯:《二元经济论》,施伟等译,北京经济学院出版社 1989 年版。
韦伟:《安徽承接长三角产业转移的几个问题》,《江淮论坛》2008 年第 6 期。
韦伟:《安徽与长三角的历史关系和角色定位》,《安徽省政协材料汇编》2008 年 5 月。
魏后凯:《论中国产业集群发展战略》,《河南大学学报》(社会科学版) 2009 年第 1 期。
魏后凯、白玫:《中国企业迁移的特征、决定因素及发展趋势》,《发展研究》2009 年第 10 期。
魏后凯:《产业转移的发展趋势及其对竞争力的影响》,《福建论坛》(经济社会版) 2003 年第 4 期。
魏后凯:《东部产业西移正当其时》,《中国经济导报》2008 年 9 月 2 日 B01 版。
魏后凯:《现代区域经济学》,经济管理出版社 2006 年版。
魏后凯等:《中国区域政策——评价与展望》,经济管理出版社 2011 年版。
吴宇晖:《西方经济学》,高等教育出版社 2004 年版。
武晓霞、任志成:《基于产业集聚的中国劳动力流动研究》,《南京审计学院学报》2007 年第 11 期。
小岛清:《对外贸易论》,周保廉译,南开大学出版社 1987 年版。
小岛清:《雁行型经济发展论——赤松原型》,《世界经济评论》2000 年第 3 期。

肖六亿：《劳动力流动与地区经济差距》，《经济体制改革》2007 年第 3 期。
谢代银：《全球产业转移与区域战略抉择》，西南师范大学出版社 2008 年版。
谢燮、杨开忠：《劳动力流动与区域经济差异》，新华出版社 2005 年版。
谢姚刚：《理性看待污染密集产业转移》，《国际贸易问题》2004 年第 11 期。
熊雅芬：《国际产业转移与我国产业结构优化研究》，河南大学 2001 年硕士学位论文。
许罗丹：《国际贸易问题中环境与环境保护问题》，《北京大学学报》（哲学版）1997 年第 5 期。
亚当·斯密：《国民财富的性质和原因的研究》，王亚南等译，商务印书馆 1983 年版。
严先溥：《收入差距不当会影响经济发展效率》，《上海证券报》2004 年 6 月 22 日。
阳立高：《农民工返乡创业问题研究》，《经济问题》2008 年第 4 期。
杨英：《基于 FDI 的污染密集产业转移与环境福利效应研究》，浙江大学 2005 年硕士学位论文。
杨云彦、陈金永：《中国人口迁移：多区域模型及实证分析》，《中国人口科学》1999 年第 4 期。
姚林如、李莉：《劳动力转移，产业集聚与地区差距》，《财经研究》2006 年第 8 期。
姚明霞：《福利经济学》，经济日报出版社 2005 年版。
俞国琴：《中国地区产业转移》，学林出版社 2006 年版。
俞宪忠：《中国人口流动的动因分析》，《山东社会科学》2005 年第 2 期。
原小能：《国际产业转移规律和趋势分析》，《上海经济研究》2004 年第 2 期。
约瑟芬·熊彼特：《经济发展理论》，何畏等译，商务印书馆 1991 年版。
张道刚：《泛长三角猜想》，《决策》2008 年第 4 期。
张可云：《区域发展与区域经济关系》，民主与建设出版社 2001 年版。
张可云：《区域经济政策》，商务印书馆 2005 年版。
张龙琳、周莉：《长江流域纺织产业集群构建与统筹发展研究》，《中国纺织工业转型经济论坛论文集》2008 年。
张培丽：《超越二元经济》，经济科学出版 2003 年版。
张棋、王桂新：《人力资本对我国区域经济发展影响之实证研究》，《西北人口》2008 年第 2 期。

张弢、李松志：《产业区域转移形成的影响因素及模型探讨》，《经济问题探索》2008 年第 1 期。
张婷婷、高新才：《我国欠发达地区承接产业转移实证比较研究》，《青海社会科学》2009 年第 1 期。
张维达：《政治经济学》，高等教育出版社 2004 年版。
张孝锋：《区际劳动力流动对区域差距和产业转移的影响分析》，《消费导刊》2006 年第 12 期。
张毓茜：《外国直接投资对我国对外贸易影响实证分析》，《世界经济文汇》2001 年第 3 期。
张自如、胡晖：《国际产业转移的演变及其对世界经济的影响》，《生产力研究》2007 年第 13 期。
赵放：《增长极理论视角下政府干预政策的选择》，《经济纵横》2007 年第 6 期。
赵守国：《在产业升级的基础转移》，《西部大开发》2009 年第 3 期。
赵伟、李芬：《异质性劳动力流动与区域收入差距：新经济地理学模型的扩展分析》，《中国人口科学》2007 年第 1 期。
赵永亮、才国伟：《市场潜力的边界效应与内外部市场一体化》，《经济研究》2009 年第 7 期。
钟笑寒：《劳动力流动与工资差异》，《中国社会科学》2006 年第 1 期。
周健：《劳动力梯度转移模型探讨及其应用》，《兰州学刊》2008 年第 1 期。
周频：《"民工荒"现象的经济学分析及其理性认识》，《内蒙古农业大学学报》2007 年第 5 期。
周向阳：《劳动力转移、资本流动与中部崛起》，《经济研究导刊》2008 年第 3 期。
朱坚真、周映萍：《我国东部向中部地区产业转移的态势、问题与建议》，《江南大学学报》（人文社会科学版）2009 年第 6 期。
朱坚真：《我国空间投资布局的基本原则与思路》，《改革与战略》2001 年第 3 期。
朱农、曾昭俊：《对外开放对中国地区差异及省际迁移流的影响》，《市场与人口分析》2004 年第 5 期。
朱云章：《劳动力流动与收入差距的关系：一个文献综述》，《江淮论坛》2007 年第 6 期。
《中国经济导报》记者：《河南：在承接产业转移中盘活优势资源》，《中国经济导报》2010 年 12 月 28 日 B3 版。

《中国经济导报》 记者:《皖江示范区:实现传统与新兴产业并举》,《中国经济导报》2010 年 12 月 28 日 B3 版。

Akamatsu K., " A Historical Pattern of Economic Growth in Developing Countries", *The Developing Economies*, No.1, 1962, pp.3-25.

Blomstrom M., " Foreign Direct Investment and Employment: Home Country Experience in the United States and Sweden", *Economic Journal*, Vol. 107, 1994.

Brainard S., Riken D., *Are US Multinationals Exportting US Jobs?*, NBER Working Paper, 1997.

Cantwel. Tolentino, " Technological Accumulation and Third World Multinationals", *Discussion Paper in International Investment and Business Studies*, No.139, 1990, p.24.

Cumings B., " The Origins and Development of the Northeast Asian Political Economy: Industrial Sector, Product Cycle and Political Consequences", *International Organization*, Vol. 38, No.4, 1984, pp.1-40.

Dunning John, *International Production and the Multinational* Enterprise, London: George Allen & Unwin, 1981.

Feenstra R., *Foreign Investment, Outsourcing and Relatives Wage*, Cambridge: Mit Press, 1996, pp.89-127.

Hatzius J., *Domestic Jobs and Foreign Wages: Labour Demand in Swedish Multinationals*, Centre for Economic Performance Discussion Paper, 1997, p.337.

Helen Mckean, " Multinational Companies as a Source of Entrepreneurial Learning", *Education Training*, Vol.46, No.8, 2005, pp.433-443.

John C. H. Fei, *Gustav Ranis*, *Development of the Labor Surplus Economy: Theory and Policy*, R. D. Irwin, 1964.

Kiyoshi Kohima, " Reorganization of North South Trade: Japan Foreign Economic Policy for the 1970s", *Hitosubashi Journal of Economics*, Vol. 13, No.2, 1973, pp.190-207.

Klmi Enko M., "Competition, Matching, and Geographical Clustering at Early Stages of the Industry Lifecycle", *Journal of Economics and Business*,

Vol.56, No.3, 2004, pp.177-195.

Kojima Kiyoshi, "Hitotsubash", *Journal of Economics*, No.2, 1993, p.13.

Kojmi *Direct Foreign Investment: A Japanese Model of Multinational Business Operations*, London: Croom Helm, 1978.

Lall S., *Synthesis and Conclusions*, *In Lalledited*, "*The New Multinationals: The Spread of Third World Enterprises*, New York: John Wiley & Sons, 1983.

Lecraw D. J., "Outward Direct Investment by Indonesian Firms: Motivation and Effects", *Journal of International Business Studies*, Vol.24, No.3, 1993, pp.589-600.

Lewis W. A., *The Evolution of the International Economic Order*, New Jersey: Princeton University Press, 1978.

Ozawa T., Castello S., "Toward an 'International Business' Paradigm of Endogenous Growth: Multinationals and Governments as Coendogenisers", *International Journal of the Economics of Business*, Vol.8, No.2, 2001, pp.211-228.

Ozawa T. "Foreign Direct Investment and Structural Transformation: Japan as a Recycler of Market and Industry", *Business and Contemporary World*, Vol.5, No.2, 1993, pp.129-150.

Pennings E., Sleuwaegen L., "International Relocation: Firm and Industry Determinants", *Economics Letters*, Vol.67, 2000, pp.179-186.

Porter M. E. *Competitive Advantage: Creating and Sustaining Superior Performance*, New York: The Free Press, 1985.

Puga D., Venables A. J., "The Spread of Industry: Spatial Agglomeration in Economic Development", *Journal of the Japanese and International Economics*, Vol.10, 1996, pp.440-464.

R.Vernon, "International Investment and International Trade in the Product Cycle", *Quarterly Journal of Economics*, Vol.80, No.2, 1966, pp.190-207.

Rasiah R., "The Semiconductor Industry in Penang: Implications for the New International Division of Labour Theories", *Journal of Contemporary Asia*, Vol.18, No.1, 1988.

Tain Chen, *The Effect of Overseas on Domestic Employment*, NBER Working Paper, 2003.

Tan Z. A. "Product Cycle Theory and Tele-communications Industry-Foreign Direct Investment, Government Policy, and Indigenous Manufacturing in China", *Telecommunications Policy*, Vol.26, 2002, pp.17-30.

Wells L. T., *Third World Multinationals—The Rise of Foreign Direct Investment from Developing Countries*, Cambridge Mass: MIT Press, 1983.

索 引

H

J

M

Q

后 记

本书是我在中国社会科学院工业经济研究所博士后流动站期间所进行的国家社科基金重大项目“引导产业有序转移与促进区域协调发展研究”（09&ZD028）的阶段性研究成果。回忆起在中国社会科学院工业经济研究所的博士后研究时光，是一段充实的、上进的时光，更是精神上的一笔宝贵财富，感觉如此难忘。

我要衷心感谢我的博士后导师陈耀研究员，陈耀老师渊博的学识、深厚的文化底蕴、谦和的处世作风、对学生的关爱都使我深受感动，为人师表的育人风范和对生活乐观积极的态度令我终身受益！在此，我向陈耀老师致以诚挚的感谢！

与此同时，真诚感谢中国社会科学院工业经济研究所的各位领导和老师，在我的课程学习和论文开题过程中，工业经济研究所的老师们给予了我很多理论启示和指导性意见，使我能够顺利地完成本书的写作。另外，也要感谢我在博士后研究期间的学友们，他们是我在课题研究、学术探讨上的伙伴，更是生活中难得的好朋友。

课题研究虽然完成，但学术研究永无止境。今后，我将一如既往，运用在博士、博士后学习期间的理论基础和科研方法，坚持不断地学习、思考、总结，不断提升自己的研究能力，不断追求学术上的创新，为社会做出应有的贡献。

孙浩进

2013 年 5 月